햇빛보다 더 밝은 빛을 보는 삶

죽음 교육을 통해 온전한 생명을 소망하기

햇빛보다
더밝은 빛을
보는 삶

최성수 지음

한국학술정보

이 글은 그동안 필자의 캄보디아 신학교육 선교를 위해 재정적으로 후원해 주셨던 모든 분에게 감사하는 마음을 담아 헌정합니다.

(가나다 순, 존칭 생략) 강석형(은현교회), 강성혜, 김병섭, 김수용(양산한의원), 김정진, 김종원, 김진숙, 김진원, 김해종, 김혜지, 길정녀, 남영숙(반석위에세운교회), 남정원, 누가의사회(문철진), 박병원, 백경원, 대전새희망교회, 신정애, 신현배, 온양제일교회유소년부, 우영자, 육진이, 이승연, 이정배, 이종광, 임서희, 정문식, 정윤정, 정종산, 조앵희, 주광열, 차경아, 최경환, 최민숙, 최언자(예섬교회), 최은영, 최종원, 신인순(우리길벗교회), 한선희, 허봉수, 허미진, 황승목, 무명 1, 그리고 기도해 주신 모든 분

오래전에 종합건강검진을 하다가 갑상선암이 발견된 적이 있다. 좀 더 정확한 검사를 위해 큰 병원에서 정밀 검사를 했는데 결과 역시 같았다. 그때 갑자기 세상이 어두워지고 진료실을 나오는데 다리가 떨리는 것을 느꼈다. 그 후 수술보다는 관찰하기를 택해서 10년이 넘었지만, 다행히 종양은 더 자라지도 않고 그대로 머물러 있다. 주치의는 안심해도 되지만 그래도 계속 관찰해야 한다고 해서 매년 검진하고 있다.

요즈음 암은 치료가 가능한 병이라고들 하지만 그래도 우리 주변에 암에 걸려 죽는 사람들이 적지 않아서 암에 걸렸다고 하면 여전히 치료할 수 있다는 희망보다는 죽음 가까이 있다는 절망감을 더 많이 느낀다. 그러나 인간은 병으로 인해 죽음을 맞이하건, 사고나 기타 요인으로 죽음을 맞이하건, 혹은 나이가 들어 자연사하건 때가 되면 죽음을 맞이할 수밖에 없는 존재이다.

이 죽음에 대해 조직신학자인 최성수 박사가 철학 전공자답게 깊이 있는 연구를 통해 죽음이란 무엇이고, 어떻게 죽음을 맞이해야 하고, 유가족에게는 어떻게 접근해야 하는지 또한 크리스천들이 죽음 이후 바라보는 천국은 어떤 것인지에 대해, 다양한 측면에서 조명하고 실례를 제시하고 있다. 늘 교인들의 죽음을 다루어야 하는 목회자뿐만 아니라, 언젠가 죽음을 맞이할 수밖에 없는 평신도들도 일독하면서 죽음에 대해 생각하고 준비하기에 좋은 책이다.

강석형, 은현교회 담임, Ph.D.

· 추천사 2 ·

어느 종교학자는 죽음을 하늘이 준 인생의 최고 행복이라 말했다. 오랜 친구 최성수 박사께서 죽음에 대한 책을 썼다고 했을 때 첫 번째 떠오른 말이 바로 이것이었다. 선교현장 한가운데서 어떤 계기로 누구도 쉽게 시도할 수 없는 이 주제로 한 권의 책을 구성하게 되었는지 궁금하다. 익히 알듯 최성수 박사는 영화 평론가로도 유명하다. 그는 영화를 통해 남이 살아보지 못한 인생을 수없이 경험했다. 죽음도 곧잘 그의 평론의 주제가 되었을 것이다. 하지만 간접경험만으로 이 책을 쓸 수는 없었을 것이다. 평소 정직한 신앙과 삶에 대한 신뢰가 집필의 용기를 주었을 것이다. 책 내용을 일견해 보니 허투루 읽을 것이 하나도 없다. 늘 그렇듯이 주제를 택해 다부지게 글을 써왔던 최성수 박사의 진면목을 이 책에서 다시 한 번 느낀다. 어려운 주제를 자신의 언어로 본인의 믿음으로 확신 있게 전하는 이 책을 공들여 읽기를 청한다. 인생 최고의 축복을 느끼며 여생을 살 수 있을 것이다.

이정배, 감신대 은퇴교수

인간은 모두 죽음을 회피하고 영원히 살고 싶어 한다. 영화 〈채피〉에서 로봇에 인간의 뇌를 이식하여 영원한 삶이 가능한 이야기를 한다. 그렇다고 그것이 영생이거나 천국은 아닌 것이다. 예수 믿는 궁극적인 이유에 대해서 죽어서 천국 가려고 예수 믿는다고 대답하는 사람이 많다. 그렇지만 정작, 이야기를 들어보면, 막연하게 어디서 들은 이야기들로 채워져 있는 경우가 많다. 최성수 교수님은 성경이 밝혀주고 예수님께서 말씀하신 천국, 즉 하나님의 나라가 어떠한 것인지를 잘 설명해 주고 있다. 이 책은 기독교의 천국 소망이 예수 믿지 않으면 지옥 간다는 공포 마케팅도 아니고, 인간의 노력으로 하나님의 나라를 확장하거나 세운다는 환상도 아니라는 것을 논리적으로 설명해 주어서 좋았다. 천국에 대한 바른 소망은 "하나님의 다스림과 돌봄" 안에 이 땅에 살아 있는 동안, 혹은 호흡이 멈춘 이후에도 머무는 것이라는 설명도 너무 좋았다. 많은 교회에서 설교에서 다뤄주고 또한 성경공부 교재로 함께 읽고 나누면 좋겠다.

김태훈, 싱가폴 바틀리 한인교회 목사

죽음을 맛보며 살기

우리에게 우리 날 계수함을 가르치사

지혜로운 마음을 얻게 하소서.

(시 90:12)

기독교 죽음 이해는 다른 종교와 다릅니다. 그리스도인에게는 무엇보다 부활 소망이 있기 때문입니다. 이 글에서 나는 이것에 관해 말하고자 합니다.

하나님의 형상을 따라 만들어지고 코로 생기가 불어넣어진 사람은 원래 살아있는 생명이었으나 타락으로 말미암아 죽어가는 생명으로 전락했습니다. 그래서 사람은 생명은 물론이고 죽음에 관해 알아야 합니다. 죽음을 두려 워하며 살 수만은 없습니다. 왜냐하면 죽음을 두려워하는 삶은 일종의 노예 생활과 다르지 않기 때문입니다(히 2:15 "또 죽기를 무서워하므로 한평생 매여 종 노 릇 하는 모든 자들을 놓아 주려 하심이니"). 그런데 아무리 교육이 목적이라도 죽음에 관한 책을 쓴다는 건 쉽지 않은 일입니다. 일몰 순간의 아름다움을 충분히 경 험했고, 해가 뜨면 해가 지는 건 당연한 일임을 알고 있어도 그 이후 닥칠 어 둠에 대해서까지는 생각할 겨를이 없는 거죠. 죽음은 비록 피할 수 없는 현실 이어도 모든 게 낯선 나라이기에 모르는 것이 너무 많기도 했고, 게다가 아직 도 살아갈 날이 많이 남은 내가 할 일은 아니라고 생각했습니다.

다만 바울의 회심 이야기를 읽으면서 햇빛보다 더 밝은 빛은 어떻게 경험될지 이에 관해 생각하다가 문득 '살면서 죽음을 생각하는 건 이와 같은 게 아닐까?' 이런 의문을 가진 적이 있습니다. 삶의 어느 순간 "신적 섬광(divine flashes)"에 노출되는 경험을 말하는데요, 마이스터 에크하르트(Meister Eckhart)가 말한 신비 체험입니다. 사는 게 햇빛 아래 사는 것이라면, 살면서 죽음을 생각하는 건 불확실함으로 가득한 현실에서 한층 더 명료한 삶의 의미를 경험할 기회라고 생각했습니다. 퍼즐 맞추기 같던 단편적인 삶을 살다가 삶 전체를 비추는 거울을 대하는 것과 같은 거죠. 왜냐하면 단지 죽음을 보는 것이 아니라 그리스도의 죽음 이후에 일어난 부활을 보는 것이기 때문입니다. 제목은 바로 이 경험에 착안해서 붙인 겁니다.

딱 한 번 죽음에 관한 책을 출간할 생각을 해본 적이 있었습니다. 그때가 언제인지 확실하지 않지만 아마 지천명의 나이였던 것 같습니다. 지금껏 살아온 날보다 앞으로 살아갈 날이 더 짧은 현실을 깨닫고 다소 숙연한 분위기에서 남은 기간은 삶을 정리하는 의미에서 죽음에 관한 글을 써보면 어떨지 하고 생각했었습니다.

이런 생각을 하고도 처음에는 살기 위해 필요한 글이 아직도 많이 남은 것 같은데 죽음에 관한 책을 쓴다는 건 아직 정점도 못 찍은 이야기에 서둘러 마침표를 찍는 건 아닌가 생각하고는 차일피일 미루었습니다. 더군다나 미완성작으로 남길 것만 같아 엄두를 내지 못하고 있었죠. 그러다 이순의 나이를 맞고서야 용기를 내게 되었습니다.

우선 밝힐 일은 여기서 다루는 죽음은 오랜 기간의 독서와 성찰 그리고 여러 사별자와 나눈 대화의 결과입니다. 죽음에 관한 신학적 연구를 준비하기 위한 것이었습니다. 완성한 글을 지인들과 공유하다 보니 따로 출판하는 게 좋겠다는 제안이 있어 신학적 연구 이전에 먼저 나오게 되었습니다.

이 글은 나의 수기는 아니고 단지 죽음에 관해 나눈 대화에서 얻은 여러 생각을 관심 있는 주제들에 따라 정리한 겁니다. 그래도 나의 경험이 스며든 글이기에 내 삶의 일부라 볼 수 있습니다. 무엇보다 죽음 및 죽음 교육과 관련해서 우리가 일상에서 경험하는 문제와 관련한 내용입니다. 죽음이란 무엇인가? 부활이란? 사후 생명은 존재하는가? 기독교적 웰다잉이란? 애도란?

붓다는 인생에서 최고의 화두는 죽음에 관한 화두라고 했지요. 제 인생에서 최고의 화두 역시 죽음이었습니다. 어려서부터 죽음에 관한 생각을 참 많이 하며 살았습니다. 젊은 나이에 이랬으니 주변 사람들에게 얼마나 부담스러운 사람이었겠는지 충분히 상상할 수 있을 겁니다. 소설의 영향 때문이었겠지만요, 내 주변에서 생겨났다 사라지는 것들이나 나고 죽는 이들에 대한 애도 반응이 다소 유별났던 것 같습니다. 그렇다고 체계적이었던 건 아닙니다. 죽어서 별이 된다는 동화 수준에 머물렀던 때가 많았고, 죽음이란 다시 돌아오지 않는 여행을 떠난 것이라는 생각도 했습니다. 이 단계에서 벗어난 나이 때에는 동네에서 오가며 "상중(喪中)"이라는 글이 붙어있는 문 안에서 일어나는 일들을 보면서 마음이 덜컹 내려앉는 느낌을 받은 적도 있었습니다. 당시 기억으로는 상중임에도(?) 많은 손님을 맞이하고 각종 음식 준비로 시끌벅적한 상갓집 분위기를 이상하게 생각했습니다. 이런 일도 이제는 장례식장 외에는 더는 볼 수 없게 되었더군요.

청소년기에는 죽음이란 게 단지 존재가 눈앞에서 사라지는 것만은 아님을 알았습니다. 동네에 얼굴 한 번 비치지 않은 사람들이 무거운 옷차림으로 초상집을 드나드는 걸 보았습니다. 무엇으로도 현대인의 분주한 일상을 멈추게 하지 못할 것 같았는데 죽음은 일상을 강제로 멈추게 하는 힘이 있음도 깨달았습니다.

나이가 조금 들어서는 이웃으로 지내던 사람이 사라지기 전 미처 그를 살피지 못해 아쉬웠고, 죽음의 현실에서 내가 할 수 있는 일이 아무것도 없다는 사실에 인간이 얼마나 무능한지 실감했습니다. 장차 다시 만날 거라는 위로의 말이 왜 그렇게 공허하게 느껴졌는지. 가끔은 내 살이 도려내지는 아픔이 있기도 했습니다. 자녀를 잃고 피를 토하듯 절규하는 부모도 지켜볼 수 있었습니다. 중학생 시기까지는 이것에 대한 정서만 있었지 이름을 알 수 없었다가 고등학생 시기에 와서야 그것이 '상실의 고통', '상실의 슬픔', '애도'로 표현된다는 걸 알았습니다. 내 것을 잃었을 때 느꼈던 아쉬움이나 아픔과는 비교할 수 없는 슬픔과 고통을 죽음이 가져온다는 사실을 깨달은 거죠. 애도는 출구 없음을 알지 못하고 강제로 떠밀려 들어간 미로이고, 첫 단어에 매혹되어 읽기 시작했으나 맞춤표 없는 문장을 읽는 것과 같습니다.

처음에는 시를 쓰고 싶은 간절한 마음이 감정적으로 그렇게 표현되었을 뿐이라고 생각했습니다. 그러나 주위 사람들은 내가 지나치게 염세적인 것 같다고 걱정할 정도였고요, 실제로 나 스스로 가족과 지인들에게 그 상실의 고통을 안겨주는 사람이 될 뻔했습니다. 사는 동안 죽음을 생각하다 그만 죽음에 빠질 뻔했던 겁니다.

나이가 들어 돌이켜 생각해 볼 때 그때 내게 가장 큰 문제는 그리스도인으로서 어떤 이야기를 살고 있는지 전혀 알 수 없었다는 것입니다. 교회에 다니긴 했지만, 맥락이 없었습니다. 그저 열심히 다니면 되는 줄 알았습니다. 엄밀히 말해서 내게 예수 그리스도에게서 들을 수 있는 "그" 이야기와 내 삶의 연관성에 관해 가르쳐 주는 사람이 없었습니다. 다만 가난한 가정환경을 배경으로 하는 내 삶이 마냥 시답잖은 것 같았고, 나의 마지막이 어떠할지 도무지 알지 못했으며, 지금 살아가는 게 무의미하게 여겨졌을 뿐입니다. 그러니 내가 무엇을 해야 하며 또 어떻게 살아야 하는지에 관한 고민을 빨리 끝내는 게 식충을 하나라도 더 줄일 수 있는 길이라고 생각했습니다. 이런 생각을 하기까지에는 독일의 염세주의 철학자 쇼펜하우어(Arthur Schopenhauer)의 영향이 컸습니다. 합리적 세상을 위해 사라져야 할 게 있다면, 재밌는 이야기 속 글 맞춤법이 틀린 글자나 다름없는 나 같은 어설픈 존재가 빨리 사라지는 것이 좋겠다는 생각이었죠. 그러니 고민을 끝내는 일이 염세적이고 서툴 수밖에 없었던 겁니다. 그의 글과 함께 에밀 뒤르켐의 자살론 등 자살을 찬미하는 글을 얼마나 많이 읽었는지 모릅니다.

노도와 질풍의 사춘기를 벗어나는 출구 직전에 삶과 죽음의 문제에서 큰 깨달음을 얻는 기회가 있었습니다. "어떤 사람이 되어도 좋으니 살아만 있어 다오"라는 엄마의 말을 들은 겁니다. 자리에 누워 아무것도 할 수 없는 상태에서 절망하고 있을 때 눈물을 흘리며 해주신 말이었는데, 제게는 그 말이 섬광 같은 깨달음이었습니다. 짧은 순간이지만 죽음을 맛본 나는 세상이 바라고 요구하는 '그 어떤 사람' 이상임을 깨달은 거죠. 비록 전등불이 켜져 있는 방이었지만 그 어떤 빛보다 더 밝은 빛을 보고 전혀 다른 세상으로 이끌려 가는 느낌을 받았습니다. 짙은 어둠 속에서 빛을 보는 것 같았습니다. 그리스도인으로서 새 생명의 빛을 보았던 겁니다.

나는 일 분도 지체하지 않고 즉시 일어나 책상 앞에 앉아 공부하기 시작했습니다. 이 세상에 속하지 않은 생명에 관한 각성의 결과이었던 것인데요, 이후 나는 고등학교를 중퇴한 후 1년 6개월 기간 걸어왔던 길과는 전혀 다른 길을 시작할 수 있었습니다. 당시에는 잘 몰랐지만, 한참 후 나는 그것이 주님의 음성임을 알았습니다. 엄마의 눈물 섞인 간청을 통해 말씀하시는 주님을 만나고는 죽음을 생각하며 진지한 사람이 되기보다 생명을 위해 사는 것이 더 의미 있고 가치 있는 일임을 깨닫게 되었습니다.

여기에 더해 당시 철학자 몽테뉴의 "수상록"을 읽은 건 내 인생의 미래를 위해 큰 도움이었습니다. 그는 1권 19장에서 "철학은 죽는 법을 배우는 학문"이라 했는데요, 이런 제목의 글에서 정작 그가 주장한 건 사람은 살아있는 동안 죽음에 대해 걱정할 필요가 없다는 겁니다. 그 후 나는 죽음의 이야기 안에서 나를 생각하기보다 생명 이야기 안에서 나를 생각하였습니다. 무엇을 하며 살아야 하는지가 분명해졌습니다. 죽음이란 무엇인지, 사람은 왜 죽는지, 이에 관한 생각을 떨쳐버리고, 어떻게 살아야 하는지, 무엇을 위해 살아야 하는지, 왜 살아야 하는지 등 이에 관한 생각을 하며 살게 된 겁니다.

관점의 영향력을 실감하며 부활의 관점으로 성경을 다시 읽기 시작했고요, 생명을 위한 삶, 생명을 돕는 삶, 생명을 풍성하게 하는 삶이 무엇인지 배우면서 하나님의 이야기에 귀를 기울일 수 있었습니다. 죽음에 관한, 특히 자살에 관한 책들을 책꽂이에서 솎아내었고 모두 버렸습니다. 생명을 위한 삶을 살고 싶다는 바람은 희망 직업이었던 물리학자의 꿈에서 실존 철학자로 바뀌었습니다.

그러나 당시 내가 다니던 대학은 분석철학의 전통이 강했습니다. 이런 분위기에서 공부하면서 나는 철학에서 대답을 찾을 수 없었습니다. 생명을 위한 삶의 갈망은 오히려 성경을 통해 채워졌습니다. 예수 그리스도를 만나고 죽음의 유혹을 이겨낸 후 지속적인 성경 읽기를 통해 삶은 죽음과 더불어 사는 것이며 또한 죽음과 더불어 사는 삶이라는 게 한편으로는 비록 찰나의 순간이라도 햇빛보다 더 밝은 빛을 경험하는 길이고, 다른 한편으로는 곤궁함으로 가득한 삶의 어둠 속에서 빛을 보며 사는 길임을 깨달았습니다. 왜냐하면 그리스도인에게 중요한 건 죽음보다 부활이었었기 때문입니다. 이후 내 삶과 글들은, 비록 구체적으로 생명을 언급하진 않았어도, 대체로 생명을 표현하고 다른 이의 생명을 돕고 풍성하게 하기 위한 것이었다고 보면 좋을 것입니다. 생명을 위한 목회를 실천하고 또 이런 목회를 돕는 신학이 내 신학의 정체성입니다. 실제 글이 어떤 색의 옷을 걸쳤든 글을 쓰는 마음만은 진짜로 그랬으니까요. 신학을 하면서도 항상 목회 현장의 목회자와 그들의 고민, 그리고 치열한 삶의 현장에서 그리스도인으로서의 정체성을 지키기 위해 몸부림치는 성도의 풍성한 생명을 먼저 생각한 건 바로 이런 동기에서 비롯한 것이었습니다.

죽음에 관한 생각을 다시 하게 된 계기는 순전히 연구 목적이었습니다. 독일 유학 중 본(Bonn) 대학교에서 만난 게르하르트 자우터(Gerhard Sauter) 교수의 지도를 받으며 종말론을 연구할 때 개인 종말인 죽음에 관해 생각하지 않을 수 없었는데요, 죽음에 관한 신학자들의 생각과 오랫동안 씨름해야 했습니다. 그리고 귀국해서는 죽음에 관한 영화들을 보고 죽음의 감각이 다시 깨어났고, 이에 관해 글을 쓰며 평론 활동을 하면서 잊고 지냈던 죽음에 대한 성찰을 심화할 수 있었습니다. 살날이 많이 남은 게 아니라 죽음을 향해 가는 동안 삶이 하루씩 더해진다는 생각이 들었습니다. 영화를 통해 삶과 죽음이 공존한다는 사실을 현실감 있게 경험할 수 있었습니다. 또한, 영화는 내게 삶의 질문들과 죽음 질문들이 얼마나 다양한지도 알려주었습니다.

죽음을 연구하면서 나는 죽음 자체의 의미를 밝히려는 철학적 노력보다는 죽음과 관련해서 발생하는 각종 문제 곧 죽음의 문제에 집중하였습니다. 먼저는 죽음 문제를 신학적으로 이해하려 했고 그 후에 신학적 해결책을 찾아보려 했습니다. 그 결과 얻은 결론은 죽음과 삶이 완전히 분리할 수 있는 게 아니라는 것이고, 살아서 죽음을 생각한다는 건 예수 그리스도의 부활로 말미암아 햇빛보다 더 밝은 빛에 노출되는 것이고, 어둠 속에서 빛을 보는 삶과 같으며, 그리고 일상을 감사하며 보내면서 기쁨으로 맞이할 기회임을 깨달았습니다. 나의 깨달음을 나누고 싶었기에 이 글을 쓰게 되었습니다. 이 글은 나의 죽음에 관한 신학적 연구에서 서론에 해당하고 죽음에 관해 조금 더 학문적 성격의 글은 마무리하는 대로 나중에 출판할 겁니다.

목회자든 일반 성도든 그리스도인 독자들이 이 글을 읽고 부활 생명을 위한 삶의 길이 예수 그리스도에게 있음을 확인하고 그 삶을 향한 용기 있는 결음을 성큼 내디딜 수 있길 바랍니다. 죽음을 온전한 생명을 위한 부르심으로 받아들이고 더는 죽음을 두려워하지 않고 오히려 부활 소망 가운데 담대하게 살아갈 수 있길 기대합니다.

이 글의 초고는 캄보디아에 머무는 동안 완성되었습니다. 2023년 캄보디아 빠일린(Pailin)에서 사역하시는 변종걸 선교사님의 "믿음찬 공동체"에 교육을 위해 머무는 동안 현지인들과 공동체 생활을 하면서 선교하시고 또 전기도 들어오지 않는 지역에 교회를 세우고 현지인들의 신앙을 위해 애쓰시는 모습을 지켜보면서 마음에 큰 울림을 받았습니다. 그 감동은 말로 다 표현할 수 없었는데요. 하나님 나라의 현실을 보는 듯했습니다. 여기에 고무되어 불현듯 죽음에 관한 책을 내면 좋겠다는 생각이 들었습니다. 전혀 뜻하지 않은 우연이었습니다. 그래서 초고를 완성하게 되었습니다. 만일 집필하는 동안 글쓰기에 탄력을 받았다면, 이는 선교사님의 선교 사역을 지켜보면서 얻은 감동과 식사 시간 전후로 나눈 수많은 대화를 통해 얻은 통찰에서 비롯한 것입니다.

이 자리를 빌려 변종걸 선교사님과 박소을 사모님, 선교사님과 함께 동역하며 공동체를 이끄는 모든 사역자의 헌신적인 사역에 깊은 감사의 말씀을 드립니다. 그리고 캄보디아 교육 현장에서 만난 여러 캄보디아 목회자와 학생들은 필자에게 그리움을 선물로 안겨주었는데, 그 귀한 이름을 일일이 거론할 순 없으나 감사의 마음을 전합니다. 그리고 필자의 신학교육 선교를 후원해 주시는 분들에게도 특별한 감사의 말씀을 전합니다.

이 글의 가치를 인정하고 흔쾌히 추천의 글을 써주신 이정배 교수님(감신대 은퇴교수), 강석형 목사님(은현교회), 김태훈 목사님(싱가포르한인교회), 그리고 표지 제목의 글을 써주신 김현수 목사님(한알의밀교회)께 감사의 말씀 드립니다.

2024년
최성수 목사

• 차 례 •

제1장   죽음이란 무엇인가?

제4장 | 애도(비탄)와 애도 교육

제5장 | **천국을 소망한다는 것:**
관습적인 천국 소망의 한계를 넘어 산 소망을 갖기

제 1 장

죽음이란 무엇인가?

죽음은 하나님의 보호와 돌봄에서 벗어나 더는 하나님의 은혜에 적합하게 반응하지 못하는 상태이다. 죽음은 진리에 불순종하게 하는 힘이다. 진리를 왜곡하여 거짓이 승리한 것처럼 보이게 한다. 진리를 갈망하는 사람을 실망케 한다. 살아있는 것들을 무의미로 이끌고 삶을 죽음으로 이끄는 힘이다. 하나님을 믿지 않게 하고 죄를 짓도록 하여 결국 사망에 이르게 한다.

그러나 예수 그리스도는 죽음의 본질을 폭로하여 만천하에 드러내고 또 그것이 유발하는 문제를 해결하기 위해 오신 구주이시다. 예수 그리스도는 비록 고난을 겪고 죽었으나 오히려 이를 통해 불순종의 세력에서 하나님의 백성을 벗어나게 한다. 하나님이 사랑으로 세상을 보호하고 돌보심을 자기 인격과 사역을 통해서 그리고 희생적인 죽음으로써 전했다. 무엇보다 부활하심으로써 예수님은 주 안에서 죽는 자가 더는 죽음에 매이지 않게 했다. 그분을 믿고 따르는 자는 설령 죽는다 해도 부활하여 하나님의 보호와 돌봄을 받는다. 이런 의미에서 영생을 누린다.

무엇보다 나는 예수님 마음 가까이에 머물고 있습니다.
그분의 삶과 죽음이야말로
내가 삶과 죽음을 이해하며 살아갈 수 있게 하는 주된 원천이기 때문입니다.
(헨리 나우웬, 『죽음, 가장 큰 선물』)

모두가 죽는 현실,
그리고 죽음에 관해 묻는 이유

죽음이란 무엇인가? 누구나 한 번쯤은 고민해 본 적 있는 질문입니다. '죽었다', '돌아가셨다', '운명하셨다', '소천하셨다' 등 죽음의 현실을 표현하는 말은 여럿입니다. 천상병 시인은 '귀천', '소풍 가다'라는 표현을 썼죠. 죽음의 무거운 이미지에 비추어 보면 참 정갈한 표현입니다. 어떻게 표현되든 죽음은 더는 숨을 쉬지 않고 심장 박동이 중단되고 뇌 활동이 멈춘 상태입니다. 모든 신체 기능이 멈추어 더는 무엇에도 반응하지 못하는 상태임을 모르진 않아도 사람들은 세대에서 세대로 이어가며 죽음에 관해 묻습니다. 그 이유는 무엇일까요?

모르긴 해도 죽음에 관심을 두고 이 책을 읽는 독자는 누군가의 죽음과 함께 찾아오는 의문이 쓰나미처럼 밀려오는 걸 한 번쯤 경험해 보았을 겁니다. 흔히 '죽음-문제(death-question)'라 불리는 질문들이죠.

'죽음이란 무엇인가?', '사람은 왜 죽는 건가?', '죽음은 극복할 수 없는 건가?', '죽음 후에는 어떻게 되는가?', '죽음의 두려움을 극복할 방법은 없는가?', '죽기 전 의미 있는 삶을 살기 위해 해야 할 일은 무엇인가?', '부활은 실제로 있는 건가?', '죽음을 어떻게 준비할 것인가?' 등입니다.

살아있는 자가 죽음에 관해 의문을 제기하는 이유는

첫째, 모두가 예외 없이 죽기 때문입니다.

둘째, 무엇보다 죽음의 정체가 온전히 드러나지 않아 죽음을 받아들이기 쉽지 않기 때문입니다. 인정하기가 두려운 거죠.

셋째, 모든 인간이 죽는 현실에서 죽음이 일깨우는 삶의 의미를 염두에 두기 때문입니다. 비록 자신이 직접 경험하진 않았어도 죽음의 의미를 앎으로써 보다 더 나은 삶을 위해 필요한 교훈을 얻을 수 있기를 기대하는 겁니다.

넷째, 죽음을 앎으로써 죽음에 대한 두려움에서부터 벗어나고 싶기 때문입니다.

그리고 다섯째, 죽음 앞에서도 소망을 잃지 않는 길을 발견하길 원하기 때문이기도 합니다.

죽음, 시신, 무반응, 부재

사람은 죽음으로써 시신이 되고 살아있는 자들에게서 분리됩니다. 시신은 비록 물건 취급은 받지 않아도 더는 산 자로서 자격을 갖지 못합니다. 사람을 뜻하는 말이 들어있는 고인(故人)이라 불리긴 해도, 법적인 자격이 박탈되고, 인격적인 관계가 단절됩니다. 아무 반응이 없으니 전화할 수도 또 오는 전화를 받을 수도 없습니다. 산 자와의 접촉이 차단되어 보고 싶고 만지고 싶어도 더는 가능하지 않습니다. 죽은 자는-만일 화장하지 않는다면-시신의 상태로 있다가 어느 정도 시간이 지나면 장내 미생물에 의해 소화됩니다. 부패하여 뼈만 남습니다. 뼈조차도 시간이 지나면 사라지게 되는데요, 흙이 되고 먼지가 됩니다.

흔히 부재라는 표현을 씁니다만, 부재는 아직 살아있는 사람을 염두에 두고 쓰는 말입니다. 살아있는 자의 감각으로 더는 확인할 수 없는 상태가 되었다는 거죠. 그것이 부재입니다. 외출로 인한 잠시의 부재가 아닙니다. 더는 돌아올 수 없는 부재입니다.

사람이 죽으면 그야말로 존재가 없는 부재의 상태가 됩니다. 오직 이름만 남게 되는데요, 누군가에 의해 인용되거나 기억과 기념(추도)을 통해 현실 세계로 소환될 뿐입니다. 물론 죽은 자를 그리워하는 사람의 마음에서는 그 양태가 조금 달라집니다. 영화 〈사랑과 영혼〉에서 볼 수 있듯이, 기억과 기념을 통해서 소환되는 형태보다 더 생동력 있는 이미지입니다. 그래서 죽은 자와의 이별이 쉽지 않습니다. AI 기반의 영상시대에 맞게 동영상을 통해 혹은 입체적 홀로그램을 통해 고인이 마치 살아있는 듯이 대하는 경우가 있습니다만, 그것도 일시적일 뿐입니다. 산 자와의 소통에서 느끼는 것과는 비교할 수 없습니다. 그 한계가 주는 허무함을 영화 〈그녀〉(스파이크 존즈, 2014)에서 분명하게 볼 수 있습니다.

〈사랑과 영혼〉(제리 주커, 1990)

원제는 Ghost이다. 당시 350만 명이라는 기록적인 관객을 동원한 청춘 사랑 영화로 대단히 히트한 작품이다. 물론 이 영화는 기독교계에서는 소위 뉴에이지 영화로 분류해 그리스도인 관객에게 많은 갈등을 유발하기도 했다. 영화 내용은 친구 칼의 계략으로 샘은 갑작스러운 죽음을 맞는다. 그러나 사랑하는 몰리를 두고 차마 이생을 떠나지 못하는 샘은 영매를 통해 몰리와의 소통 가능성을 확인한 후 몰리에게 자신의 진심을 전하고 떠난다는 이야기이다.

〈그녀〉(스파이크 존즈, 2014)

영화 배경은 인공지능이 생활의 일부가 되는 가까운 미래다. 자판을 두드리지 않고 음성만으로 컴퓨터와 소통할 수 있다. 테오도르(호아킨 피닉스)는 이런 시대에 이런 소통 방식을 십분 활용하며 삶을 영위해 간다. 주로 하는 일은 감성을 담아 다른 사람의 편지를 대필하는 것이다. 다른 사람들의 감정적인 소통을 도와주면서도 정작 자신의 감정을 소통하는 문제는 해결하지 못한다. 아내와는 별거 중이고 유일한 여자 친구로 게임 프로그래머가 있지만 그저 겉도는 친구일 뿐이다. 그의 유일한 소통 대상은 목소리만으로 자신의 존재감을 드러내는 사만다(목소리 역으로 요한슨 스칼렛)이다. 비록 인공지능을 가진 컴퓨터 운영 체제에 불과한 존재라도 거의 인격적이라고 할 만큼 누구보다도 테오도르를 잘 이해하고 또 그의 기분과 삶의 리듬을 맞춰줄 수 있다. 영화는 상당 부분을 둘 사이에서 일어나는 소통 장면에 할애한다. 이를 통해 말하고자 하는 것은 테오도르가 '그녀'와 감정적인 교류는 물론이고, 심지어 육체 없이도 성적인 쾌락을 공유할 수 있으며, 함께 여행을 가면서도 전혀 심심하거나 외로움을 느끼지 않을 정도로 실제적인 관계를 갖고 있다는 것이다. 한마디로 기계와의 인격적인 관계를 말한다 해도 과언은 아니다. 그러나 이런 관계는 갑자기 중단된다. 사람과 기계가 서로에 대한 기대에서 극복할 수 없는 차이를 느꼈기 때문이다. 사만다와의 관계에서 테오도르는 사람과 사람의 소통에서 중요한 것은 서로의 변화를 인정하는 것임을 깨닫는다. '그녀'의 기술적인 진화를 따르지 못하고 또 이해하지 못한 테오도르는 무엇보다 자신의 존재가 '그녀'와 관계하는 수천 명 가운데 하나일 뿐이라는 사실을 알고 고통스러워한다. 결국, '그녀'와의 관계에서 파경을 앞두고 테오도르는 불현듯 아내와 자신의 관계를 돌아보게 되고 아내의 변화를 받아들이지 못하고 자기의 틀에 맞추려고 했던 과거를 반성하게 된다.

  사회 유명 인사들의 경우 그들이 남긴 업적을 통해 산 자와의 소통이 이루어지기도 합니다. 그림을 통해, 음악을 통해, 글을 통해, 그리고 각종 분야의 업적을 통해 이루어집니다. 도스토옙스키는 소설을 통해 지금도 독자들에게 말을 건네고, 애플의 창시자 스티브 잡스는 그가 만든 스마트폰을 통해 여전히 세상과 소통합니다. 그들은 비록 죽었어도 업적을 통해 현실 세계에 영향을 미칠 수 있습니다. 그러나 아무리 훌륭한 업적을 남기고 또 아무리 많은 영향력 있는 자리에 있었어도, 설령 현실이 그들의 업적에 기반을 둔다 해도, 그들은 죽었기에 아무런 반응을 보이지 않고 더는 존재하지 않습니다. 오직 고인을 마음으로 애도하는 자만이 죽었으나 여전히 살아있는 듯이 그들이 하는 말에 귀를 기울입니다.

죽음을 대하는 다양한 방식

소설과 영화에서 죽음은 다양하게 활용됩니다. 죽음은 많은 이야기의 끝이기도 하고 혹은 그 이후에 계속되는 이야기가 시작하는 지점이기도 합니다. 삶의 빛을 더욱 도드라지게 하는 장치이고 때로는 삶의 빛을 가리는 암막 커튼 같기도 합니다. 무엇보다 강자의 힘을 표현하는 도구이고, 분노로 가득한 복수의 추동력이며, 살아있는 자의 삶의 정서를 채색하는 그리움 혹은 삶의 후회를 표현하기 위한 연출입니다. 그리고 때로는 곁에 있는 사람의 죽음을 막지 못한 이가 자책하며 자괴감으로 살아가는 이유입니다. 삶의 절망을 표현하고, 많은 경우 삶의 회복과 구원을 역설하기 위한 설정으로 사용됩니다. 소설과 영화 속 죽음은 언제나 새로운 출발을 위한 계기인 거죠. 악의 멸망은 선의 시작인 거고, 선의 죽음은 악의 제거를 위한 노력의 시작입니다. 권선징악의 구도에서는 심판의 도구입니다. 이 모든 게 죽음에 대한 애도 과정의 하나입니다.

정치에서 죽음은 국가 이념을 위해 이용됩니다. 죽음 자체에는 아무 차별이 없습니다만, 안타깝게도 죽음은 정치에 의해 의로운 죽음과 억울한 죽음으로 갈립니다. 정치적 결정에 따라 누구의 죽음은 크게 부풀리고 누구의 죽음은 망각합니다. 여론의 주목을 받는 죽음에는 국가가 관심을 기울여 '기림'을 받고 사회적으로 장례를 치르지만, 그렇지 않은 죽음은 무연고자의 죽음으로 '처리'됩니다. 여기에 더해 국가 폭력에 의해 희생한 사람의 죽음은 '조작'되거나 철저히 '은폐'됩니다.

스크루지 효과(Scrooge Effect)

사람이 죽음 혹은 한계 상황에 직면하면 상대적으로 문화적으로 각인된 선한 가치와 의미를 붙잡는 경향이 발생하는데, 심리학에서는 이것을 가리켜 "스크루지 효과"라 한다. 이는 찰스 디킨스(Charles J. H. Dickens)의 중편 소설 『크리스마스 캐럴』(A Christmas Carol, 1843년 12월 19일 발표)에서 첫 번째로 나오는 이야기의 주인공 스크루지를 모형으로 구성된 개념이다. 그는 크리스마스를 경멸하며 가난한 사람들에게는 수전노다. 그 무엇을 통해서도 변화되지 않을 것 같은 캐릭터의 소유자였지만, 놀랍게도 그는 크리스마스이브에 꾼 꿈에서 자신의 과거와 현재 그리고 미래의 모습을 본 후에 개과천선한다. 그의 변화를 이끈 건 단연코 자기의 쓸쓸한 죽음을 직접 보게 된 것이었다. 순수했던 어린 시절의 과거는 그가 돌아가야 할 곳이었다. 현재는 그가 얼마나 과거의 순수했던 모습에서 멀어져 있는지를 보여준다. 만일 여기에만 머물러 있다면 그가 미래에 맞이할 수밖에 없는 쓸쓸한 죽음에 대한 각성이 그의 생각과 삶을 변화시킨 것이다. 스크루지가 회복한 삶의 태도는 그가 인정하려고 하지 않았던 전통적인 크리스마스 정신에 상응하는 것이다.

이미 어떤 형태로든 죽음의 문턱까지 가본 사람들은 지금의 삶을 선물과 보너스로 여기며 제2의 인생을 살아갑니다. 자기만을 위한 삶을 추구하지 않습니다. 그렇지 않은 경우가 전혀 없진 않습니다만, 설령 그렇다 해도 대개는 이전보다 더 의미 있고 보람된 삶을 살려고 노력합니다. 소위 '버킷리스트'를 작성하고 그것을 죽기까지 하나둘 실천하면서 후회 없는 죽음을 맞이하려 합니다. 죽음을 경험하지 못한 사람들이 굳이 죽음에 관해 배우는 이유 역시 마찬가지입니다. 죽음 교육을 통해 삶의 한계를 깨달음으로써 삶의 깊이를 더하려는 것이죠. 소위 "스크루지 효과"를 기대하는 겁니다. 죽음을 경험했든지, 그렇지 않았든지 우리가 죽음을 말하는 이유는 의미 있고 보람된 삶에 있습니다. 살면서 죽음을 생각하고 말하는 이유는 그것이 어둠을 걷는 길에서 빛을 보는 삶이기 때문입니다. 햇빛보다 더 밝은 빛으로 이끌립니다. 이 점은 전 생애를 통해 하나님을 의존하며 사는 길을 보이신 예수 그리스도의 삶과 죽음에 관한 이야기에 귀를 기울이다 보면 더욱더 분명해집니다.

죽음 문제를 해결하는 기독교

독일 유학 중 우체국에서 아르바이트할 때 옆자리에서 일하던 한 여성 직원이 제가 신학을 전공한다는 걸 듣고는 자기는 신을 더는 믿지 않는다고 말하더군요. 굳이 이렇게 자기 불신앙을 밝힌 이유를 궁금해하며 사나흘 보낸 저는 그녀에게 다가가 그 까닭을 물었습니다. 그녀는 처음에는 더는 떠올리기 싫은 일이라며 이에 관해 말하기를 주저했는데요, 내가 자기 대답을 기다리는 걸 느꼈는지 긴 침묵 끝에 입을 열었습니다. 오래전 자기 아들이 병으로 죽었는데, 만일 하나님이 살아계신다면, 자기가 그동안 어떻게 신앙을 지켰는지, 교회를 위해 어떤 정성으로 헌신했는지, 그리고 아들의 회복을 위해 얼마나 간절히 기도했는지 이런 노력을 절대 외면해서는 안 되었다고 하더군요. 하나님에 대한 신앙과 열심 그리고 아들의 조기 죽음을 연결하는 일에서 문제가 있었던 것인데요, 당시 그녀에게는 이 문제에 대해 깊이 고민할 여유가 없었고, 주변 사람들 역시 그녀에게 아들의 죽음과 관련해서 시원스러운 대답을 주지 못했던 것 같습니다. 나와 만났을 때 그녀는 이미 마음을 굳게 닫아 아예 들으려고 하지 않았습니다. 그녀에게 죽음은 삶을 무너뜨리고 삶의 의미를 송두리째 앗아가는 것이었습니다. 그녀와 함께 일하는 내내 저는 그녀의 슬픔을 공감하고 위로와 함께 복음을 전하면서 마음을 돌려보려고 했으나 성공하지 못했습니다. 마음 빗장을 단단히 걸어 두었던 거지요. 하나님의 사랑과 예수 그리스도의 복음으로도 상실의 아픔과 기억을 이겨내지 못해 너무 안타까웠습니다. 만일 그녀가 아들이 병상에 누워있기 전에 죽음과 부활에 관한 교육을 받았다면 아들의 죽음을 어떤 마음으로 받아들였을까요, 하나님의 위로를 받지 못한 그녀의 애도에 짙은 아쉬움이 남습니다.

국내에서 일어난 크고 작은 참사와 각종 대형 사고로 가족과 사랑하는 이를 잃은 유족 가운데 교회를 떠나고 신앙을 포기한 사람이 있었다는 이야기를 듣습니다. 상실의 슬픔과 고통을 이기지 못한 결과일 텐데요, 상처가 치유될 때까지 그들과 함께하지 못한 게 그저 미안할 뿐입니다. 그 사건 이후로 그들 마음 안에 멈추어 버린 시간을 다시 돌리기는 쉬운 일이 아닙니다. 그러나 다른 한편으로는 이 모든 일이 발생하기 전 죽음과 부활에 관한 교육을 받았다면, 만일 교회가 죽음과 부활과 애도를 위한 교육의 기회를 미리 제공했더라면 어땠을지… 이런 아쉬움이 큽니다.

철학에서 신학으로 전공을 바꾸면서 내게 일어난 가장 큰 변화는 문제

해결을 지향하게 되었다는 겁니다. 하나님을 믿는 사람으로서 일상에서 부딪히는 문제는 산적해 있는데도 해결책을 제시하지는 않고 오히려 문자적인 성경 이해와 이상적인 교리만을 제시하는 교회 현실에 대한 불만이 컸었기 때문입니다. 무엇보다 가장 큰 이유는, 성경은 하나님을 정의하지 않으면서 세상과 인간을 말하는 방식에 주목했기 때문입니다. 성경은 삶 자체를 하나님과의 관계에서 보는 사람들이 자기네 삶의 문제와 관련해서 하나님을 말하는 내용으로 가득 차 있습니다. 자기에게 일어난 문제를, 자기가 겪은 트라우마를 하나님이 어떻게 해결하시는지 이에 관심을 두고 풀어놓은 이야기인 거죠.

그렇다고 문제가 모두 신학적으로 해결될 수 있다는 건 아닙니다. 삶에서 부딪히는 문제 가운데는 신학적으로 이해되지 않는 것이 있습니다. 예컨대 인간은 무엇인가? 세상은 무엇인가? 이 질문은 삶에서 수도 없이 제기되고 또 문제로 여겨지는 것이긴 해도 대답하기 어렵습니다. 이건 오직 하나님의 계시에 의지해서 대답할 수밖에 없습니다. 그러니까요, 관건은 문제해결을 지향할 때 신학이 무엇을 할 수 있고 무엇을 할 수 없는지 이것에 대한 분별이 가능해진다는 겁니다. 할 수 없는 것을 하려고 붙들고 있는 것만큼이나 어리석은 짓이 없고 할 수 있는 것임에도 방치하는 건 게으름의 죄를 범하는 겁니다.

우리가 살펴보려는 죽음 역시도 마찬가지입니다. 죽음 그 자체는 인간이 해결할 수 없는 문제입니다. 아무리 질문을 해도 만족할 만한 대답을 얻지 못합니다. 모두가 죽는다는 당연한 현실을 예수 그리스도의 죽음과 부활의 관점에서 이해할 뿐이고요, 또한 죽음이 초래하는 삶의 문제를 가능한 범위에서 해결하려 노력할 뿐입니다.

그런데 죽음 문제(death-question)는 어떻게 접근하느냐에 따라 해결할 수 있기도 하고 해결할 수 없기도 합니다. 올바른 신학적(신앙적) 사고는 우리가 직면한 문제를 해결이 가능한 문제로 바꾸고 또 실제로 합리적 과정을 통해 그걸 해결할 수 있습니다. 해결하기 어려운 질문이라도 우리가 그것을 진지하게 대하는 이유는 어떻게 해서든 해결하기 위한 것이 아닙니다. 다만 그런 질문을 통해서 상황을 이해하고 또한 인간의 한계를 경험하면서 문제를 단순화시켜 해결을 위한 현실적인 대책을 마련하기 위함입니다. 이에 비해 바르지 않은 사고는 해결할 수 없는 문제만 제기할 뿐입니다. 문제를 제기했다는 사실만으로 만족할 수 없는 게 인생입니다.

그러니까요, 죽음 그 자체가 아니라 죽음과 관련해서 일어나는 삶의 문제를 하나님과의 관계에서 해결하는 게 기독교 신학이 해야 할 일입니다. 전자는 예수 그리스도의 죽음과 부활을 통해 이미 계시하였고 후자는 신학의 과제입니다.

이 글은 예수 그리스도를 통해 계시한 죽음의 의미를 바탕으로 주로 신학의 범위에서 죽음의 문제를 들여다봅니다. 죽음이 우리 삶에서 초래하는 문제와 그 문제를 신학적으로 해결하는 일에 관심을 두고 있다는 말이지요.

생명의 하나님과 죽음

자기가 낳은 자식의 죽음을 말하는 부모는 아마도 없을 겁니다. 영아 살해의 사례가 전혀 없진 않습니다만, 매우 드문 일입니다. 있어도 대개 유기하는 경우가 대부분입니다. 불의의 사고나 병으로 자식이 죽지는 않을까 염려는 하겠고, 실제로 그런 상황이 닥치면 그때 비로소 죽음을 현실로 받아들이겠지만요, 대체로 부모는 자식의 죽음을 입 밖에 내지 않습니다. 죽어가는 순간에도 생명을 말하고 반드시 살아날 걸 기대합니다. 헛된 기대이고 무익한 소망이라도 그렇습니다. 자식을 잃은 부모의 슬픔은 인간이 상상할 수 있는 슬픔 중에서 가장 큰 슬픔이기 때문입니다.

그런데요, 없는 것을 있게 하시고 피조물에 생명을 불어넣으신 생명의 주 하나님이 자기 자녀와 다를 바 없는 피조물의 죽음을 말씀하셨습니다. 그것도 직접 심판자로서 나선 겁니다. 생명을 창조하신 이가 직접 피조물을 멸망케 할 것이라는 창세기 기록은 이해하기 쉽지 않습니다.

그런데 생명을 창조하신 하나님은 인간에게 선과 악을 알게 하는 나무의 실과를 따 먹으면 "반드시 죽으리라" 하시면서 죽음을 언급하셨습니다. 마치 하나님이 죽음을 보내신 것 같은 느낌을 자아냅니다. 하나님이 직접 죽이신다는 건지 확실하지 않으나, 사랑의 하나님 이미지에 어긋날 뿐만 아니라 또한 당신이 창조하신 생명체가 죽도록 하신다는 것이니 이걸 어떻게 이해해야 할까요? 게다가 노아의 때엔 하나님이 직접 홍수로 인류를 심판하셨으니 말입니다. 이런 의문을 해결하지 못한 사람들 가운데 몇몇은 하나님의 폭력 운운하며 기독교를 비난하고 심지어 기독교 신앙을 떠나기도 했습니다.

사실 우리가 오늘날 이해하는 일반적 의미의 생물학적 현상으로서 죽음의 의미에 따르면 하나님의 말씀은 현실로 나타나지 않았습니다. 하나님은 창조자이십니다. 곧 말씀하신 대로 세상이 그대로 되게 하신 분입니다. 그런데 경고하신 대로의 죽음은 일어나지 않았습니다. 뱀이 옳고 하나님은 틀렸다고 말할 수 있습니다. 오히려 뱀이 사람을 유혹할 때 했던 말이 사실이 되었지요. 사람은 하나님처럼 눈이 밝아졌고, 선악을 아는 일에 하나님처럼 되었으며, 또한 죽지 않았습니다. 그렇다면 하나님은 거짓으로 위협하신 걸까요? 진정 하나님은 틀렸고 뱀이 옳았던 걸까요? 그럴 수 없지요. 신실하시고 진리의 하나님은 어떤 일에서든 항상 옳습니다.

만일 뱀이 옳지 않고 하나님이 옳다면 '반드시 죽으리라' 경고하신 말씀이 가리키는 죽음은 무엇인가요? 죽으리라고 말씀은 하셨지만, 은혜를 베풀어 주셨기에 죽지 않은 걸까요? 이렇게 이해하면 가장 쉬운 답이 될 것입니다.

그런데 성경에 은혜를 베푸셨다는 말이 없으니 이렇게 말하는 게 정답은 아닙니다. 하나님의 말씀이 단지 위협하기 위한 것만이 아니라면, '반드시 죽으리라' 경고하시는 말씀은 어떻게 이해해야 할까요? 죽는다고 말했으니 분명 죽었어야 했는데 죽지 않고 여전히 살아있는 현상을 어떻게 이해할 수 있을까요? 하나님이 경고하신 '죽음'은 대체 어떤 죽음을 말하는 건가요?

죽음에 관한 기독교적 이해는 이 질문을 중심으로 돌면서 다양한 스펙트럼을 형성합니다. 하나님이 말씀하신 죽음과 실제로 일어나는 죽음의 차이에 관해 다양한 설명이 주어졌습니다. 모두가 죽는 현실을 문제로 삼고 이걸 신학적(신앙적)으로 설명하면서 해결하려 한 결과입니다. 물론 죽음 자체는 인간으로서는 도무지 알 수 없기에 예수 그리스도의 죽음 계시를 전제합니다. 예수 그리스도의 죽음을 통해서 죽음의 의미가 밝혀진다는 말입니다. 바울은 로마서 5:12에서 죽음은 죄로 말미암아 온 것이지 하나님에게서 온 것이 아니라고 말합니다. 그래서 그는 죽음을 맨 나중에 멸망 받을 원수라고 했습니다(고전 15:26).

보호받지 못하는 생명은 죽는다

어렸을 때 이웃집 강아지가 7마리 새끼를 낳은 걸 본 적이 있습니다. 모두가 젖꼭지를 물고 있는데, 그 가운데 한 마리는 낑낑거리며 젖꼭지 주위를 맴돌고 있을 뿐 빨지 못했습니다. 다른 강아지들을 뚫고 나갈 힘이 없었던 거죠. 그걸 보고 안타깝게 여겨 다른 강아지 가운데 하나를 젖에서 떼어놓고 그것에게 젖꼭지를 물려주었습니다. 그런데 다음날 보니 문제의 강아지는 죽어 있었습니다. 자세한 원인은 알지 못하나 결국 다른 강아지에 밀려 젖을 빨지 못했던 것 같았습니다. 어린 마음에 그때 강아지의 죽음을 보고 얼마나 크게 울었는지 모릅니다.

죽음은 누구도 피할 수 없는 보편적인 현상입니다. 생의 기간이 길고 짧음의 차이는 있어도 죽음을 겪지 않는 건 없습니다. 사람뿐 아니라 생명을 가진 것들 모두에 해당하는 진리입니다. 모든 생명은 잉태되는 순간부터 죽을 때까지 죽음의 위협을 받습니다. 돌봄을 받지 못하고 보호받지 못하는 생명은 죽음의 위협을 견디지 못합니다.

잉태된 아이는 엄마의 태에서 보호받습니다. 잉태된 아이의 생명을 지키기 위해선 엄마의 건강을 돌보아야 합니다. 태어난 아이는 생명력이 있지만 보호하는 손길이 없으면 죽습니다. 자라나는 아이도 적절한 돌봄과 보호를 받지 못하면 영양실조로 죽든지 아니면 외부의 공격에 노출되어 생명력을 잃고 죽습니다. 성인은 어느 정도 스스로 자신을 돌보고 보호할 수 있지만, 그들 역시 생존에 필요한 보호와 돌봄이 없으면 죽습니다. 야생동물의 공격으로부터 혹은 질병으로부터 혹은 자연재해로부터 혹은 낯선 사람의 공격으로부터 보호받지 못하면 죽을 수밖에 없습니다. 물론 여기서 말하는 죽음은 생물학적인 의미입니다. 생물학적으로 죽음은 생명 기능이 정지된 상태를 말하는데요. 세포 활동의 정지, 뇌 활동의 정지, 혹은 심장 박동의 정지 등으로 정의됩니다. 상태가 이 정도 되면 다른 것의 먹이로 소비되어 결국엔 한 줌의 재 혹은 흙으로 돌아갑니다.

죽음 없이 하나님의 부름을 받은 사람들: 에녹과 엘리야

인간은 모두 죽는다는 말에는 예외가 있다. 그 가운데 하나는 죽지 않고 하나님의 부름을 받은 에녹과 엘리야이다. 다른 하나는 예수 그리스도의 재림 때 살아있는 성도들이다. 의인은 죽지 않으며 설령 죽어도 부활할 것을 보이는 기록이다.

에녹은 당시 사람들의 수명을 비교해 볼 때 이 땅에서 짧은 생을 살았다. 중요한 건 그가 하나님과 동행했다는 것이다. 하나님과 동행하는 가운데 그는 하나님의 부름을 받았다.

> 에녹은 육십오 세에 므두셀라를 낳았고 므두셀라를 낳은 후 삼백 년을 하나님과 동행하며 자녀들을 낳았으며 그는 삼백육십오 세를 살았더라 에녹이 하나님과 동행하더니 하나님이 그를 데려가시므로 세상에 있지 아니하였더라. (창 5:21~24)

엘리야는 갈멜산에서 바알과 아세라 선지자들과 단신으로 싸워 이긴 선지자다. 그 후 온갖 고초를 겪으면서도 여호와 신앙의 순수성을 외치길 포기하지 않았다. 그의 제자 엘리사가 동행하는 가운데 그는 불말이 이끄는 불수레를 타고 죽지 않은 채 하늘로 올라갔다.

> 두 사람이 길을 가며 말하더니 불수레와 불말들이 두 사람을 갈라놓고 엘리야가 회오리바람으로 하늘로 올라가더라 엘리사가 보고 소리 지르되 내 아버지여 내 아버지여 이스라엘의 병거와 그 마병이여 하더니 다시 보이지 아니하는지라… (왕하 2:11~12)

예수 그리스도가 재림하실 때 살아있는 성도들은 죽지 않은 채 하나님의 부름을 받는다.

> 우리가 주의 말씀으로 너희에게 이것을 말하노니 주께서 강림하실 때까지 우리 살아남아 있는 자도 자는 자보다 결코 앞서지 못하리라 주께서 호령과 천사장의 소리와 하나님의 나팔 소리로 친히 하늘로부터 강림하시리니 그리스도 안에서 죽은 자들이 먼저 일어나고 그 후에 우리 살아남은 자들도 그들과 함께 구름 속으로 끌어 올려 공중에서 주를 영접하게 하시리니 그리하여 우리가 항상 주와 함께 있으리라. (살전 4:15~17)

사회적 동물인 인간은 관계에서 벗어나면 생명을 온전히 유지하지 못합니다. 살아있는 모든 이는 누군가의 보호와 돌봄을 통해 생명을 유지합니다. 그렇지 않으면 죽습니다. 인간은 상호관계에서 일어나는 상호작용으로 생명력을 유지합니다. 그러므로 인간은 소유 때문이 아니라 오직 살아있다는 사실만으로 감사해야 합니다. 살아있다는 건, 비록 보이진 않아도, 누군가의 보호와 돌봄을 받고 있다는 사실을 말하기 때문입니다.

물론 보호와 돌봄을 스스로 거절하는 사람도 있습니다. 거식증같이 심리적으로나 정신적으로 건강하지 않은 이유 때문이기도 하지만, 죽음을 각오하며 곡식을 끊는 단식은 정치적 이유에서 실천되기도 합니다. 자살은 한편으로는 적절한 보호와 돌봄을 받지 못해 일어나는 경우이지만, 다른 한편으로는 보호와 돌봄을 스스로 거절하는 행위입니다. 경우에 따라선 세포자살 현상과 같이 유기체의 성장에 공헌하지 못하는 세포 안에서 일어나는 생화학적 변화로 인한 죽음이 있습니다. 그리고 보호와 돌봄이 누군가에 의해 의도적으로 혹은 강제로 배제되면 살인이 되는 거죠.

보호와 돌봄이 사라지거나 거부되거나 배제되면 생명력보다 죽음의 힘이 더 커집니다. 이런 관점에서 볼 때, '반드시 죽으리라' 이 말씀은 첫째는 죽음이 죄의 결과임을 선포하는 거고요, 둘째는 더는 온전한 보호와 돌봄을 받지 못하는 상태가 될 것을 예고하는 의미로 이해할 수 있어요. 받지 못할 것이라기보다는 인간이 스스로 거부했음을 확인해 주신 거죠. 그 결과로 인간은 다른 인간과의 관계에서 죽음을 경험하게 됩니다.

하나님은 인간 사이에서 사랑으로 존재하십니다. 그래서 미움은 살인이라고 말한 겁니다. 하나님을 의존하지 않고 또 그분의 보호와 돌봄을 거절하는 관계에서 사랑은 없어지고 경쟁과 미움과 폭력이 태어납니다. 선한 사마리아 사람의 비유에서 볼 수 있듯이, 서로 돕는 관계를 위해 만들어진 인간이 서로를 돌보면 생명을 얻지만, 만일 서로 돌보지 않으면, 그 결과는 죽음입니다. 하나님이 개입하시는 이웃으로 산다는 게 얼마나 중요한지를 보여줍니다.

예컨대 아담과 하와는 비록 당장에 죄의 결과인-생물학적인- 죽음을 겪진 않았으나 서로를 돕는 관계에서 벗어나 서로 비난하는 관계가 되었고, 하나님의 온전한 보호를 받지 못하는 상태가 되었습니다. 무슨 말이냐 하면 그들은 비록 당장에 죽진 않았으나 돌보시고 보호하시는 하나님을 떠남으로써 스스로 죽음의 위협에 노출한 거죠. 에덴에서 쫓겨난 건 하나님의 얼굴이 더는 비추지 않는 세상에 살게 되었다는 겁니다. 죄는 하나님을 의존하지 않게 하고 그분의 온전한 보호에서 벗어나게 하는 이유라는 걸 보여줍니다. 하나님이 보호하시지 않았거나 돌보시지 않은 게 아니라 악행을 선호하는 인간이 스스로 하나님의 보호와 돌봄에서 벗어난 거죠. 성경은 이걸 죄를 지은 인간이 하나님 앞에서 숨었다는 말로 표현했습니다. 가인처럼 하나님을 떠나 살았다고도 말합니다. 죄의 결과는 하나님을 의존하지 않고 자기가 자기를 보호하려는 욕망을 잉태합니다. 생명 친화적인 인간의 숙명이 죄로 말미암아 죽음 친화적인 삶으로 바뀐 겁니다. 하이데거는 이걸 두고 "죽음을 향한 존재(Sein-zum-Tode)"라고 표현했습니다. 태어나는 목적이 죽음인 그런 존재가 인간이라는 겁니다.

하나님의 보호와 돌봄에서 벗어나면 사람은 자신을 스스로 보호하고 돌보려 하고 자기 가치관에 따라 판단하며 살아갑니다. 창세기는 4장 이후부터 가인을 포함해 그의 후손들의 삶을 예시로 삼아 하나님의 온전한 보호를 거부하는 인간의 삶이 어떠한지 그 실상을 보여줍니다. 반드시 죽으리라는 말이 어떠한 죽음을 겨냥해서 하신 말씀인지는 가인과 그 이후의 역사를 통해 알 수 있습니다. 그러니까 하나님이 경고하신 죽음의 전형은 형제에 대한 폭력을 서슴지 않았고, 마침내 하나님을 떠나 살았던 가인에게서 비로소 나타납니다. 사사기에서는 자기 소견에 옳은 대로 행하였더라고 말하면서 그 결과 이웃하는 이방인의 손에 죽임을 당하는 이스라엘 백성의 현실을 보여줍니다.

신명기(31:18)와 이사야(64:7)와 시편(81:12~13, 143:7)에서는 하나님이 그들에게서 얼굴을 감추거나 돌리시든가 아니면 그들이 악행을 하도록 그냥 내버려 둔다고 했습니다.

예레미야(22:24~25)에서는 하나님이 원수들의 손에 넘기겠다는 표현이 사용되었습니다. 하나님은 선지자를 통해 주신 말씀에 불순종한 백성이 자기 방식으로 살아가자, 그들을 더는 보호하지 않고 원수의 손에 넘겨주었다고 했고("네 생명을 찾는 자의 손과 네가 두려워하는 자의 손 곧 바벨론의 왕 느부갓네살의 손과 갈대아인의 손에 줄 것이라") 그 결과 그들은 죽을 것이라 했습니다("… 너희가 거기서 죽으리라").

호세아 선지자는, 하나님의 율법을 지키지 않고 우상을 숭배한 이스라엘은 더는 내 백성이 아니라는 말씀을 전해줍니다(호 1:9). 내 백성이 아니라는 말은 더는 하나님의 보호와 돌봄이 없게 될 거라는 뜻이죠.

요한복음에선 하나님이 세상의 구원을 위해 독생자를 (세상의 권세에) 넘겨주었다 이렇게 표현했습니다("하나님이 세상을 이처럼 사랑하사 독생자를 **주셨으니**-이 말의 원어는 '~의 권한에 넘겨주다' 뜻입니다…"). 넘겨주었다는 말은 세상의 처분에 내맡겨졌다는 뜻입니다. 하나님의 보호와 돌보심을 받지 못하는 죄인의 숙명을 폭로하는 십자가 사건을 겪으면서 예수님은 십자가 위에서 "나의 하나님, 나의 하나님, 어찌하여 나를 버리셨나이까"(마 27:46) 외치셨습니다.

하나님의 온전한 보호에서 벗어난 상태를 두고 사도 바울은 "사탄의 권세"(행 26:18)에 사로잡혔다 이렇게 보았습니다. 사탄의 권세에 매인 인간은 더는 하나님의 온전한 보호와 돌봄을 받지 못하게 되어 자유롭게 살지 못하고 하나님의 생명을 누리지 못합니다. 자기가 보기에는 옳다고 여기는 일이나 실상은 하나님의 뜻을 어기는 일이죠. 다시 말해서 끊임없는 유혹을 극복하지 못하고, 위협적인 공격(박해와 핍박)을 받을 때마다 방어에 성공하지 못합니다. 그리고 마지막 생명력까지도 빼앗으려는 세력에 끝까지 저항하지 못합니다. 이런 사람은, 요한계시록에서 사데 교회가 들어야 했듯이, 살았다고 하는 이름은 가졌으나 실상은 죽은 자입니다(계 3:1).

정리하여 말하면, 구약은 누구나 피할 수 없는 죽음의 문제를 해결하는 과정에서 죄의 숙명을 보았고, 그 죄의 결과는 죽음이며, 특히 폭력에 의한 죽음이 될 것을 아벨의 죽음을 통해 보여주었습니다. 죽음은 하나님의 보호와 돌봄을 스스로 거부한 인간에게 일어나는 결과입니다. 하나님이 주신 것이 아닙니다.

신약은 이 사실을 더 분명하게 밝히고 있는데요, 죽음을 생명의 주인이신 하나님의 다스림과 보호와 돌봄을 떠나 사탄의 권세에 사로잡힌 상태로 보고 있습니다. 유혹에 넘어져 자기 스스로 사탄의 권세에 붙잡힌 것이긴 하지만, 분명한 건 하나님이 버리신 건 아니라는 거고, 또한 하나님이 직접 살인적 폭력을 행하시지 않았다는 겁니다.

죄의 결과 인간은 서로 돕는 관계에서 벗어나 자기주장을 관철하려는 힘에 의지한 결과 폭력-무력, 권력, 완력, 위력, 지력, 자본력, 필력, 언어 구사 능력, 치명적 매력 등-사용을 정당화합니다. 사탄의 권세에 사로잡힌 상태가 무엇인지는 학자마다 의견이 달라요. 그러나 십자가에 달리신 예수 그리스도의 모습이 그걸 형상화한다는 건 확실합니다. 불의가 의를 이긴 모습이고, 거짓이 진리를 이긴 모습이며, 인간이 하나님을 이긴 모습입니다. 이에 대해 성경은, 그 결과는 죽음이라고 선언합니다. 죄인뿐만 아니라 의인도 불의에 의한 희생자로 죽습니다. 모든 사람은 죄인이기에 죽고 또 의인마저도 죽기에 성경은 죽음 문제의 해결책을 구원으로 보면서 세상은 구원이 필요한 상태임을 선언합니다(요 3:16).

그렇다면 예수 그리스도를 통해 폭로된 죽음은 무엇입니까? 죽음 계시로 무엇이 드러났나요? 이미 앞서 언급했습니다만, 죽음은 하나님의 보호와 돌봄에서 벗어나 더는 하나님의 은혜에 적합하게 반응하지 못하게 합니다. 죽음은 진리에 불순종하게 하는 힘입니다. 진리를 왜곡해 거짓이 승리한 것처럼 보이게 합니다. 진리를 갈망하는 사람을 실망케 합니다.

그러나 예수 그리스도는 죽음의 본질을 폭로하여 만천하에 드러내고 또 그것이 유발하는 문제를 해결하기 위해 오신 구주입니다. 예수님의 죽음 계시는 사후세계와 사후 생명을 보여주시려는 것이 아닙니다. 예수 그리스도는 비록 고난을 겪고 죽었으나 오히려 이를 통해 불순종의 세력에서 하나님의 백성을 벗어나게 합니다. 하나님이 사랑으로 세상을 보호하고 돌보심을 자기 인격과 사역을 통해서 그리고 희생적인 죽음으로써 전했습니다. 무엇보다 부활하심으로써 예수님은 주 안에서 죽는 자가 더는 죽음에 매이지 않게 했습니다. 그분을 믿고 따르는 자는 설령 죽는다 해도 하나님의 보호와 돌봄이 멈추지 않음을 보이셨습니다. 이런 의미에서 부활 생명 곧 영생을 누립니다.

아이가 부모의 보호를 받으면 생명력을 얻고 부모의 보호에서 멀어지면 죽음의 위협을 받듯이, 인간은 하나님의 다스림과 보호 안에 있으면 풍성한 생명력을 얻고 하나님과의 관계가 멀어지면 생명을 위협하는 죽음의 권세가 힘을 얻습니다. 어둠 가운데 있어도 빛을 보면 희망하며 살 수 있지만, 빛의 존재를 믿지 않고 등을 돌리면 자기 그림자밖에 보이지 않습니다. 어둠만을 보는 자는 절망할 수밖에 없습니다.

예수 그리스도를 믿는 사람은 비록 자기도 죽을 것이나 절대 죽음으로 끝나지 않음을 압니다. 부활을 통해서 하나님 안에서 새로운 생명력을 얻기 때문입니다. 그러나 믿지 않고 스스로 하나님의 돌봄을 거부한 사람이나 삶의 어려움에 갇혀 하나님이 돌보심을 인정하지 않는 사람은 소망이 없습니다. 죽음으로써 하나님의 보호와 돌봄을 영원히 받지 못하는 곳으로 떨어집니다. 사는 동안 예수 그리스도를 믿어 성령을 따라 살면서 하나님의 보호와 돌봄을 인정하고 받아들이는 자는 비록 어둠 속을 걷는다 해도 빛의 인도를 받는 겁니다. 죽음의 위협이 곳곳에 놓여 있는 상황에서도 생명을 소망하며 삽니다.

죽음의 의미와 이유

아이는 부모가 죽으면 단지 눈에 보이지 않는 존재로만 인지합니다. 그래서 어디로 갔는지, 언제 다시 오는지 묻습니다. 아직 죽음을 인지하지 못하는 아이의 질문에 정확하게 대답할 사람은 없지 싶습니다. 그래도 아이가 이해할 수 있는 수준에서 죽음을 설명하는 것이 나중을 위해 좋습니다.

여하튼 아이의 질문에 만족할 만한 대답을 줄 수 없는 현실이 말해줍니다만, 죽음은 오래전부터 인류의 문제였습니다. 모든 게 낯선 나라이고, 탐구되지만 결단코 밝혀지지 않을 미지의 세계이고, 두려움의 대상입니다. 타인의 죽음을 보고 그것이 무엇을 의미하는지, 사람은 왜 죽는지, 죽으면 어떻게 되는지 궁금해할 뿐입니다. 이런 질문에 대답하려고 용감하게 나선 사람들은 종교인과 철학자입니다.

사실 자기 죽음을 말하면서 죽음의 의미를 밝힌 이는 많지 않습니다. 붓다와 소크라테스 그리고 예수 그리스도는 각각 자기 죽음의 의미를 설명함으로써 타인이 이해하고 받아들일 수 있는 체계를 직접 제시해 주었습니다. 많은 사람이 공감할 만큼 죽음을 새롭게 설명하는 자는 그것이 무엇이든 설립자가 됩니다. 궁극적인 질문이기 때문입니다. 요즘엔 사회과학과 자연과학자들도 이 문제에 뛰어들다 보니 죽음의 이해에 대한 스펙트럼이 더욱 넓어진 느낌을 받습니다. 과학이 종교를 대체할 능력이 있다고 보는 것도 억지는 아닙니다. 물론 혼돈도 그에 비례하여 더 커졌습니다. 뇌사냐 심장사냐, 육체의 죽음이냐 영혼의 죽음이냐, 사회적 죽음이냐 인격적 죽음이냐 아니면 생물학적 죽음이냐 등과 관련한 논쟁에서 서로 다른, 심지어 서로 반대되는 의견들이 제시되고 있거든요.

분명한 건 오늘날 죽음은 생물학적인 의미를 훨씬 넘어 다양한 맥락에서 이해되는 겁니다. 죽음의 의미에 관한 주장들이 너무 많고 다양하다 보니 일일이 따지기가 귀찮아 그저 죽음은 죽음일 뿐이라고 단순하게 생각하려는 사람들도 덩달아 많아졌습니다. 홍수 속에 마실 물이 없다는 홍수의 역설대로입니다. 이런 때일수록 그리스도인은, 비록 죽음에 대한 이해가 복잡해서 생각하기 어려워도, 죽음을 간과하지 않아야 합니다. 왜냐하면, 죽음 문제는 기독교 신앙에서 핵심이기 때문입니다. 따라서 그리스도인은, 죽음 문제를 갖고 사탄이 유혹한다 해도 충분히 이겨낼 수 있도록 생각의 근육을 강화해야 합니다.

죽음으로써 영원한 부재의 상태로 빠지지 않고 어떻게든 생명의 지속을 열망하는 마음에서 사람들은 또 다른 형태의 생명을 꿈꾸었습니다. 영혼 불멸과 환생이죠. 이건 사별자를 위로하고 임종을 앞둔 이에게 희망을 주는 세계관입니다. 대부분 종교에서 죽음은 영원한 부재(永滅)가 아니라 또 다른 세계로 가기 위한 문(통과의례)입니다. 환생이나 윤회를 위한 것이든 아니면 또 다른 세계로 가는 것이든 반드시 거쳐야 하는 과정입니다. 불교에서 말하는 해탈은 윤회의 과정에서 해방한 또 다른 경지의 생명 세계입니다.

고대 그리스 철학에서 플라톤은 죽음을 일종의 해방으로 이해했습니다. 육신에 갇혀 지내던 영혼이 비로소 자유롭게 되는 순간이라고 본 거죠. 이건 육체를 경시하는 세계관의 산물입니다. 죽음을 통해 육체의 짐을 벗어 버리고 영혼은 이데아의 세계로 돌아갑니다. 영원한 부재나 기능 정지가 아니라 영혼의 세계로 돌아가 생명의 기능을 계속 이어간다는 거죠. 이것은 죽음을 하나의 통과의례로 보는 것에서 크게 다르지 않습니다. 기독교에서도 마찬가지일까요?

죽음, 그 이유와 의미

앞서 살펴보았듯이, 창세기는 죽음을 하나님의 명령을 지키지 않은 결과라고 말해요. "먹는 날에는 반드시 죽으리라"(창 2:17). 구약은 하나님의 금지 명령을 어겨 죄를 범함으로 복으로 주어진 영생의 기회가 박탈된 현실을 전제합니다. 노아 홍수 이야기를 통해서는 죄에 대한 심판으로서 죽음을 말합니다. 이곳에서 죽음은 끝이며, 죽는 순간 인간은 세상에 더는 존재하지 않습니다. 이해가 매우 단순해요. 죽음은 숨이 멈춘 것이고 끝이며 오직 후손들을 통해 그리고 그들의 기억에서만 살아있을 뿐입니다. 그래서 사람들은 후손이 없거나 설령 있어도 후손들이 기억해 주지 않는 것에 대해 두려워했습니다. 조상제사는 이런 두려움을 극복하기 위한 장치입니다.

구약에는 죽음 자체에 대한 성찰이나 죽음 후의 세계에 대한 성찰은 나타나고 있지 않지만요, 죽음 문제에 직면해서 이를 해결하려는 단서가 전혀 없지는 않습니다. 바빌론 포로기나 그 이후에 형성된 후기 유대교 묵시 문학이 대표적입니다. 사는 동안 율법에 충실했으나 충분히 보상받지 못한 채 죽은 의인을 두고 그 미래에 대해 고민한 결과죠.

구약에서 죽음에 관해 생각할 때 가장 큰 문제로 여기는 건 죽은 자는 하나님의 은혜를 받지 못하며 또한 하나님의 은혜에 더는 반응할 수 없다는 사실입니다(시 6:5~6). 하나님은 살아계시어 은혜를 베풀고 이에 피조물이 반응하길 원하시지만, 죽은 자는 은혜를 받지도 못하고 은혜에 반응하지도 못합니다. 여기서 하나님의 은혜에서 떠나는 것, 벗어나는 것, 배제되는 것, 온전한 보호와 돌봄을 받지 못하는 것, 하나님에게 아무 반응을 하지 않는 것을 죽음으로 보는 관점이 생겨납니다.

죽음의 신학적인 비극은 바로 여기에 있습니다. 죽음으로써 인간은 하나님의 은혜 안에 머물지 못하며 또한 하나님을 영화롭게 하지도 못합니다. 하나님의 말씀과 행위에 아무 반응을 하지 못합니다. 하나님께 전 인격적으로 반응하는 일이 예배라면, 죽은 자는 더는 하나님을 예배하지 못하는 거죠. 달리 말해서 죽음은 하나님이 창조하시면서 의도했던 일이 발생하지 않도록 방해합니다(사 43:21). 곧 피조물인 인간이 하나님의 은혜 안에서 살면서 하나님을 영화롭게 하지 못하게 가로막습니다.

그리스도인이 죽음을 슬퍼해야 한다면 그건 바로 이런 이유 때문이어야 합니다. 하나님의 백성이 하나님의 은혜와 전혀 무관한 상태가 되는 것 이것이 가장 슬픈 이유입니다. 불신은 하나님의 보호와 돌봄을 거절하는 겁니다. 하나님을 향해 더는 생명력을 보이지 못해 이미 죽었으나(하나님의 은혜에 아무 반응을 하지 못하고 또 하나님의 온전한 보호를 받지 못하나) 생물학적인 생명 현상에 현혹되어 자기가 죽은 사실을 인정하지 않고 분별할 수 없는 상태에 있는 겁니다. 더군다나 죽음을 상실로만 이해할 뿐 하나님의 은혜와 무관하게 된 것에 대해 전혀 인지하지 않습니다. 신학적으로 이 문제를 어떻게 해결할 수 있을까요?

죽음 계시

해결책은 신약에서 찾아볼 수 있습니다. 신약에서 죽음은 예수 그리스도의 죽음과 부활의 관점에서 재구성되는 경향을 보입니다. 예수 그리스도의 죽음은 '계시'입니다. 계시라 말한 까닭은 예수님이 누구시고 또 어떤 삶을 사셨는지, 기독론의 주제인 이것들의 의미는 예수님 죽음 이후에 밝히 드러났기 때문입니다. 마가복음은 그리스도의 신비를 계속 은폐하다가 십자가 사건에서 드러나도록 구성했습니다. 예수님이 누구인가 하는 건 죽음을 통해서 비로소 밝혀졌기 때문입니다. 또한, 그의 죽음을 통해 죽음의 실상이 드러나고 구원의 도가 밝혀졌기 때문입니다. 여기에 더해 예수님은 죽음을 통해 우리에게 보혜사 성령을 계시하셨습니다.

먼저 성령을 보내신 것에 관해 생각해 보죠. 예수님의 죽음은 성령의 오심을 계시합니다.

내가 아버지께 구하겠으니 그가 또 다른 보혜사를 너희에게 주사 영원토록 너희와 함께 있게 하리니. (요 14:16)

보혜사 곧 아버지께서 내 이름으로 보내실 성령 그가 너희에게 모든 것을 가르치고 내가 너희에게 말한 모든 것을 생각나게 하리라. (요 14:26)

내가 아버지께로부터 너희에게 보낼 보혜사 곧 아버지께로부터 나오시는 진리의 성령이 오실 때 그가 나를 증언하실 것이요. (요 15:26)

그러나 내가 너희에게 실상을 말하노니 내가 떠나가는 것이 너희에게 유익이라 내가 떠나가지 아니하면 보혜사가 너희에게로 오시지 아니할 것이요 가면 내가 그를 너희에게로 보내리니. (요 16:7)

무슨 말인가요? 예수님은 죽음을 통해 그것이 제자들에게 더 큰 유익이 되고 또 제자들이 홀로 있게 하지 않을 것임을 보이셨습니다. 제자들이 성령 안에 거하고, 성령을 통해 그들이 서로 연합하고, 성령의 은사로 서로를 위해 그리고 주를 위해 헌신할 걸 보이신 겁니다. 그리고 사도행전에서 볼 수 있듯이, 이건 현실로 나타났습니다. 이 모든 게 가능한 건 부활하신 예수님은 성령 안에서 살아계시고, 성령과 함께 일하시고, 그리고 성령을 통해 우리와 함께 계시기 때문입니다. 우리가 예수 그리스도를 믿어 하나님의 자녀가 되고 또 그의 백성으로 사는 조건에서 그렇습니다. 살면서 고인을 마음 깊이 기념하고 또 죽음을 생각하며 살 때 햇빛보다 더 밝은 빛을 보게 되는 건 산 자와 죽은 자를 연합하여 부활 생명을 살게 하시는 성령께서 인도하셨기 때문입니다.

이것이 우리 죽음을 위한 의미는, 우리 역시 주 안에서 죽음으로써 사랑하는 이와의 관계에서 성령의 역사를 기대할 수 있다는 겁니다. 우리가 어둠의 길을 갈 때 성령은 우리의 눈을 열어주어 빛을 볼 수 있게 합니다. 거짓으로 가득한 삶에서 죽음을 생각할 때 진리를 깨닫게 될 것이라고 했습니다. 산 자와 죽은 자(죽었으나 영적인 몸으로 부활한 자)로서 성도는 성령 안에서 예배를 매개로 서로 교통합니다. 성령 안에서 우리는 하나님 나라의 온전한 도래를 기다립니다. 요한계시록이 보여주고 있듯이, 주 안에서 죽은 자는 하나님 앞에서 부활하여 산 자와 함께 하나님을 예배합니다. 우리가 예배할 때 주안에서 죽은 자 역시 하나님을 예배합니다.

둘째는 예수님의 죽음으로 죽음의 실상과 구원의 도가 계시했습니다. 예수 그리스도의 죽음에서 하나님의 뜻과 섭리를 파악한 바울은 죽음을 사탄의 권세로 이해하고 "죄의 삯은 사망"(롬 6:23)이라고 말함으로써 죽음을 죄의 결과로 보았습니다. 죄의 결과로 사탄의 권세에 매이게 되었다는 거죠. 다분히 창세기의 죽음 이해("따먹으면 반드시 죽으리라")를 반영합니다. 이처럼 숙명처럼 받아들여야 하는 인간의 죽음을 바울은 예수 그리스도를 통해 이해하였는데요, 예수 그리스도의 죽음은 인류가 지은 죄의 삯을 대신 받은 결과라는 겁니다. 이로써 죄는 용서되고 악행은 악행을 행한 자의 머리로 돌아가지 않습니다. 그러니까요, 예수 그리스도의 죽음은 악행에 대한 하나님의 심판과 죄 용서를 동시에 나타냅니다. 그러니 그를 믿는 자는 더는 심판받지 않고 죄 용서를 받습니다. 이런 의미에서 그리스도의 죽음을 계시 또는 예전적(sacramental) 죽음이라 말할 수 있습니다. 예수 그리스도가 죽음을 통해 하나님을 예배하였다면, 그리스도인은 그의 죽음을 기념하면서(주의 만찬) 성령 안에서 하나님을 예배합니다.

끝으로 예수님의 죽음 이후에 제자들은 그분이 참 그리스도시고 참 주님이시라는 걸 알게 되었습니다. 부활을 통해서 그리고 성령의 역사를 통해서 알게 된 겁니다. 그래서 예수님 죽음 이후에야 복음서 기록이 시작될 수 있었습니다. 죽은 자 가운데서 부활하심은 죽음 곧 사탄의 권세를 이기신 사건입니다. 하나님을 예배하는 걸 방해하는 세력이 무력화된 겁니다. 그리스도인에게 죽음은 예수님이 그리스도시며 주님이심을 드러내는 사건입니다. 우리의 죽음은 우리가 더는 사탄의 세력에 매이지 않았다는 걸 보이는 일이고, 예수 그리스도의 죽음 안에서 하나님이 우리 죄를 용서하시고 우리를 받으셨다는 사인이며, 또한 새로운 생명으로 부르셨음을 의미하기 때문입니다. 이미 살아있는 동안 예수 그리스도 안에서 경험한 생명은 죽음과 함께 온전해집니다.

죽음은 힘(권세)

죽음에 대한 신학적인 이해에서 가장 일반적인 견해는 "힘(권세)"입니다. 사도 바울의 이해입니다. 사탄의 권세를 일컫는데 보통 "원수"로 불립니다. 인간이 죽을 수밖에 없다는 건 사탄의 권세 아래 있는 상태를 두고 하는 말입니다. 사탄이 힘으로 사람의 의지를 통제해 하나님의 은혜와 전혀 상관하지 않도록 만듭니다. 살아있는 것들을 무의미로 이끌고 삶을 죽음으로 이끄는 힘입니다. 하나님을 믿지 않게 하고 죄를 짓도록 하여 결국 사망에 이르게 합니다. 바울은 죄의 지배를 받으면 어떤 일이 일어나는지를 로마서에서 신랄하게 폭로하고 있습니다.

> 기록된바 의인은 없나니 하나도 없으며 깨닫는 자도 없고 하나님을 찾는 자도 없고 다 치우쳐 함께 무익하게 되고 선을 행하는 자는 없나니 하나도 없

도다 그들의 목구멍은 열린 무덤이요 그 혀로는 속임을 일삼으며 그 입술에는 독사의 독이 있고 그 입에는 저주와 악독이 가득하고 그 발은 피 흘리는 데 빠른지라 파멸과 고생이 그 길에 있어 평강의 길을 알지 못하였고 그들의 눈앞에 하나님을 두려워함이 없느니라 함과 같으니라. (롬 3:10~18)

죄의 지배를 받는다고 해서 하나님과의 관계가 완전히 끊어진 건 아닙니다. 문자적 표현 자체보다도 이것을 통해 무엇을 말하려 했는지를 알아야 합니다. 곧 이 말은, 인간은 죄인이고, 죄인으로서 인간은 죽음의 권세에 매여 있으며, 그러함에도 불구하고 예수 그리스도의 십자가 죽음과 부활을 통해 사망에서 생명으로 옮겨졌다는 사실을 말하는 데에 목적이 있습니다. 비록 인간은 죽을 운명이지만, 예수 그리스도가 대신 죽고 또 부활하심으로써 그를 믿고 그와 연합한 자는 죽음의 권세에서 벗어납니다. 바울은 이렇게 말했습니다.

이는 너희가 죽었고 너희 생명이 그리스도와 함께 하나님 안에 감추어졌음이라. (골 3:3)

죽음은 하나님의 생명을 방해하고 하나님을 더는 찬양하지 못하게 하지만, 예수 그리스도의 부활을 통해 나타난 하나님의 참 생명을 드러내는 데에 공헌합니다. 예수 그리스도께서 죽고 부활하심으로써 죽음의 권세를 물리치셨듯이, 그와 연합한 그리스도인 역시 죽음으로써 또 예수 그리스도의 부활에 동참함으로써 온전한 생명을 얻습니다. 그러니 예수 그리스도를 구주로 받아들이라는 겁니다.

구약에서 죽음은 죄 때문에 죽고 또 그것의 폭력적 실상을 보여주지만,

신약에서 사탄의 권세로서 죽음은 예수 그리스도의 죽음과 부활로 말미암아 무력화되었습니다. 따라서 예수 그리스도의 죽음은 참 생명을 드러내는 계시 사건이고 또한 소망을 위한 단서입니다.

신학적인 의미의 죽음

그리스도인에게 죽음과 깊은 관련이 있는 건 하나님 나라입니다. 하나님 나라는 하나님의 다스림과 돌봄이 일어나는 곳입니다. 하나님의 통치는 당연히 돌봄(보호)을 포함하지만, 인간 세상에서 그것을 간과하는 통치행위가 있기에 강조하는 의미에서 '다스림과 돌봄'이라 말했습니다.

하나님 나라와 죽음의 관계는 풀기 어려운 주제 가운데 하나인데요. 왜냐하면, 하나님 나라는 생명의 나라이기 때문입니다. 죽음이 들어설 공간이 없습니다. 하나님 나라 경험은 생명을 얻고 생명이 더욱 풍성해지는 경험입니다. 생명과 죽음, 양자의 갈등은 하나님 나라를 고대하며 살면서 죽음을 피하고 싶은 사람에겐 참으로 풀기 어려운 숙제입니다. 이 문제를 해결하기 위해 성경은 부활을 말합니다. 그리고 하나님 나라를 영생의 나라로, 영원히 사는 나라로, 지금의 생명과는 전적으로 다른 새로운 삶으로 이해합니다. 현실에서 경험하는 하나님 나라의 삶이 영원히 지속할 것임을 선언합니다. 하나님 나라를 고대하는 건 단지 생명의 연장이 아니라 전혀 새로운 삶, 사랑과 희락과 평화가 영원히 지속하는 삶, 그리고 무엇보다 하나님의 직접적인 다스림을 받는 삶을 소망하는 일이라는 겁니다. 부활 신앙은 살아서뿐만 아니라 설령 죽는다 해도 부활을 통해 새 생명을 얻길 기대합니다(요 11:25~26 "예수께서 이르시되 나는 부활이요 생명이니 나를 믿는 자는 죽어도 살겠고 무릇 살아서 나를 믿는 자는 영원히 죽지 아니하리니…"). 그런다고 해서 갈등은 해결되나요?

성경에 따르면, 하나님 나라가 임할 때 죽음의 권세는 더는 힘을 발휘하지 못합니다. 우리는 이걸 믿습니다. 그런데 하나님 나라는 하나님의 다스림과 돌봄 그리고 은혜와 보호를 거부하는 사람들의 죽음을 초래하든가 그들의 회개를 전제합니다. 이 땅에서 그것의 온전한 형태는 마지막 날 심판 때 실현되지요. 그러니까 하나님 나라는 사탄의 권세를 무력화하는 능력이면서 또한 이를 통해 확보한 안전한 시간과 공간입니다. 물리적 공간은 아니지만, 그것을 전혀 배제하지도 않습니다. 이런 점에서 하나님 나라는 이 땅에서 시간과 공간을 점유합니다. 그곳이 교회이길 바라지만, 꼭 그렇지 않은 게 아쉽습니다. 하나님 나라는 하나님의 뜻이 현실이 되는 곳에서 나타납니다.

사탄은 사람이 하나님의 생명을 누리며 사는 것을 방해합니다. 죽음의 위협으로써 그것에 관한 지식과 그것에 대한 소망을 끊어놓으려고 합니다. 죽으면 모든 일이 허무하게 끝난다고 말합니다. 삶의 목적은 생존에 있음을 강조하면서 사는 동안 기댈 만한 건 재물과 권력과 명예뿐이고 그리고 자기들을 기억해 줄 자식들밖에 없다고 현혹합니다.

죽음은 통과의례가 아니라 원수입니다. 예수 그리스도의 죽음은 죄를 짊어지고 원수의 손에 내맡겨진 것이고, 부활은 원수의 권세를 무너뜨린 거죠. 예수 그리스도 안에 있는 자는 하나님의 생명을 얻고 누리는 일에서 어떠한 방해도 받지 않습니다. 만일 방해를 받는다면 육체의 욕심을 여전히 내려놓지 못했기 때문입니다. 우리가 잘 알고 있어도 안 되는 일이지만 부정할 수 없는 사실입니다.

이에 비해 그리스도인은 오히려 죽음으로써 예수 그리스도의 생명으로 흡수됩니다. 육체의 삶이 내가 중심인 이야기였다면, 죽음은 삶 전체가 하나님의 이야기였음을 드러냅니다. 주 안에서 죽은 자는 하나님의 이야기에서 새로운 존재로 태어나고 참 생명을 누립니다. 죽음은 온전한 생명을 위한 부르심인 거죠.

부르심은 보통 일하기 위한 것이고 또 세상으로부터 따로 구별하기 위한 행위입니다. 세상을 떠날 수 없기에 부르심을 받은 사람에게 삶의 갈등과 고난은 피할 수 없는 것입니다만, 온전한 생명을 위한 부르심은 그렇지 않습니다. 부르심은 오히려 생명이신 하나님이 자신을 주시고 우리를 돌보시기 위한 겁니다. 그러므로 그리스도인에게 죽는다는 건 그동안 부분적으로 경험한 하나님의 생명을 온전히 받고 누리는 은혜 안으로 들어가는 겁니다.

성경이 말하는 개인의 죽음과 관련해서, 만일 그것을 생물학적으로만 이해하지 않는다면, 그것은 대체로 육체의 욕망을 죽이는 일로 나타납니다. 여러 욕망 중 뿌리에 해당하는 건 하나님으로부터 독립하려는 욕망입니다. 하나님의 보호와 돌봄에서 벗어나 자기가 스스로 보호하고 돌보려는 것, 이것은 타락의 후예인 모든 인간에게 공통된 것이기에 신학에선 이걸 두고 "원죄"라 말합니다. 모든 인간은 예외 없이 하나님의 보호에서 벗어나려고 합니다. 하나님의 보호에서 벗어나 자기가 자신을 보호하는 존재가 되려고 합니다.

독일 신학자 판넨베르크(Wolfhart Pannenberg)는 이걸 두고 "자기 폐쇄적 성향"이라 했어요. 다른 말로 표현한다면, 인간이 하나님의 은혜를 불필요하다고 여기고, 또한 은혜 안에 머물러 있기보다 자신의 힘으로 또 자신의 판단 능력에 따라 살 수 있다는 확신이며 이것에 대한 강력한 욕구입니다. 이게 창세기에서는 하나님처럼 되고자 하는 욕망으로 표현되었습니다. 대표적인 사례는 3장에서 아담과 하와의 타락이고 4장에서는 가인의 모습, 노아 때의 타락상을 말하는 6장에서는 먹고 마시고 시집가고 장가가는 인간의 모습, 그리고 11장에서는 바벨탑 건축입니다. 특히 무의식 깊은 곳에 있는 욕망이 겉으로 드러났을 때, 성경은 교만이라고 부르는데요. 다른 욕망은 다 여기서 비롯합니다.

욕망의 죽음

욕망의 죽음을 말하기 전에 먼저 욕망을 세분할 필요가 있습니다. 사실 욕망은 본능과 더불어 또 다른 의미의 생명력입니다. 본능은 생명을 살아 있게 만드는 능력이고, 욕망은 관계 안에서 작동하는 생명의 능력입니다. 관계를 맺고 있는 대상을 향한 나의 의식과 행동에 영향을 미칩니다. 욕망은 무의식의 영역에서 작용해요. 엄밀히 말해서 물질적인 것에 대한 욕망 역시 '나'라는 의식과 관련해 있습니다. 물질의 질과 양에서 다른 사람과 비교를 통해 나를 인지하게 하기 때문이죠. 자아의식이 커지고 또 발달할수록 그에 비례하여 욕망은 커집니다. 자아의식이 강하다는 건 그만큼 욕망이 크다는 거고요, '욕망 사회'는 현대 사회를 지칭하는 또 다른 이름입니다. 시대의 변천은 욕망의 질과 양의 변천과 무관하지 않습니다.

무의식 깊은 곳에 내재한 욕망을 깨우는 건 자극입니다. 본능의 각성이 주는 긍정적인 결과가 있지만, 치명적이고 부정적 결과 때문에 자극은 흔히 유혹으로 불립니다. 한편, 깨어난 욕망에 몸이 익숙해지면, 욕망은 거침없이 나아가 의지로 변형되어 몸이 행동하게 만듭니다. 행동이 반복되면 결국 습관으로 자리를 잡습니다. 욕망은 가려움증과 같아서 긁지 않으면 견디기 어렵고요, 정작 긁으면 피부에 손상을 입혀 다른 질병의 원인으로 작용하듯이, 욕망은 충족을 위해 계속해서 우리를 자극하여 또 다른 욕망을 연쇄적으로 깨웁니다. 결국, 죄로 이어지죠. 야고보서 기자는 욕심이 잉태하여 죄를 낳고 죄가 장성하여 사망을 낳는다고 말했습니다(약 1:15). 우리 욕망의 현실과 결과를 정확하게 지적한 말씀입니다. 그러므로 욕망은 처음부터 적절하게 통제하지 않으면 삶에 큰 해를 입힙니다.

과거에는 욕망을 억누르는 것이 교양인의 덕목으로 여겨졌습니다. 그런데 오늘날엔 욕망을 드러내는 것을 오히려 인간적인 것으로 여기는 분위기입니다. 흔히 포스트모더니즘의 경향이라고 말합니다. 사실 이게 기독교 세계관에 따라 형성된 근대 문화에 대한 반작용이라 생각하지만, 그만큼 집단보다는 개체를 중시하는 시대로 바뀌었기 때문입니다. 개체와 개성을 중시하는 이런 사회적인 분위기에서 욕망은 더 이상 금기의 목록이 아니라 오히려 새로운 기회를 얻어 진화하고 있습니다.

예컨대 돈에 대한 욕망은 자본주의 사회에서 하나의 덕목이 되었고, 성에 대한 욕망은 개인과 자유와 해방의 아이콘이 되었고, 권력에 대한 욕망은 경쟁 사회를 당연하게 여기고, 또 힘의 우위를 추구하는 건 경쟁 사회에서 이기기 위한 한 방식으로 여기는 사회에선 더 이상 흠으로 여겨지지 않습니다. 특별히 인권이라는 강력한 변호인을 만난 이후로 욕망은 타자에 직접적인 피해를 주지 않는 한 강제로 억압해서는 안 된다고 여겨집니다. 오히려 욕망의 표현을 솔직한 것으로 여기고, 개성의 신장을 위해 혹은 창의적인 삶을 위해 혹은 사회의 다양성을 위해 보호받고 충족해야 할 목록 가운데 하나로 여깁니다. 현대 사회에서 욕망은 다양하게 분기되고 또 분화하면서 여러 색깔의 옷을 입고 있습니다. 제대로 분별하지 않으면 무엇이 욕망인지 알아차리기가 쉽지 않습니다.

그런데 명심해야 할 사실은요, 욕망이 내게는 절실한 것처럼 보이지만 타인 역시 같은 걸 욕망한다는 겁니다. 이로써 욕망은 경쟁 관계에 들어서고 그 결과 타인을 해치는 폭력을 결실합니다. 이 점을 가장 잘 보여준 철학자는 프랑스 출신의 르네 지라르(Rene Girard)입니다. 그는 『폭력과 성스러움』(서울:민음사, 1997)에서 격정적인 인간의 욕망은 인간이 서로에 대한 경쟁 관계에서 살게 하는데, 그 결과 폭력이 발생한다고 했습니다. 다음의 책도 참고하면 도움을 얻을 겁니다. 『나는 사탄이 번개처럼 떨어지는 것을 본다』(문학과지성사, 2004).

특히 그리스도인에게 욕망이 문제가 되는 건 예수께서 내 안에 자리를 차지하지 못하게 방해하기 때문입니다. 복음송 가수 하덕규는 이 점을 「가시나무」에서 잘 보여주었습니다.

> 내 속엔 내가 너무도 많아 당신이 쉴 곳 없네
> 내 속엔 헛된 바램들로 당신의 편할 곳 없네
> 내 속엔 내가 어쩔 수 없는 어둠 당신의 쉴 자리를 뺏고
> 내 속엔 내가 이길 수 없는 슬픔 무성한 가시나무 숲 같네…

이런 가사의 노래인데요, 하덕규는 이걸 예수 그리스도와의 만남에서 얻은 깨달음을 표현한 것이라 했습니다. 예수님을 만나기 전 자기 안에 똬리를 틀고 앉은 욕망에 관한 이야기였던 겁니다.

이 노래를 생각할 때마다 강의 시간에 만났던 한 여학생이 떠오릅니다. 대전의 한 대학에서 기독교 교양 과목을 강의할 때입니다. 「가시나무」의 노래를 통해서 하나님 앞에서 인간은 어떤 존재인지, 그리고 복음을 받아들이기 위해 우리가 무엇을 해야 하는지 생각하는 시간을 가졌습니다. 그런데 설명을 다 마치고 그룹으로 나누어 토의하기 직전에 바로 앞에 앉은 여학생 하나가 눈물을 흘리고 있는 겁니다. 그동안 수업에서 전혀 경험해 보지 못한 일이라 당황했으나 은혜가 임했나 하고 생각했습니다. 수업을 모두 마친 후 옆 친구에게 혹시 그녀에게 무슨 사연이 있는지 물었습니다. 친구의 말은 어제 남친과 헤어졌는데, 오늘 가사 내용이 꼭 자기 이야기 같다고 여기며 울었다는 겁니다. 그녀의 욕망이 너무 커서 남친이 힘들다는 말을 자주 했었고 결국 그 일 때문에 이별 선언을 들어야 했던 거죠.

우리 안에 욕망이 너무 크면 관계가 온전해지지 못합니다. 내게 꼭 필요하다고 여기는 것이라도 좋은 관계와 지속적인 관계를 위해선 욕망을 내려놓을 수 있어야 합니다. 만일 여러분이 그리스도인이라면 욕망 때문에 예수 그리스도가 당신 안에 거하시지 못한다는 걸 명심해야 합니다.

그런데요, 앞서 보았듯이 욕망에 관한 생각과 태도에서 많은 변화가 있습니다. 그래서 무조건 욕망을 죽여야 한다고 말한다면, 귀를 기울일 사람이 많지 않습니다. 욕망 자체가 죽어야 한다고 말하는 것은 현대인들이 받아들이기 쉽지 않은 요구입니다. 욕망을 생명력처럼 여기는 분위기에서 가당치 않은 요구죠. 그렇다고 해서 예수님이 나의 중심을 차지하는 걸 방해하는 욕망을 그대로 방치해서는 안 됩니다. 피할 수 없는 욕망과 상생하면서도 예수 그리스도가 나와 우리의 중심이 될 수 있는 길은 없는 건가요?

중요한 건 욕망이 자의식과 열정의 복합물이라는 사실입니다. 살기 위한 열정과 쾌감(pleasure)을 얻으려는 갈망이 욕망의 옷을 입고 나타난 거죠. 그러니 욕망이 무조건 죽어야 한다고 말하기보다 오히려 욕망을 대하는 태도에서 근본적인 변화가 필요합니다. 하나님의 온전한 통치가 내 안에서 이뤄지길 원한다면, 우리는 욕망의 뿌리로 접근해야 합니다. 이성 중심의 교육에서 눈을 돌려 감성이 우선한다는 사실을 직시하고 이 사실을 반영하는 교육으로 전환해야 합니다.

다시 말해서 생존과 쾌(快)를 추구하는 성향 자체는 아무 문제가 없습니다. 그건 몸을 가진 모든 생명체의 본능입니다. 문제는 그것이 하나님과의 관계에서 혹은 인간관계에서 이기적이고 자기중심적인 태도로 나타나는 겁니다. 이런 태도로 인해 경쟁 관계와 우상 숭배는 피할 수 없게 됩니다. 이걸 극복하는 데 있어서 관건은 욕망의 정체를 파악하고 그것에 적절하게 대처하도록 노력하는 겁니다.

욕망 가운데 특히 하나님의 은혜를 불필요하게 생각하고, 오히려 자기의 판단 능력에 의지해서 살려 하며, 자기 이름을 알리려 하고, 타인에게 사랑 혹은 인정받으려 하고, 그리고 자신을 스스로 보호하려는 욕망에 강력하게 대처해야 합니다. 왜냐하면, 이런 욕망이 다른 욕망을 오도하기 때문입니다. 경쟁 관계에서 폭력을 유발합니다.

기독교적 감정 교육은 이런 자기중심적이고 상호 경쟁을 부추기는 욕망의 실상을 알게 하고 통제할 수 있도록 훈련합니다. 앞서 말했듯이, 이것은 욕망의 원형에 해당하는 것으로 죄의 근본적인 속성이고, 하나님처럼 되려고 했던 아담과 하와(창 3장), 아벨에게 폭력을 행사하고 하나님을 떠나 살았던 가인(창 4장), 쾌락을 추구하며 살던 인간군상(창 6장), 그리고 자기 이름을 내려던 인간(창 11장)에게서 볼 수 있습니다.

예수님의 십자가 사건은 우리에게 각종 욕망을 자극하는 이것에서 우리를 자유롭게 해주셨습니다. 다시 말해서 사도 바울의 말처럼, 우리는 믿음으로써 죄(죽음의 권세)에 대해서 죽었습니다. 더는 이기적이고 자기중심적인 욕망에 자극받지 않는 존재가 되었다는 건데요, 왜냐하면, 우리는 죽음을 이기신 주 안에 있기 때문입니다. 하나님의 은혜로 돌아가면 비록 온전하지는 않아도 우리가 우리 자신을 보호할 필요가 없는 삶을 누릴 수 있습니다. 그러니까 우리가 예수 그리스도를 통해 보여준 하나님의 은혜로 돌아가기만 하면, 곧 그 은혜에 합당한 삶을 요구받을 때 이에 적합하게 반응하며 말씀에 순종하기만 하면, 우리의 욕망은 변하여 하나님을 향한 열정으로 바뀝니다.

욕망이 죽어야 한다는 말은 내 생각을 기준으로 삼아 판단하지 않고, 내가 나를 보호하며 살려는 노력을 멈추고, 오히려 하나님의 다스림과 보호를 받아들여야 한다는 말입니다. 살아있는 동안 우리가 처절하게 싸워야 할 대상은 바로 이것입니다. 사도 바울은 로마서 8장에서 이 싸움이 어떠한 것인지를 잘 보여주었습니다. 배아 발달 단계에서부터 형성되어 출생과 더불어 성장 과정에서 습관으로 굳어진 욕망을 우리가 온전히 극복할 수는 없습니다. 그래서 바울은 자기와의 싸움에서 그토록 처절했던 겁니다.

하나님의 통치와 욕망의 죽음

예수님을 믿은 후 나는 어떤 이야기 속 등장인물이 되었나요? 이 질문에 대해 사도 바울은 명쾌한 답을 줍니다. 날마다 죽으나 아쉬워하거나 두려워하지 않고, 오히려 소망으로 죽음을 기대하며, 예수 그리스도를 믿은 후 나는 더 이상 나를 위해 존재하지 않고, 또 내가 누구인가 하는 것은 더 이상 나의 행위와 성과를 통해 정의되지 않는다는 겁니다. 그리스도인인 나는 하나님의 이야기 안에서 나를 발견하기에 죽음을 두려워하지 않으며, 나는 이웃(도움과 보호가 필요한 자)을 위해 존재하고 또 이웃을 통해 내가 누구인지를 정확하게 알게 됩니다. 서로 사랑하고, 서로 돕고, 서로 세워주는 관계에서 죽음에 대한 두려움이 사라지고 또한 내가 누구인지를 알게 된다는 말입니다. 이 말이 가능한 건 하나님은 나를 사랑하고 나를 돕고 나를 세워주는 이웃의 모습으로 우리에게 다가오시기 때문입니다. 나는 욕망에 대해서는 죽었으나 주 안에서는 하나님과 이웃을 위한 생명을 사는 존재이고, 장차 누릴 온전한 생명을 기대하며 삽니다. 그 모습이 어떠한지는 오직 계시를 통해 알 수 있는데 요한 서신 저자는 오직 주께서 다시 오시는 때에야 비로소 알려진다고 했습니다(요일 3:2).

이런 의미에서 욕망이 죽을 때, 곧 욕망에 더는 반응하지 않게 된 그때 비로소 우리는 하나님 나라 안으로 초대된 자로서 그 나라 이야기 속 등장인물이 됩니다.

그런데요, 죽음이 두려운 대상이듯이, 욕망을 죽이는 일 또한 두려운 일입니다. 왜냐하면, 욕망을 죽이는 일은 그동안 생명의 위협에서 자기를 보호했던 방어막을 거두는 일로 여겨지기 때문입니다. 권투 선수가 얼굴과 몸을 보호하는 팔을 내림으로써 상대 선수에게 공격할 기회를 주는 것과 다르지 않습니다. 붐비는 시장 한복판에서 어린아이가 엄마의 손을 놓는 일과 같습니다. 실제로 그렇습니다. 욕망을 죽이는 일은 세상의 보호와 돌봄에서 벗어나 하나님의 보호와 돌봄으로 우리 자신을 옮기는 일입니다. 욕망을 죽이는 일은 비록 두려운 일이긴 하나 욕망을 죽임과 동시에 하나님을 신뢰하면 평안이 보장된 일입니다.

특히 불교 국가나 이슬람 국가의 사람들에게 복음을 전할 때 우리는 이 점을 명심해야 합니다. 선교지 사람들이 예수 그리스도를 믿는다는 건 그동안의 보호와 돌봄에서 벗어나 다른 보호와 돌봄을 받는 자가 되는 것이기 때문입니다. 그건 흡사 죽음의 경험과 같습니다. 그런데 여기서 말하는 죽음은 통과의례가 아니라 하나님의 통치와 관련해서 말한 겁니다. 나에 대한 하나님의 통치를 방해하는 것 혹은 하나님 나라를 경험하며 사는 삶을 방해하는 것이 욕망이라는 말이죠. 필자는 이 문제를 『하나님 나라를 경험하며 사는 길』(동연, 2023)과 『문제는 감정이야』(한국학술정보, 2023)에서 다루었습니다. 두 책을 참고하면 많은 도움을 얻을 겁니다.

믿는 자에게 자기를 스스로 보호하고 돌보며 또 자기 쾌락을 증진하는 듯이 보이는 욕망이 죽는 것과 하나님의 통치는 동전의 양면 같습니다. 어떻게 보느냐에 따라 다른 것일 뿐 사실은 같습니다. 하나님의 통치가 임할 때 죄인인 인간은 하나님의 영광 그 거룩함으로 인해 죽을 수밖에 없습니다. 이에 비해 욕망이 살아있는 곳에 하나님의 통치는 나타나지 않고 경험되지 않습니다. 이것은 하나님의 통치가 인간의 욕망보다 힘이 없기 때문이 아닙니다. 욕망은 인간이 자기를 스스로 보호하기 위해 하나님의 통치(보호와 돌봄)를 피하고 방해하는 교묘한 대체 기제이거든요. 죄인인 인간은 욕망 뒤에 숨어 지냅니다. 욕망에 사로잡혀 하나님 앞에서 당연하게 여겨지는 삶에서 게으름을 피웁니다. 이게 안전하게 보이는 까닭은요, 모든 인간에게 공통인 욕망을 누구도 그가 욕망한다는 이유로 비난할 수 없기 때문입니다. 따라서 욕망이 죽을 때, 무엇보다 이 일을 용기 있게 받아들일 때, 그때에야 인간은 하나님을 대면하며, 바로 그곳에서 그리고 그 순간에 하나님의 통치가 현실로 나타납니다.

하나님을 떠나 유리했던 가인과 그의 후예들을 보십시오(창 4장). 하나님을 떠나 놋에서 살고자 했던(이 말은 방황하며 살았다는 뜻입니다) 가인은 하나님이 지켜주신다는 약속에도 불구하고 자신을 스스로 보호하려고 성을 쌓았습니다. 그런데 그 안에서 어떤 일이 벌어졌는지 보세요. 그들은 자신들을 스스로 보호하기 위해 각종 문명을 일구었습니다. 특히 라멕은 욕망이 이끄는 삶에서 극치에 다다른 것같이 보입니다. 자기를 높이고 폭력과 살인을 찬양합니다. 문명 자체가 문제가 아닙니다. 문제는 그것으로 하나님의 보호와 돌봄을 대체하려는 의지입니다.

그런데요, 인간이 욕망을 통해 자신을 관철하고 또 스스로 하나님의 통치를 거부하는 것같이 보여도 실상은 욕망에 숨어 하나님의 통치를 피하는 겁니다. 때로는 욕망으로 하나님의 통치를 대체하려고 합니다. 하나님의 통치에 대한 대체 기제로서 욕망을 앞세우는 거죠. 바벨탑을 쌓았던 사람들에게서 그리고 사무엘에게 왕을 요구했던 이스라엘 백성들에게서 볼 수 있는 현상입니다. 그리고 오늘날 자본과 권력과 성에 취해 사는 우리에게서도 흔히 볼 수 있습니다. 신자유주의와 결탁한 자본주의는 욕망이 이끄는 대로 사는 게 괜찮은 삶의 방식임을 권장하고 부추기는 사회를 형성합니다.

인간의 문명은 이성의 자각과 함께 급속하게 발달했습니다. 이성의 힘은 과학기술 개발로 이어지고 이건 하나님으로부터 독립하려는 의지를 실현하게 했습니다. 이는 누가복음 15장의 탕자 이야기를 하나님에 대한 인간의 성숙한 이성의 반란으로 독해하는 이유이기도 합니다. 하나님의 다스림과 보호를 떠나 자기를 스스로 관리하고 보호하려고 하는 노력의 결과가 어떠한지를 보여주는 비유인 거죠. 하나님에게 돌아서야 참 생명을 얻습니다. 탕자 이야기는 인간의 이야기가 어떻게 하나님의 이야기로 바뀌는지 이에 관해 잘 말해줍니다.

인간의 이야기는 흥미진진하고 의미가 있어 보이지만, 그것이 생명을 보장하지는 못합니다. 관심을 기울이지 않으면 버려질 뿐입니다. 이에 비해 영혼의 자각과 함께 들을 수 있는 하나님의 이야기는 지루한 것 같고 새로운 것이 없어 보이지만, 그곳에 생명이 있고 생명의 풍성함이 있습니다. 탕자 이야기는 하나님 나라 경험 곧 아버지의 무한한 사랑이 어떤 과정을 통해서 경험되는지를 잘 보여주는 이야기입니다. 회개가 그 핵심입니다.

그리스도인의 죽음

욕망이 죽어 하나님의 통치가 임하는 곳에는 영생, 곧 하나님이 함께하시는 삶, 새로운 삶이 있습니다. 그러나 타락한 후 인간은 죄 때문에 거룩하신 하나님의 영광이 나타날 때 살아남지 못합니다. 죽음은 하나님이 임재하시는 두 가지 방식 가운데 하나인데요, 하나님의 다스림이 선한 통치가 아니라 심판으로 나타나는 것이 죄인의 죽음입니다. 아담과 하와는 선악과를 따먹고도 당장 죽지 않았습니다. 이것은 하나님의 말씀이 틀린 것처럼 보이게 하지만, 아담과 하와의 죽음은 에덴에서 쫓아내는 결정으로 나타났습니다. 하나님의 보호와 돌봄을 거부한 결과 영생의 기회를 놓쳤기에 그들은 결국 죽을 수밖에 없습니다. 다시 말해서 하나님이 다스리시는 두 가지 방식 곧 영생과 죽음 가운데 그들은 죽음을 맞이하게 된 겁니다. 하나님이 임재하시는 곳에는 영광이 나타나는데 그 영광으로 말미암아 죄인은 죽을 수밖에 없기 때문이죠. 하나님이 인간을 은혜로 돌보고 보호하시는데 이걸 받아들이면 살고 거부하면 죽습니다. 죽음은 단순한 통과의례가 아니라 하나님의 심판 곧 하나님의 통치가 실현되고 있음을 입증하는 사건이며 또한 그리스도인에게는 새로운 생명이 온전히 모습을 드러내는 사건 곧 하나님의 구원 통치가 현실이 되는 일입니다. 예수 그리스도를 믿음으로써 물과 성령을 통해 중생하여 그리스도와 연합한 그리스도인은 영생을 약속받습니다. 그리스도인의 죽음은 영생 곧 온전한 생명을 위한 부르심입니다. 우리가 그리스도인의 죽음을 두고 '소천'으로 말하는 건 이런 이유에서입니다.

순교자들에 관한 이야기에서도 읽어볼 수 있지만, 성도들이라고 해서 죽음을 전혀 두려워하지 않을 수는 없어요. 인간의 기본 감정에는 쾌와 불쾌가 있습니다. 불쾌는 종종 두려움으로 표현됩니다. 죽음에 대한 두려움은 불쾌의 반응 가운데 강력한 거죠. 인간은 본질에서 죽음을 두려워한다는 말입니다.

그러나 자세히 들여다보면 사실 두려워할 까닭이 전혀 없어 보입니다. 왜냐하면, 믿는 자에게는 죽음 자체가 이미 하나님의 통치를 증언하는 한 방법이기 때문이죠. 믿는 자에게 죽음은 하나님의 뜻이 이뤄지는 계기이고 하나님의 온전한 통치가 실현되는 때입니다. 사도행전에 나오는 순교자 스데반 집사를 보십시오. 그는 죽음의 순간에 그리스도께서 보좌에서 일어나신 것을 보았습니다. 아무것도 보이지 않는 절망의 어둠 속에서 참 빛을 본 거죠. 그는 오히려 죽음을 통해서도 하나님을 증언할 수 있었습니다.

믿지 않는 사람들의 죽음 역시 하나님의 임재의 한 방식이지만, 하나님의 생명으로 부활하지 않는다는 점이 다릅니다. 히브리서 기자가 성도들이 더 나은 본향을 사모한다고 말한 것은 하나님의 온전한 통치를 사모한다는 말이지, 죽음을 통해 더 나은 세계로 옮겨간다고 말한 건 아닙니다. 이렇게 되면 플라톤의 철학이나 다른 종교와 다르지 않은 기독교가 됩니다. 이 땅에서 우리는 욕망에 사로잡혀 하나님의 통치를 언제나 부분적으로 경험할 뿐입니다. 그러나 예수 그리스도의 재림과 더불어 하나님의 온전한 통치가 이뤄질 때 인간은 더 이상 욕망 뒤에 숨을 수 없게 됩니다. 우리의 무의식마저도 온전히 의식으로 드러나기 때문입니다. 더는 숨을 수 있는 곳이 없고 우리의 속 사람은 주의 형상으로 완성됩니다.

죽음이 비록 두려운 대상이긴 해도 그리스도인은 생명을 온전케 하시는 하나님의 이야기 안에서 자기를 보는 훈련을 통해 두려움을 극복할 수 있습니다. 죽음은 하나님의 통치가 온전하게 나타나는 순간이기 때문입니다. 그리스도인은 죽음으로써 하나님의 통치가 옳다는 걸 증언합니다. 하나님의 임재를 경험하면서도 살아있는 것은 영생의 약속이 실현되는 순간입니다. 그리스도인의 삶에서 이게 가장 잘 드러나는 사건이 예배입니다. 따라서 의식을 갖춘 예배가 소중한 것이고, 또 일상에서 순종하는 삶으로 드려지는 예배가 소중한 것입니다.

죽음 역시 하나님 통치의 한 방식입니다. 불신자들에게는 심판의 하나님이 임재하시는 일이지만, 믿는 자에게는 용서와 은혜와 사랑 그리고 생명의 하나님, 그분의 온전한 통치를 만나는 계기입니다. 그러니 그리스도인은 사는 것에 감사하고, 죽음마저도 감사할 수 있습니다. 죽음을 통해 그리스도인은 생명을 온전케 하시는 삼위일체 하나님의 생명으로 받아들여지기 때문입니다. 이건 무엇보다 하나님의 이야기에 몰입하는 온전한 예배를 통해 현실이 됩니다. 예배는 짙은 어둠 가운데 살아갈 수밖에 없는 그리스도인이 빛을 경험할 수 있게 합니다.

> 인간은 살아있는 동안엔 잠든다. 죽어갈 동안에만 비로소 깨어난다.
> (아랍의 작가 미상의 시)

제2장

영혼 불멸인가,
죽은 자(몸)의 부활인가?

성경은 몸으로서 인간을 말한다. 몸은 육체와 영혼(생명)이 결합한 복합체다. 특히 구약에서 그렇다. 설령 생명을 가리키는 의미로 영혼이라는 말이 사용되었어도 육체로부터 분리되어서 독립적으로 존재한다고는 보지 않는다. 영혼은 인간이 하나님에 대해 개방해 있음을 표현한 언어다. 육체와 영혼이 분리되지 않기에 몸은 하나님과 관계를 맺는 매개이다. 부활은 몸의 온전한 죽음을 전제한다. 그래서 몸의 부활을 말하는 것이다. 이원론은 절대 성경적이 아니다. 인간은 영혼과 육체가 분리되지 않는 통합 형태인 전인(全人)으로 존재한다.

땅의 티끌 가운데에서 자는 자 중에서
많은 사람이 깨어나 영생을 받는 자도 있겠고
수치를 당하여서 영원히 부끄러움을 당할 자도 있을 것이며.
(다니엘 12:3)

1990년에 개봉한 〈사랑과 영혼〉을 기억하십니까? 인기 배우 패트릭 스웨이지와 데미 무어가 주인공으로 출연하여 대한민국 청춘 사회를 열광케 한 영화입니다. 아름다운 선율의 주제곡 Unchanged Melody와 함께 영화 이야기는 당시 10~20대 청춘이라면 안 본 이가 없을 정도였습니다. 지금까지도 젊은 연인들 가운데 많이 회자하는 영화입니다.

이 영화의 원제는 "Ghost(영혼, 유령)"인데요, 한국에서는 영화 의미를 바탕으로 '사랑과 영혼'으로 번역하여 소개되었습니다. 사랑하는 연인 몰리에게 제대로 된 사랑 고백도 하지 못한 채 샘은 친구에 의해 죽음을 맞습니다. 안타깝게 죽은 샘이 몰리를 두고 떠나지 못해 영혼 상태로 그녀 주위를 맴돌며 떠돌다가 영매를 통해 그녀를 보호하고 자기 사랑을 전한다는 이야기입니다. 로맨스 영화이지만, 사실 이 영화는 '사람은 죽은 후 어떻게 되는가?' 이 질문에 나름대로 대답한 셈입니다.

〈사랑과 영혼〉이 전제하는 건 육체와 영혼의 분리가 죽음이고, 죽은 후에도 영혼은 살아있다는 겁니다. 설령 살아있는 자와 영혼의 직접적 소통은 불가능하고 죽으면 영혼의 세계로 떠나지만, 영매(소위 샤먼)를 통해 소통이 가능하다는 것도 영화 배경에 해당하는 세계관입니다. 당시 한국 기독교계는 무속적 세계관 내지는 뉴에이지 세계관에 근거한 영화로 단정하였습니다. 교회의 거센 비판 때문에 교인들 간의 토론도 매우 활발했는데요, 교회와 교계는 설교와 교육 그리고 언론을 통해 영화에 대한 경각심을 높이는 데 열을 내었죠. 지금 생각해 보면 차마 웃지 못할 일이었습니다.

무속적 세계관 내지는 뉴에이지 세계관 운운하며 따지기 전에 먼저는 이 영화의 유명세가 영혼 불멸에 대한 믿음에 힘입었다는 사실을 인정해야 합니다. 교회 역시 영혼 불멸을 가르치고 있어서 영화적 세계관이 그리스도인에게 자연스럽게 받아들여질 수 있었던 거죠. 잘못된 세계관은 그대로 놔두고 그 세계관에 따라 만들어진 영화를 감상한다는 이유로 비난하는 건 옳지 않은 일입니다.

사실 죽음과 관련해서 사람들이 가장 많이 제기하는 질문 가운데 하나는 '죽은 후에 어떻게 될 것인가?'입니다. 자기 죽음을 예견하면서 혹은 죽은 사람을 떠나보내면서 관계의 지속을 바라는 사람들이 제기했던 질문이고, 또 영원한 삶을 동경하는 사람들이 그랬습니다. 철학과 종교는 오래전부터 이 질문에 대답하려고 시도했고, 그 결과는 종교가 있든 없든 적어도 사후세계에 관심을 두고 살아가는 많은 사람에게 적지 않은 영향을 미쳤습니다.

기독교 역시 예외는 아닙니다. 특별히 기독교가 이 질문을 신학적인 문제로 여기는 까닭은 누군가가 제기한 질문에 대답해야만 했기 때문이라기보다는 오히려 하나님이 삶과 죽음의 주님이시기 때문이고, 무엇보다 성경이 사후세계를 염두에 둔 것같이 보이는 표현인 '영생'과 '하나님 나라'를 말하고 있기 때문입니다.

하나님 나라와 영생은 사후에도 지속하는 세계를 전제하는 말인가요? 요한복음에서는 영생을 예수 그리스도를 믿고 성령으로 거듭난 새로운 생명을 의미합니다. 지금 이곳에서 하나님의 자녀로 사는 걸 두고 영생을 누리는 것으로 말한 거죠. 이에 비해 사후에도 지속하는 세계와 관련해서 신학은 영혼 불멸을 말하기도 하고 죽은 자의 부활을 말하기도 하면서 대답했습니다. 가톨릭은 영혼 불멸을 믿고 있고, 개신교인 역시도-비록 신학에선 논란이 되고 있어도-현실에서는 대부분 그렇게 고백하고 있습니다. 아직 교회 현실에선 거리감이 있지만, 영혼 불멸을 부정하는 견해는 폭발하여 분출할 때와 장소만을 모색하고 있습니다. 지금까지도 첨예하게 대립하여 신앙 색깔의 차이가 아니라 신앙의 차이로 인지되는 갈등은 어떻게 해결할 수 있을까요?

영혼불멸설의 문제

일반 성도들에게 가장 널리 알려진 영혼불멸설은 죽음을 '육체와 영혼의 분리'로 이해하고, 인간이 죽은 후에 '육체와 분리된 영혼은 죽지 않고 계속해서 존재한다'라는 주장입니다. 고대 이집트 종교와 이에 영향을 받은 고대 희랍 철학에서도 발견할 수 있는 것으로 인류 역사에서 매우 오래된 이론 중 하나입니다. 인간이 물질과 영혼으로 구성되었다는 이원론적

이해에 기반을 두고 있습니다. 여기에서 말하는 영혼은 육체와 더불어 인간의 몸을 구성하며 육체와 무관하게 독립적으로 존재하는 실체입니다.

기독교의 영혼불멸설은 히브리적인 사고가 그리스 사상과 만나 형성되었습니다. 성경의 기본 세계관에 맞지 않는다는 이유로 현대의 많은 신학자에 의해 거듭 부정되고 있음에도 불구하고 교회에 지금까지도 맹위를 떨치고 있습니다. 개혁교회의 원조인 칼뱅이 이걸 믿었고, 웨스트민스터 신앙고백서에 나와 있기 때문이죠. 가톨릭은 영혼불멸설을 공식 교리로 인정합니다. 가톨릭 고유의 연옥 신앙(일종의 중간 상태를 말하며, 죽음 후에 모든 영혼이 천국에 이르기 전에 정화의 과정을 거친다는 주장, 정화가 이뤄지는 곳을 가리켜 연옥이라 함)의 신빙성을 위한 불가피한 조치였을 겁니다. 그러나 연옥의 존재를 믿지 않는 개신교에도 영혼불멸설은 필요할까요? 우리 안에 침습해 있는 무속 신앙을 고수하지 않는 한 불가능하지 않을까 싶습니다.

영혼불멸설이 안고 있는 가장 큰 문제는 그 이름을 무엇이라 하든 죽지 않는 실체가 인간에게 있다는 사실입니다. 이것은, 무엇보다 인간은 모두 죽는다는 성경의 사실을 부정합니다. 만일 육체만 죽고 영혼은 살아있다면, 죽을 수밖에 없는 인간을 말할 때 영혼을 포함해선 안 되지요. 그렇다면 영혼은 인간의 구성 요소가 되어서는 안 될 것입니다. 게다가 죽어서 흙으로 돌아갈 것이라는 구약의 말씀이나 사도신경을 통해 우리가 고백하는 "몸의 부활"은 무의미해집니다. 부활은 몸의 완전한 죽음을 전제하고 사용되는 개념이기 때문입니다. 죽지 않는 것에 대해 부활을 말할 순 없습니다. 창세기 본문에는 육체와 분리한 영혼을 말하고 있지 않고 또 흙으로 돌아가는 건 오직 육체에만 해당한다는 걸 암시하지도 않습니다.

또한, 만일 사후에 남아 있는 영혼을 인정한다면, 그 영혼이 육체와 결합하기까지 머무는 시간과 영역(영혼은 공간을 차지하지 않는다)에 관한 생각을 안 할 수 없어요. 무속에서는 구천(九泉)을 이야기합니다. 구천을 떠도는 귀신이라는 건 죽어 망자의 세계로 가지 못하고 떠도는 영혼을 말합니다. 이렇게 되면 세상과 사후 망자가 귀속하는 세계 사이의 중간 상태에 관한 생각이 슬그머니 고개를 듭니다. 무속의 각종 종교 행위는 죽지 않고 떠도는 영혼에 대한 믿음에 근거합니다. 오늘의 관점에서 본다면 미신의 뿌리인 거죠.

구약에서 말하는 영혼은 전인을 말하는 표현입니다. 사실 번역상의 문제인데요. 창세기 2장에서 인간을 만드실 때, 생기를 불어넣으시니 생령(네페쉬 하야)이 되었다고 했는데-직역하면 살아있는 존재-여기서 사용된 네페쉬(생명, 헬라어 ψυχη: 혼)를 '영혼'으로 번역한 건 정확한 게 아닙니다.

구약 시대, 특히 고대 유대교에서는 자손을 통해 생명이 지속한다고 보았어요. 후기 유대교 시기에 등장한 묵시 사상은 의인의 삶에 대한 보상을 염두에 두고 '사후 생명'을 생각하면서 부활을 믿기 시작했습니다. 물론 구체적으로 그것이 어떤 상태인지를 말하진 않고 있지요. 사두개파처럼 육체와 영혼이 모두 죽는다고 주장했으며 부활을 믿지 않는 그룹이 있었으나 바리새파와 에세네파는 부활을 믿었습니다. 사두개파가 제사장 전통을 중시하는 그룹이고 비교적 소수이니 다수 유대인이 사후 부활을 믿었다고 말해도 과언은 아닙니다.

그런데 제2 성전기 유대 문헌에 나오는 묵시 사상에서 부활은 의인의 삶에 대한 보상을 보장하는 매개이기에 그것이 반드시 사후에도 존재하는 영혼을 의미하는 건 아닙니다. 예수님 당시 사람들은 예수님을 엘리야가 부활한 것으로 보았고, 헤롯 왕은 예수님을 보고 세례 요한이 부활한 것이라고 말했습니다. 구약에서 복 특히 보상의 의미에서 복은 언제나 물질적으로 이해되었기 때문입니다. 예수님을 찾아와 영생에 관한 대화를 요청한 사람들에게서 볼 수 있듯이 영생 개념이 아직 확실히 정립되지도 않았던 때입니다.

그렇다면 신약은 어떤가요? 먼저 신약의 저자들이 살던 시대는 로마 식민 통치를 받은 때이나 문화적으로는 헬라 문화가 지배적이었습니다. 신구약 중간기에 발생한 후기 유대교(바리새파, 에세네파, 열심당원과 사두개파)의 하나님 나라 사상은 예수님의 하나님 나라 복음과 달랐고 오히려 이것을 방해하는 요인으로 작용했습니다(5장 참조).

예수님의 하나님 나라 복음에 기초한 초대 교회 성도들은 살아서 예수 그리스도의 재림을 맞이할 수 있길 기대했습니다. 예수님의 말씀을 그대로 믿었기 때문입니다. 그런데 성도들 가운데 재림 전에 죽은 자들이 생기고, 재림은 거듭 지연되었습니다. 일반 서신서(히브리서, 야고보서, 베드로서, 요한서신, 유다서)에 나타나 있듯이, 이런 현실에서 성도들 가운데 일부는 재림을 의심하는 자도 생겼습니다. 심지어 부활을 의심하기도 했습니다. 이런 이유로 교회 안팎으로부터 재림과 부활의 신빙성을 문제로 삼는 사람들이 나타났습니다. 신앙을 포기하는 사람들도 속출했습니다.

이에 비해 재림을 기다리며 부활 신앙을 포기하지 않은 성도들은 죽은 자들이 언제 어떤 모습으로 부활할 건지 궁금하게 생각했습니다. 사후에 일어나는 일은 하나님에게 속한 것이라서 사실 궁금해하는 것 자체가 불필요한 일이었으나 사도들은 이 문제를 해결하려고 노력했습니다. 그런데 어느 정도 당대의 언어와 사고의 틀에 머물러 있을 수밖에 없었죠. 무리하게 설명하면 언제나 문제가 생기는 겁니다. 그 결과 나온 것이 인간이 육체와 영혼으로 구성되어 있다는 이분설 혹은 영과 혼과 육으로 구성되어 있다는 삼분설과 죽은 후에도 영혼은 살아있다는 영혼불멸설은 대표적인 이론입니다. 신약에 인간이 육체와 영혼으로 구성되었음을 암시하는 표현이 있고, 죽음은 육체와 영혼의 분리이며, 육체는 썩어도 영혼은 영원히 지속한다는 의미의 표현은 모두 그리스 문화의 영향을 반영하는 부분입니다.

부활은 몸의 온전한 죽음을 전제

그런데 성경은 몸으로서 인간을 말합니다. 몸은 육체와 영혼(생명)이 결합한 복합체입니다. 특히 구약에서 그렇습니다. 설령 생명을 가리키는 의미로 영혼이라는 말이 사용되었어도 육체로부터 분리된 상태에서 독립적으로 존재한다고는 보지 않습니다. 영혼은 인간이 하나님에 대해 개방해 있음을 표현한 언어입니다. 육체와 영혼이 분리되지 않기에 몸은 하나님과 관계를 맺는 매개입니다.

부활은 몸의 온전한 죽음을 전제합니다. 그래서 몸의 부활을 말하는 거죠. 이원론은 절대 성경적이 아닙니다. 인간은 영혼과 육체가 분리되지 않는 통합 형태인 전인(全人)으로 존재합니다.

예컨대 앞서 말했듯이, 영혼을 말하는 대표적인 본문으로 창세기 2장을 드는데요, 창조 과정에서 흙으로 인간을 빚으신 하나님이 코에 생기를 넣어 생령(살아 있는 존재)이 되게 하셨다는 말씀입니다. 영혼의 존재를 주장하는 사람들은 코로 생기를 불어넣어 생령이 되게 하셨다는 말을 인간에게 영혼을 주입하신 것으로 이해합니다. 생기는 생명력(혹은 깨어있는 감각 능력)입니다. 피조물인 인간이 생명 있는 존재로 살아가도록 하는 생명의 원리이죠. 살아있는 건 하나님의 영이 함께하고 계시기 때문입니다. 그러니까 믿지 않는 자에게도, 만일 그가 살아있다면, 생명의 영이 함께 계십니다. 다만 이 사실을 은혜로 인정하지 않는 것뿐이죠. 이에 비해 그리스도인은 은혜임을 인정할 뿐만 아니라 하나님의 뜻이 더욱 분명하게 자신을 통해 드러나도록 부름을 받습니다. 생명을 더욱 풍성하게 하는 것(요 10:10), 이건 예수 그리스도의 사역이고 또한 그리스도인의 사역입니다. 이에 비해 죽음은 하나님의 영(영혼이 아니다!)이 떠난 겁니다. 더는 하나님의 보호와 돌봄을 받지 못하는 상태가 된 겁니다. 살아있는 인간에게 하나님의 영은 생명의 원리입니다. 인간에게 들어와서 영혼으로 바뀌는 것이 아닙니다. 양자를 구분하지 않으면 신학적 오류에 빠집니다.

흔히 뇌 과학이라 불리는 신경생리학적인 연구가 진척하면서 영혼의 존재는 더욱 많은 의심을 받고 있습니다. 왜냐하면, 인간의 생각과 행위가 뇌 작용에 의한 것임이 입증되고 있기 때문입니다. 뇌의 손상이 인간을 무력화시킨다는 사실이 확인되면서 영혼이란 단지 인간의 중심과 전인을 비유하는 말에 불과할 뿐 실재하지 않는다는 주장은 더욱 큰 설득력을 얻고 있습니다. 뇌 과학적인 연구 결과를 무조건 받아들일 수 없지만, 그동안 영혼의 기능이라고 여겼던 현상들이 뇌 기능과 무관하지 않다는 사실만은 어느 정도 인정할 필요가 있습니다. 그러니 영혼의 독립적인 실체를 말할 수 있는 근거는 점점 약화하고 있습니다. 물론 그렇다고 해서 생명이신 하나님의 영까지도 부정한다고 볼 수는 없습니다.

강조하는 의미에서 말한다면, 인간은 육체와 영혼으로 분리되는 존재가 아니라 전인입니다. 설령 영혼을 말해도 더는 육체와 분리할 수 없는 존재라는 뜻입니다. 육체와 영혼을 구분하여 말하는 까닭은 문화의 영향이고 또 언어 관습에 따른 것입니다. 신학적인 이유도 없지 않습니다. 성경에서 영혼이란 말을 사용한 까닭은 인간과 하나님과의 관계 곧 보이지 않는 하나님 곧 영으로서 하나님과의 관계를 말할 때 주체로서의 의미를 강조하고 싶었기 때문입니다. 이에 비해 인간이 죄에 대해 말할 때는 보통 '육체'란 말을 많이 사용했습니다. 영혼은 성령의 권세에 사로잡힌 인간을 말하고, 육체는 죽음의 권세에 사로잡힌 인간을 말할 때 관습적으로 사용합니다.

　부활은 완전히 죽었던 몸이 다시 사는 겁니다. 종말에 일어날 일인데 예수 그리스도에게서 앞서 일어났습니다. 이걸 두고 신학적 용어로 '선취'(先取, prolepsis)라고 합니다. 비교적 널리 알려진 용어이지만 어떤 독자에게는 처음 접하는 용어라 어렵게 여겨질 수 있습니다. 그러나 부활을 이해하기 위해선 알아야 하는 개념입니다. 부활의 모형은 부활을 선취한 예수 그리스도입니다. 예수 그리스도의 부활은 몸의 부활입니다. 영혼과 육체의 결합이라는 표현이 없습니다. 몸이 부활했고(살아있는 존재가 되었고), 그 몸으로 40일을 제자들과 함께 보내셨고, 그 몸으로 하나님의 영광으로 들어가셨습니다. 우리의 부활은 예수님에게 일어났던 것처럼 일어날 것입니다. 다시 말해서 죽은 후 영화로운 몸으로 부활하여 하나님과 함께 지내다가 예수 그리스도의 재림 때 몸의 온전한 부활을 경험할 겁니다. 따라서 부활은 불멸하는 영혼과 썩은 육체와의 만남이 아니라 죽은 자의 부활 곧 몸의 부활입니다.

부활한 몸을 가리켜 신학에선 '부활체'를 말하는데, 부활의 몸을 의미합니다. 이것 역시 부활을 이해하기 위해 알아두어야 할 용어입니다. 인간으로서는 그 실상을 도무지 알 수가 없어 보통은 '영화의 몸'(glorified body)이라고 하죠. 이는 하나님 앞에서도 죽지 않는 상태의 몸이고 그리스도 안에서 하나님과 연합한 상태의 몸입니다.

죽은 자들은 어떻게 되는가?

죽음과 관련해서 사람들이 가장 많은 관심을 보이는 건 아마도 사후세계에 관한 것이 아닐지 싶습니다. 죽은 자는 어떻게 되는가 하는 겁니다. 어디로 가는지, 어떤 상태로 있는지 등등. 성경에도 이에 관해 언급하고 있습니다.

죽은 자들은 어떻게 될까요? 바울은 죽은 자들이 예수 그리스도의 재림 때까지 존재하는 모양을 말하면서 '잠자는 상태'라고 말합니다(단 12:2, 살전 4:13~16). 예수께서 재림하실 때까지 잠자고 있다가 재림과 함께 깨어난다는 말이죠. 당시 세계관에서 초대 교회 성도들은 어렵지 않게 이해했을 표현이지만, 오랜 시간이 흐르면서 잠자는 상태가 기약 없이 길어지게 되었습니다. 부활을 기대하고 묻힌 시체는 썩어 흙이 되어 잠에서 깨어날 주체가 사라졌습니다. 이에 따라 재림 자체에 의문을 제기하는 사람들이 많아졌고 심지어 신앙을 떠나기도 했습니다. 오늘날 합리적 사고에 익숙한 사람에게 재림과 부활은 이해 자체가 어려운 개념입니다.

루터는 바울의 견해를 따라 잠자는 상태로 이해했으나, 칼뱅은 영혼 불멸을 믿고 있던 터라 믿는 자는 죽은 후에도 하나님과의 관계는 계속 이어진다고 했습니다. 사도신경을 통해 고백하는 성도의 교제는 원래 죽은 자와 산 자의 교제를 의미합니다. 죽었으나 성도의 교제는 성령을 통해 끊이지 않는다는 거죠. 산 자의 영혼과 죽은 자의 영혼은 교제를 위한 매개였습니다.

바울의 표현에 근거한 루터와 신학적 성찰에 근거한 칼뱅 두 사람의 설명에 불만을 품은 사람들이 많아졌는데, 양자의 견해를 종합할 필요성이 강하게 제기됩니다. 이 일을 시도한 이가 오스카 쿨만(Oscar Culmann)입니다.

오스카 쿨만은 '영혼불멸설인가? 죽은 자의 부활인가?' 이 논쟁에서 죽은 자의 부활을 논증하여 신학사에 이름을 남겼습니다. 그는 잠자는 시간은 깨어 있는 사람의 시간과 다르다고 말합니다. 죽은 후에 수면 상태에 들어가서 재림 때 깨어나기까지 지속하는 시간이, 비록 깨어 있는 사람에게는 길게 여겨져도, 잠자는 당사자에게는 순간에 불과하다는 것입니다. 그러니 죽은 자에게 죽음과 재림 사이의 시간은 순간입니다. 살아있는 자가 죽은 자의 숙명과 거처를 고려할 일은 아니라는 거죠.

죽은 자의 부활 곧 몸의 부활은 언제 일어날까요? 이와 관련해서 죽음의 순간에 불완전한 상태로 부활하고 재림과 함께 온전한 몸으로 부활한다는 소위 '죽음 속 부활' 주장이 있습니다. 그런데 죽음 속 부활은 마치 육과 영혼의 분리처럼 여겨지는 오해를 피할 수 없습니다. 죽은 후 땅에 남겨진 육체 없이 부활하는 그것이 소위 영혼이 아니면 도대체 무엇인지 분명하게 말하지 않고 있기 때문입니다. 앞서 언급했듯이, 잠자는 상태에 있다가 재림과 함께 온전한 몸의 부활이 일어난다는 '수면설' 주장도 있습니다. 이렇게 되면 장례 예배에서 죽은 후에 고인이 하나님 곁에 있을 것이라는 설교는 설 자리를 잃게 됩니다. 물론 불멸하는 영혼과 그리고 재림과 함께 흙이 된 육체가 부활한 후 양자의 만남으로 일어난다는 전통적인 주장이 있지만, 이건 인간을 전인으로 생각한다면 더는 받아들이기 어렵습니다.

여하튼 첫 번째와 두 번째 주장의 진리성을 두고 평가하기는 쉽지 않습니다. 둘의 차이는 사실 우리가 검증할 수 있는 수준에서 벗어나 있습니다. 왜냐하면, 성경에는 두 경우 모두를 지지하는 듯이 보이는 구절이 있기 때문이죠. 따라서 보다 실용적인 맥락에서 선택하는 것이 좋겠다고 생각합니다.

목회적 관점에서 볼 때 죽음 후 불완전하지만 즉시 부활하여 부활체-영화스러운 몸-상태로 하나님 곁에 있게 된다는 주장이 적합합니다. 곧 죽은 자에 초점을 두고 살펴보면서 땅에 남은 육체에 더는 미련을 두지 말고 다만 죽은 후 일어나는 영화의 몸으로 부활한다는 사실에만 방점을 두는 겁니다. 이미 죽은 후에 하나님 곁에 있다는 표현이 성경에 나타나 있고, 또 그것이 남아 있는 자들에게 큰 위로가 되고, 온전한 부활을 기쁨으로 기대하고 또한 인내하며 소망할 수 있기 때문입니다. 여기에 수면설을 더하면 죽은 자의 부활은 우리에게는 긴 시간이지만 죽은 자에게는 순간이기에 죽을 때 부활체 상태로 부활하고 재림 때 깨어나 온전한 형태로 몸의 부활이 일어난다는 주장이 성립합니다.

이렇게 되면 현재 시점에서 부활의 의미를 이해하는 데에도 유용합니다. 믿음으로 그리스도 안에 있는 자 곧 성령 안에 있는 자는 이미 새로운 피조물로서(갈 5:17), 하나님의 새로운 창조에 따른 몸을 갖고 부활체로 살아간다고 말할 수 있기 때문입니다. 새로운 피조물로 부활했다는 건 십자가의 능력으로 죄 용서를 받아 죄를 이길 수 있는 능력이 복으로 주어졌다는 뜻입니다. 우리는 더 이상 영혼 불멸이 아니라 죽은 자의 부활, 곧 전인으로서 몸의 부활인 영화의 몸으로 부활할 것을 믿습니다.

영혼을 말하지 않고
사후 생명을 말할 수 있는가?

이제는 영혼을 말하지 않고도 사후 생명을 말할 가능성을 찾아보도록 하죠. 문제해결의 단서는 하나님의 생명, 곧 영생을 어떻게 이해하느냐에 있습니다. 하나님의 생명은 인간의 생명과 질적으로 다릅니다. 생명을 살아있음, 혹은 유기적인 활동을 가능하게 하는 무엇으로만 이해하면 하나님의 생명을 제대로 이해했다고 볼 수 없습니다.

'하나님의 생명'은 성경에서 많이 사용되지 않는 표현이지만, 하나님을 하나님 되게 하는 것 가운데 하나입니다. 생명의 근원인 하나님을 말합니다. 없는 것을 있게 하시며, 죽은 것을 살리시고, 살아있는 것도 죽이시는 하나님을 말합니다. 인간의 언어로 감히 표현할 수 없는 것이며, 그것은 인간이 말하는 죽음까지도 포함합니다. 왜냐하면, 하나님은 살아있는 자와 죽은 자의 하나님이기 때문이죠. 모든 걸 다스리시는 분입니다.

다시 말해서 비록 생명의 반대가 인간에게는 '죽음'으로 표현되지만, 하나님에게는 같은 의미로 작용하지 않습니다. 인간에게 죽음은 더 이상 유기적인 반응을 할 수 없는 상태이고, 인간의 삶의 영역에서 벗어나는 일이라도, 죽음은 하나님의 통치에서 절대 배제되지 않습니다. 하나님의 다스림은 스올(음부)에도 미치기 때문입니다. 하나님은 삶과 죽음을 지배하시며, 빛과 어둠을 모두 다스리십니다.

죽음은 하나님의 생명을 통해 충분히 설명될 수 있습니다. 곧 죽음은 하나님의 통치(보호와 돌봄)를 받아들이기를 거절하도록 하는 힘입니다. 그 힘이 아무리 강해도 하나님의 통치를 막을 수는 없습니다. 다만 사탄은 죽음의 두려움을 이용하여 인간이 그것을 거절하도록 해서 스스로 어둠 속에 갇혀 있도록 부추길 뿐입니다. 죄는 하나님의 통치가 자신에게 일어나지 않게 하는 일이며, 죄의 결과로 나타나는 죽음, 곧 죄를 짓게 하는 힘에 사로잡힌 상태는 하나님의 통치를 스스로 거부하였기 때문에 일어납니다. 죄의 삯은 스스로 원한 것에 따라 주어지는 것이며, 그것은 죽음입니다. 믿지 않는 자에게 죽음은 하나님의 보호와 돌봄을 거부한 결과입니다. 그 결과 사탄의 권세에 매이게 되는 거죠.

만일 죽음과의 관계에서 생명을 말할 가능성 때문에 영혼을 말해야 한다면, 기독교에서는 그럴 필요가 없습니다. 굳이 영혼을 말하지 않고도 죽음과 관련해서 생명을 말할 수 있기 때문입니다. 다시 말해서 죽음까지도 다스리시는 하나님의 생명을 매개로 말할 수 있습니다. 생명이 유기체의 활동과 운명을 같이하면서도 또한 그것에 제한하지 않는 이유는 그것이 하나님의 생명에서 비롯한 것이기 때문입니다. 인간은 다른 피조물과 달리 하나님이 불어넣으신 생기를 통해 살아있는 존재가 되었습니다. 하나님의 생명이 주어진 자로서 모든 인간은 하나님의 생명에 불완전하게 참여합니다. 그러나 믿는 자의 죽음은 믿지 않는 자의 죽음과 같지 않습니다.

인간은 예외 없이 하나님의 통치가 온전히 자신에게 이뤄지도록 부르심을 받았지만, 욕망에 이끌려 부르심에 합당하게 살지 않기 때문에 죄인으로서 불완전한 생명을 살다 죽습니다. 그러나 믿는 자는 죄 용서를 받고 믿음을 통해 은혜로 온전함을 허락받으며, 그리고 은혜로 하나님의 생명에 합당한 삶을 선물로 얻습니다. 믿지 않고 죽은 자는 더 이상 하나님의 생명에 참여하지 못하는 자로서 불신에 합당한 방식으로 하나님의 다스림을 받지만, 믿음을 가진 자는 부활하여 하나님의 생명에 참여하는 자로서, 곧 영화의 몸(glorified body)으로 부활하여 영생의 은혜에 합당한 방식으로 하나님의 다스림을 받습니다. 영생은 불멸하는 영혼이 영원히 사는 것이 아니라 하나님의 생명으로서 사는 것입니다. 이 땅에서 예수 그리스도를 믿고 새롭게 변화를 받음으로 누리는 은혜이며 또한 죽은 후 영화의 몸으로 누리게 될 생명이고 장차 예수 그리스도의 재림과 함께 나타날 온전한 생명입니다.

살아있는 동안 그리스도인은 전인의 모습으로 하나님과 관계를 맺습니다. 영혼으로만 관계 안에 있는 것이 아니라 전인으로서 하나님과의 관계 안에 있습니다. 지성과 감성과 의지, 오감과 오장육부, 중추신경에서 말초신경에 이르기까지 모든 걸 매개로 하나님과 관계를 맺습니다. 모든 피조물은 하나님과의 관계 안에 있지만, 인간에게 이 관계는 예수 그리스도 안에서 성령을 통해 주어진 은혜입니다. 특별히 믿는 자에게 구별하여 주신 겁니다. 그렇다고 별도의 기관이 존재해야 가능해지는 건 아닙니다. 우리 안에 성령이 임재함으로써 가능합니다. 생명의 영이신 성령은 몸의 세포에도 임합니다. 신체 기관을 활성화하고 활력을 줍니다. 예수 그리스도는 이 은혜가 하나님의 사랑으로 주어지고 또 믿음을 통해 하나님과 그분의 행위를 받아들임으로써 인간에게 주어진다는 것을 보여주셨습니다. 그리스도인에게 죽음은 생명을 온전하게 하시는 하나님의 부르심입니다. 하나님의 완전한 사랑을 경험하는 시간이죠. 믿는 자는 죽어도 온전한 생명으로 부활하는데요, 이건 예수 그리스도의 재림 때 몸이 부활함으로써 이루어집니다.

제3장

웰다잉(well-dying):
죽음을 어떻게 맞이해야 하나?

그리스도인의 웰다잉 곧 의미 있는, 행복한, 존엄한, 후회 없는 죽음을 준비한다는 건 사나 죽으나 하나님의 부르심에 적합하게(합당하게) 반응하기 위해 노력하는 것이다. 회개와 함께 그간의 삶을 하나님의 뜻과 부르심에 따른 삶의 이야기로 재구성하여 마지막 단계에서 그것의 현실을 드러내는 과정이 웰다잉이다. 그리스도인의 여러 예배 양태 가운데 하나이다. 웰다잉은 하나님의 부르심에 따라서 살다가 죽는 것이다. 그리스도인을 향한 하나님의 부르심은 온전한 생명 곧 영생을 얻는 데 있다.

웰다잉을 위해 교회가 할 수 있고 반드시 해야만 하는 건 그리스도의 죽음에 관한 교육이며 이 죽음을 내면화하는 죽음 교육이다. 죽음을 기독교 신학적으로 이해하고 부르심에 적합한 삶의 이야기 안에서 죽음을 준비하게 하며 죽은 자의 유족을 애도할 수 있도록 교육하는 것이고 타인의 죽음을 적합하게 말할 수 있도록 교육하는 것도 포함한다.

Strive to live a good life,

and the Lord will give you a good death.

(Susanna Wesley, 존 웨슬리의 모친)

　영화 〈버킷리스트〉가 있습니다. 거듭 곱씹어 볼 가치가 있는 영화입니다. 이 영화에는 노년의 병상에서 만난 두 남자가 등장하죠. 평생 부를 누릴 대로 누려 본 백인 남성과 가족을 돌보며 사는 일에 최선을 다하다 병을 얻어 입원한 한 흑인 남성입니다. 죽음에 관한 이야기에서 두 인종의 등장은 죽음 앞에선 모두가 같다는 걸 보여줍니다. 영화는 출신과 배경과 성격이 전혀 다른 두 사람 사이에서 벌어지는 각종 에피소드로 구성됩니다. 성격과 살아온 환경의 차이로 인해 사사건건 갈등 국면이 계속 이어지다가 마침내 화해한 두 사람은 의기투합하여 후회하지 않는 삶을 살다가 생을 마치려는 뜻을 갖고 소망 리스트를 작성하고 실행합니다. 이걸 두고 "버킷리스트"라고 합니다. 간절히 원했으나 갖가지 이유로 미루어 두었던 일들을 하나둘 수행하는 두 사람의 여정은 비록 건강상 쉽지 않았으나, 매우 만족스럽게 끝을 맺습니다. 관건은 죽음을 앞두고 떠난 이 여정을 통해 두려워하지 않고 죽음을 맞이하게 되고, 무엇보다 살아있는 자와 죽어가는 자 모두가 만족한 겁니다. 버킷리스트를 통해 후회 없는 죽음을 맞이할 수 있었던 거죠.

이 영화는 죽음을 어떻게 맞이할 것인가? 이 질문이 제기될 때마다 사회에서나 학계에서 회자하는 것 가운데 하나입니다.

웰다잉은 죽음 준비교육

여론에 널리 회자하고 우리 삶 깊숙한 곳까지 영향력을 행사하는 웰다잉(well-dying)은 '죽음을 어떻게 맞이할 것인가?' 이 질문에 대한 대답을 찾고자 합니다. 엄밀히 말해서 이 질문은 기독교의 핵심 관심이 아닙니다. 기독교는 오히려 죽음을 이기신 그리스도, 죽음을 이기는 신앙에 관심을 두고 있습니다. 그러나 세상의 관심을 반영한 질문에 기독교가 충분히 대답할 수 없다면 복음에 관한 관심을 불러일으킬 수 없을 겁니다. 죽음을 이기신 그리스도와 죽음을 이기는 신앙을 전하기 위해서라도 이 질문을 다룰 필요가 있습니다. 이 질문이 머금고 있는 문제는 매우 다양하고 또 많습니다. 이걸 알아차리도록 해서 문제가 해결되도록 돕는 교육 곧 죽음을 준비하는 교육을 교회에서 찾기는 쉽지 않습니다. 교회 교육과 기독교 교육 과정에 들어있지 않다는 겁니다. 전혀 없진 않아도 교육하는 교회가 적습니다.

죽음을 준비하는 교육이 없어서 생기는 문제는 심각합니다. 무엇보다 그리스도인의 죽음 이해가 비성경적입니다. 게다가 가족이나 사랑하는 사람의 갑작스러운 죽음 앞에서 신앙의 위기를 겪는 그리스도인이 생각보다 많습니다. 고인의 죽음을 적합하게 말하지 못해 죽음이 용서와 화합을 위한 계기가 아니라 오히려 갈등의 도가니로 변질되는 경우도 잦습니다. 죽은 후에 유족에게나 자기에게 어떤 일이 일어나는지 알지 못해 죽음을 두려워하기도 합니다. 물론 이와 반대로 생에 병적으로 집착하는 일도 발생합니다. 죽음을 막지 못한 자책감에 시달리기도 하고 후회로 가득한 삶을 힘겹게 이어가기도 합니다. 초대 교회에서는 예수 그리스도의 죽음을 계기로 그리고 성도들의 순교로 오히려 교회가 소망 가운데 더욱 든든히 세워져 갔던 사실에 비추어 보면 뭔가 잘못되어 가고 있음이 분명합니다. 간단히 말해서 교회 안에 기독교적 죽음에 관한 몰이해가 가득하고 죽음을 준비하는 교육이 없는 게 문제입니다. 복음을 위해 성도가 죽음을 이해하고 죽음을 준비할 기회를 교회는 반드시 제공해야 합니다. 무엇보다 이를 위해 죽음을 이기는 승리인 부활에 관한 교육이 제공되어야 합니다.

죽음을 어떻게 맞이할 것인가? 이 질문이 제기될 때마다 사회에서나 학계에서 회자하는 것들에 대해 살펴보죠. 그 하나는 앞서 언급했듯이, 영화 〈버킷리스트〉입니다. 이 영화는 임종의 시간을 어떻게 보낼 것인지 혹은 죽음을 어떻게 맞이해야 할 건지 고민하는 모든 글에서 빠지지 않고 등장합니다.

웰다잉(well-dying) 곧 의미 있는 임종의 시간을 맞이하기 위한 성찰에서 빠지지 않고 등장하는 또 다른 하나는 엘리자베스 퀴블러-로스(Elisabeth Kübler-Ross)의 연구입니다. 그녀는 죽음에 이르기까지 죽어가는 자에게 나타난다는 다섯 단계 이론을 주장했습니다(『죽음과 죽어감』, 청미출판사, 2018). 곧 죽음에 이르기까지 사람은 '부정과 고립-분노-타협-우울-순응 단계'를 거친다는 겁니다. 물론 모두가 한결같이 다섯 단계를 거치는 건 아닙니다. 퀴블러-로스의 주장은 중년 시기에 있는 말기 암 환자의 사례를 바탕으로 연구하여 얻은 결론이었습니다. 질병과 성과 나이가 다른 경우에는 다른 모습과 다른 단계를 보일 수 있습니다. 그녀의 연구는, 개별적인 차이를 인정하기에 비록 모두에게 일괄적으로 적용할 수는 없어도, 죽음을 앞둔 사람이 겪는 심리적·정신적·육체적 충격을 이해하고 또 완화하는 대책을 마련하는 일에서 매우 중요한 통찰을 줍니다. 또한, 죽음을 준비하게 하여 두려움 없이 마지막 생을 살아갈 기회를 제공합니다.

그리고 마지막 하나는 독일 출신의 사제로서 일본에 오랫동안 머물면서 생사학(죽음학)에서 선구적인 역할을 한 알퐁스 데켄(Alfons Deeken)의 책 『죽음을 어떻게 맞이할 것인가』(서울: 궁리, 2002)입니다. 데켄은 이 책에서 죽음을 맞이하는 방법과 목표를 아주 구체적으로 소개했습니다.[1] 핵심은 죽음 준비교육을 통해 죽음에 대한 충격을 완화하고, 죽음을 기대와 소망 가운데 수용하도록 하는 것입니다.

한편, 웰다잉(well-dying)은 행복한 죽음, 의미 있는 죽음, 존엄한 죽음, 좋

---

1 그가 제시하는 걸 정리하면 다음과 같다. 임종 과정을 이해한다. 죽음의 다양한 의미를 이해한다. 배우자, 자녀, 반려동물 등 대상별 상실의 슬픔에 대한 사전 교육을 받는다. 죽음 교육을 통해 죽음에 대한 두려움을 줄인다. 죽음을 터부시하지 않는다. 치료가 어려운 병이 있는 환자가 여생을 준비할 수 있도록 병에 관한 사실을 알려준다. 사후 발생하는 각종 윤리 문제가 일어나지 않도록 조치한다. 장례 방식에 관한 생각을 가족과 공유한다. 죽음 교육을 통해 삶의 가치를 발견하려 노력한다. 죽음을 긍정적으로 바라보려고 한다. 죽음의 의미에 관한 생각을 정리한다. 사후세계의 가능성을 목표로 두고 죽음 준비교육을 받는다.

은 죽음을 맞이하기 위한 모든 노력을 뜻합니다. 이것은 웰빙(well-being) 열풍이 지나고 난 후 우리 사회에 나타난 문화 코드입니다. 특히 백세시대를 내다보면서 노인 복지나 일자리 등과 같은 삶의 질과 고독사나 돌연사, 안락사와 무의미한 연명치료 과정에서 볼 수 있는 죽음의 질이 낮아지는 걸 사회문제로 인식하고 이를 해결하는 과정에서 등장했습니다. 지금은 '죽음교육' 혹은 '죽음 준비교육'을 대체하는 개념이 되었습니다.

웰다잉은 죽음을 삶과 분리해서 보지 않고 오히려 삶의 일부로 여깁니다. 죽음의 의미를 밝혀 죽음을 두려움 없이 대비하게 하고 또 삶의 의미와 가치를 발견하도록 돕습니다. 이런 의미에서 죽음 준비교육의 대가인 알폰스 데켄은 죽음에 관한 학문(thanatology)을 "생사학(生死學)"이라 말하기를 원했죠. 생사학의 실천 단계로서 죽음 준비교육인 웰다잉은 행복한 죽음, 의미 있는 죽음, 존엄한 죽음을 맞기 위해 무엇을 할 것인지에 관해 성찰합니다. 죽어가는 과정에서 나타나는 고통을 줄일 뿐 아니라 임종을 만족스럽게 맞이하도록 돕습니다. 물론 유가족의 고통과 부담을 완화하는 일에도 공헌합니다.

웰다잉과 웰빙은 서로 다른 출발점과 내용을 갖고 있으나 행복을 더는 미래로 미루지 않고 현재에 누려야 할 것으로 보는 것과 '후회 없는 삶'이나 '의미 있는 삶' 그리고 '준비되지 않은 죽음을 예방하는 삶' 혹은 '환자가 만족하는 삶'을 목표로 삼고 있다는 점에서 어느 정도 서로 맞물려 있습니다. 경우에 따라선 웰다잉에 관한 이해는 웰빙에 관한 이해의 연장선에서 이루어진다고 말할 수 있습니다. 웰빙과 관련해서 회자하는 글들을 보면 웰빙의 종착역은 웰다잉이라고 말해도 과언은 아닙니다. 잘 사는 건 잘 죽기 위한 겁니다. 그러므로 웰빙에 관한 이해[2]를 매개로 웰다잉의 이해로 옮겨보겠습니다.

웰빙의 기본 정신

'웰빙'의 사전적 의미는 '복지, 안녕, 행복'입니다. 존재를 가리키는 being과 건강하게, 적합한 환경 속에, 편안하게 있는 상태를 가리키는 well의 합성어로 존재의 '상태'를 지칭합니다. 웰빙의 외연적 의미는 '잘 먹고 건강하게 살기'입니다. 삶 혹은 존재 자체만으로 만족하지 않고 삶이나 존재의 질적 수준에 대한 현대인들의 관심이 반영된 문화 및 사회현상으로 물질적인 가치나 명예보다는 정신과 신체 모두 건강한 삶을 행복의 척도로 삼는 겁니다. 그러니까 웰빙 현상을 자세히 들여다보면 존재의 가치와 의미를 더욱 높이려는 노력이 현대문명과 맞물려서 나타난 것임을 알게 됩니다.

존재 자체의 보존과 꾸밈에 관한 관심은 과거로부터 지금까지 변하지 않는 것 가운데 하나인데요, 웰빙은 다만 그것의 현대적인 표현일 뿐입니다. 다시 말해서 이 웰빙의 핵심에는 건강과 장수, 그리고 행복한 삶에 대한 인류의 오랜 꿈이 있습니다. 자본과 과학기술에 바탕을 둔 문명화 혹은 선진국형 발전의 과정에서 부작용으로 나타나는 삶의 질의 하락을 염두에 두고 존재의 질적 수준 향상에 관한 관심이 반영된 문화 코드입니다. 현대 사회에서 인간이 자본과 기계의 노예가 되는 경향에 대한 저항도 읽어볼 수

---

2 웰빙에 관한 이해는 다음에 수록한 글을 책의 성격과 방향에 맞게 첨삭한 것이다. "복음 안에서 바라본 웰빙문화", 「목회와 신학」 2004년 3월, 240-243.

있습니다. 여기에 더해 부모 세대처럼 행복을 더는 미래로 미루지 않고 현재에 누리려는 의도도 표출되어 있습니다.

웰빙에 대한 추구는 원래 마음을 다스리고 관리하는 것으로 출발했지만 (그래서 요가나 명상이 웰빙의 한 방편으로 주목을 받았습니다), 과거 우리 사회에서 유행처럼 번졌던 '웰빙문화'란 웰빙의 기본 개념이 상품화 과정을 거쳐 나타난 문화의 한 형태입니다. 이 때문에 부유층 가운데 사이비 웰빙족이 늘어났고 지금까지도 진행 중이라 말할 수 있습니다. 그들은 말 그대로 '잘(먹고 싶어 하는 대로) 먹고, 잘(제멋대로) 사는 것'을 웰빙으로 이해해서 건강한 윤리와 도덕에 해를 입히는 퇴폐적인 행위도 서슴지 않습니다.

이처럼 부작용은 있어도 웰빙은 우리 사회에서 여러 가지 면에서 사고와 삶의 전환을 가져왔고, 새로운 삶의 양식을 주도하는 힘으로도 작용했습니다. 그 결정적인 힘을 행사하는 요소 두 가지만 살펴보면 다음과 같습니다.

웰빙문화 형성의 두 가지 배경

1980년대 중반 유럽에서 시작된 슬로푸드(slow food) 운동, 1990년대 초 느리게 살자는 기치를 내걸고 등장한 슬로비족(slow but better working people), 부르주아의 물질적 실리와 보헤미안의 정신적 풍요를 동시에 추구하는 보보스(bobos) 등은 웰빙문화의 대표적 형태로 볼 수 있습니다.

이런 문화 형성에 미친 두 가지 중 첫째는 개인의 가치와 현실에 대한 새로운 인식입니다. 과거 행복의 가치 기준은 높은 소득수준, 모두가 인정하는 직장, 그리고 가족의 건강이었습니다. 재산이나 명예가 뒷받침하는 행복을 위해 노력하고 또 노력했습니다. 자기 몸을 돌볼 사이도 없었고, 가족의 화목을 돌아볼 틈도 갖지 못했습니다. 일정한 수준에 이르기까지 모든 것이 유보되어도 괜찮았습니다. 이것이 삶의 행복을 위해 할 수 있는 최선이라고 생각했기 때문이죠. 행복은 목표였고, 그 목표에 이르기까지 모든 불편은 참을 수 있어야 했습니다.

그러나 세대 간의 벽이 높아지고 또 갈등이 심해지면서, 무엇보다 소득 수준이 올라가고 교육 수준의 향상으로 가치관(근대에서 포스트모던으로의 변화)이 변하면서 행복에 관한 생각과 태도가 바뀌었습니다. 행복이 단순히 목표로만 있게 될 때 행복은 무지개와 같은 것일 뿐이라 생각하게 된 겁니다. 따라서 웰빙문화에서 행복은 누리며 가꿀 때 나타나는 것으로 인식됩니다. 이러한 인식은 생활 태도에 많은 변화를 가져왔습니다. 집단보다는 개인이 중요하게 여겨졌고, 건강에 큰 관심을 불러일으켜 피트니스가 유행하였고, 미래보다는 현재에 더 큰 관심을 두게 되었으며, 느림의 의미가 사람들의 큰 관심을 얻게 되었고, 그리고 여기에 경제적, 시간적 여유가 덧붙여져서 여가 문화가 활성화하였습니다. 이제는 행복에 이르려고 불편함을 감수하며 저축하거나 혹은 자손들의 행복을 위해 자신을 희생하기보다는 스스로 행복을 누리며 나의 행복에 더욱 큰 의미와 가치를 두는 삶으로 전환했습니다.

이러한 변화에 큰 영향을 미친 요소로 두 번째는 친환경적 사고의 발달입니다. 환경이 인간의 삶 혹은 생명과 밀접한 관계에 있다는 것이 알려지면서 친환경적 삶의 문화가 빠르게 확산했습니다. 먼저는 생명을 위협하는 각종 해로운 환경에 대한 대책 마련이 이루어졌고, 그리고 나서는 생명을 건강하게 살찌우기 위한 노력에 이전보다 더 적극적인 태도를 보였습니다.

여기에는 자연에 대한 바뀐 인식이 한몫을 차지합니다. 자연은 탐욕의 대상이 아니라, 오히려 인간이 더불어 살고 또 그 안에 있을 때 비로소 생명의 위협에서 벗어날 수 있다는 인식이 가치관과 생활 태도 변화에 영향을 미쳤습니다. 과학기술이 인류를 위해 공헌한 바는 절대 과소평가할 수 없지만, 그것이 우리 사회 곳곳에서 나타나는 병리적인 삶과 무관하지 않고, 또 수많은 연구가 과학기술 기반 생활의 결과가 얼마나 참담한지를 구석구석 밝혀주기 시작하면서 사람들은 '다른 형태의 삶'이 가능함을 내다볼 수 있게 되었습니다. 환경문제는 친환경적 기업 경영과 친환경적 산업 기술 개발을 요청했고, 환경이 인체에 미치는 영향이 깊이 있게 조명되면서 친환경적 먹거리와 삶의 공간 곧 주거환경에 관한 관심이 높아졌습니다.

웰빙문화는 대표적으로 이러한 두 가지의 영향 속에서 태동했고, 젊은 세대가 이에 적극적으로 반응하여 응답함으로써 현대문화의 한 코드로 자리를 잡았습니다.

그런데 도시 문화에 젖어 살 수밖에 없는 현실에서 웰빙에 이르기 위해서는 적지 않은 투자가 요구됩니다. 이건 웰빙문화가 현대문화 전체를 특징짓는다고 볼 수 없게 하는 요인입니다. 왜냐하면, 웰빙문화가 일부 부유층에만 제한했고 또 대체로 일시적 유행으로 인식했기 때문입니다. 물론 오늘날엔 젊은 세대에게서 흔히 볼 수 있는 문화이지만, 지나치게 상품화되어 나타나고 있는 것에 대해 우려하는 목소리가 적지 않습니다. 보편화한 삶의 가치관과 태도로 정착하기까지 의식의 계몽과 더불어 습관화를 위한 시간이 필요합니다.

웰빙문화의 여러 특징

이런 웰빙문화에서 몇 가지 특징적인 모티브가 관찰되는데요, 그 첫째는 현실적 삶의 재발견입니다. 삶은 그동안 궁극적 행복을 위한 과정으로만 인식되었을 뿐, 현실적 삶 자체에 대한 의미와 가치에 대해서는 대체로 침묵하는 편이었습니다. 삶을 즐기자는 말은 철없는 세대의 구호일 뿐이고, 인생을 진지하게 살지 않는 자들의 변으로만 인식되었습니다. 삶은 행복을 위해 준비하는 과정일 뿐이며, 그 행복을 누리는 것은 대체로 나 자신보다는 후손들의 몫이었습니다. 이것을 당연시했습니다.

그러나 웰빙문화는 현실적 삶을 재발견합니다. 삶은 지금 이곳에서 행복하게 누릴 수 있는 것이며 아름답게 꾸며나갈 수 있는 것으로 인식되었습니다. 투자하고 노력해서 가꾸어야 누릴 수 있는 것으로 여겨졌죠. 이건 더는 후손들이 아닌 자신에 대한 투자를 아끼지 않는 생활 태도로 이어졌습니다.

둘째는 해방입니다. 과거에는 삶의 불편을 참을 수 있었을 뿐만 아니라 또한 마음고생을 이겨내는 것에 익숙해야 했습니다. 힘없는 자로서 복종과 인내의 삶을 살아갈 수밖에 없었습니다. 그렇지 않으면 사회에서 도태할 수밖에 없기 때문이죠. 현대인의 스트레스는 일상이 되었습니다.

그러나 스트레스는 중년의 생명을 앗아가는 최대의 적이라는 게 의학적으로 확인되면서 스트레스 문화에서 벗어나야 한다는 의식으로 가득했습니다. 다양한 문화행사나 레포츠 활동, 그리고 주말여행의 모습으로 새롭게 떠오른 웰빙문화 현상은 바로 스트레스로부터 해방이요, 각종 억압에서부터 해방을 꿈꾸는 사람들에게서 빠르게 번져나갔습니다.

셋째는 변화입니다. 웰빙문화는 생활 양식의 변화를 꿈꿉니다. 웰빙은 현재 상태만을 의미하지 않고 인류가 앞으로 지향해 나가야 할 목표를 가리키기도 합니다. 그래서 친환경적이고 건강한 삶에로의 변신을 위한 투자를 아끼지 않았습니다. 식생활 습관이나 주거문화를 개조하고, 취미 생활을 바꾸는 것을 서슴지 않았습니다. 웰빙문화가 알려지기 전에도 잘 먹고 건강하게 산다는 개념은 상당한 소득수준의 사람들에게는 이미 많이 알려져 있었습니다. 서부 유럽과 미국과 같은 선진국에서 어렵지 않게 접할 수 있는 삶의 문화였습니다. 먹고살기에 바쁜 사람들에게는 삶의 여유와 안락함이 아직은 요원하지만, 소득과 복지 수준이 높아질수록 보편적으로 느낄 수 있게 될 것입니다.

웰빙문화가 소비자의 기호를 바꾸고, 그에 따라 소비의 형태를 바꾸기 때문에 궁극적으로는 생산의 형태도 바뀝니다. 대량 생산보다는 소량 생산으로 이루어지고, 기계에 의존하기보다는 손으로 직접 가공하는 것들을 더 선호합니다. 가공물보다는 자연적인 제품을 더 찾기도 합니다. 전통적인 삶의 양태에서 과감하게 벗어나 새로운 양식의 삶을 가꾸어 나간다는 점에서 문화와 문명 개척자로서도 손색이 없을 정도입니다.

이처럼 삶을 재발견하고, 해방을 추구하며, 또한 삶의 변화를 추구하면서 궁극적으로는 문화를 개혁한다는 점에서 웰빙문화는 매우 긍정적인 측면을 갖습니다. 특히 친환경적이고 건강한 사회문화를 고양한다는 점에서 볼 때 대단히 미래 전망적입니다. 일부 교회에서 웰빙문화를 기독교 삶의 문화로 적극적으로 수용했던 것도 이런 배경에서 고려한 것이었습니다. 웰빙문화는 실제 나타나는 현상과는 별개로 개념상으로는 분명 세속적인 형태의 복음적 의미를 내포하고 있습니다.

복음 안에서 바라본 웰빙문화

긍정적인 측면에도 불구하고 웰빙문화에는 개인주의적인 측면이 너무 강하게 나타났는데요, 이 점은 분명 비판적으로 고려해야 합니다. 자기 몸을 관리하고 이를 위해 시간과 물질의 투자를 아끼지 않는 것은 주의 영이 거주하는 성전으로서 몸을 사랑하는 한 방편으로 볼 수 있습니다.

그러나 복음은 결코 개인주의적이지 않아요. 행복이란 게 직접적으로는 개인이 누리는 것이지만, 복음이 가져다주는 행복의 본질은 공동체적입니다. 나눔과 공유를 기본으로 삼습니다. 내가 행복하다면 그것을 나누어야 하고, 내가 건강하다면 그것 또한 연약한 자를 위해 사용되고, 내가 가지고 있으면 그것을 나누는 것이 복음적인 정신이죠. 내게 시간적 혹은 경제적인 여유가 있다면 그것은 공동체를 위해 투자되어야 합니다. 왜냐하면, 주님은 자신의 생명까지도 나누어주셨고, 그리스도인은 주님의 삶을 나타내도록 부름을 받기 때문입니다.

따라서 복음은 고난과 밀접한 관계가 있습니다. 복음은 믿는 자가 이 땅에서의 행복을 추구하기보다는 행복을 기대하면서 하나님의 기업을 받을 약속에 더 큰 비중을 두고 살아가도록 하기 때문입니다. 또한, 이 과정에서 자발적으로 불편을 감수해야 하고 때로는 외부의 오해를 받을 수 있기 때문입니다. 잘 먹고 건강하게 사는 것이 몇몇 개인이나 자본 능력이 있는 자들에게만 국한하는 것이 아니라 공동체가 함께 누리는 것이 되게 해야 합니다. 관건은 복음을 듣는 모두가 하나님 나라의 백성이 되어 하나님 나라를 경험하며 살게 하는 겁니다.

그리스도인의 삶의 목적은 단지 건강하게 먹고 행복하게 사는 것만이 아니라, 내 삶과 존재를 통해서 사회가 건강해지고 행복하게 되는 겁니다. 그리스도인은 이를 위해 부름을 받았고, 부름을 받은 대로 사는 삶에 하나님의 영광이 나타나기 때문입니다. 따라서 웰빙이 모두에게 돌아가기 위한 노력을 병행하지 않는 한 웰빙문화는 교회로부터 멀어질 수밖에 없습니다.

두 번째 웰빙문화는 현실에 대한 긍정적인 인식을 넘어 현실에 안주하려는 경향을 보입니다. 요한복음의 종말론(종말은 예수 그리스도의 임재와 더불어 현재 누릴 수 있는 것이다)을 오해하는 사람들은 구원받은 백성의 행복한 삶은 지금 이곳에서 누릴 수 있어야 한다고 말합니다. 믿는 자의 삶은 당연히 기쁨이 넘치고 행복해야 한다는 말인데요. 그래서 행복한 삶을 목회의 목표로 삼는 이들이 적지 않습니다. 물론 믿는 자의 삶이 궁색하기만 하고 기쁨이 없다면 누가 믿으려 할까요. 그렇지만 당연히 그래야만 한다고 말하는 것은 하나님의 복을 물질주의적으로, 그리고 지나치게 물량적으로만 이해한 결과입니다. 명백한 오해죠.

복음은 신분의 변화(죄인에서 의인으로)와 더불어서 목표를 바꾸게 합니다.

곧 천국을 본향으로 삼도록 합니다. 현실에 안주하며 사는 것은 결코 복음
적이 아니며, 천국을 환기하지 않는 메시지는 아무리 그럴듯해도 복음적이
라는 평가를 얻지 못합니다. 천국에 대한 소망을 어둡게 하고 안개에 휩싸
여 있는 듯이 세상을 희미하게 보이게 하는 선포는 듣는 자가 아무리 기쁘
게 들어도 복음은 아닙니다. 복음은 메시지와 삶, 그리고 교회의 행위를 통
해서 짙은 안개를 뚫고 어둠을 밝혀줍니다. 이웃이 빛을 보게 하고 소망을
갖게 하며, 이웃의 기쁨과 평안을 위한 선한 행위에 담대함을 갖도록 해줍
니다. 그래서 믿는 자를 통해 현실이 하나님의 말씀대로 되게 합니다. 믿음
의 선배들은 천국을 본향으로 삼는 가운데 하나님과 이웃을 위하여 이 땅
에서 나그네의 삶을 전혀 주저하지 않았습니다. 이 땅에서의 행복은 소중
합니다. 그러나 그것은 하나님의 영광을 위해 그리고 이웃 사랑을 위해 본
향을 향한 투자 곧 헌신으로 이어져야 합니다. 왜냐면 그 행복에 안주하게
될 때 복음의 빛은 퇴색하기 때문이죠. 기독교 웰빙은 종말에 비추어 이해
되어야 하기에 초점은 웰다잉으로 자연스럽게 옮겨집니다.[3]

웰빙에서 웰다잉으로

dying의 원래 의미는 죽음(death)이 아니라 '임종'에 가깝습니다. 그래서
death와 구분하여 사용됩니다. 엄밀히 말해서 죽어가는 상태입니다. 그러

---

3 "한국에서 웰다잉에 대한 논의는 2009년 국내 최초로 대법원이 연명의료 중단을 인정한 세브란스 김
    할머니 사건, 고 김수환 추기경과 법정 스님 등 사회적으로 영향력 있던 인사들의 연명의료 거부를 필
    두로 하여 본격화되었다." 김가혜/박연환, "한국사회의 웰다잉 개념분석", 「근관절건강학회지」 제27권
    제3호., 2020, 12월., 229~237, 229.

니까 웰다잉은 죽어가는 과정이 고독사와 같이 불행하거나, 치료 불가한 말기 암으로 인해 극심한 고통을 겪거나, 그리고 연명을 위해 각종 기계장치에 의존해야 할 정도로 비인간적이지 않고, 배설물 처리를 남의 손에 의탁해야 할 정도로 자존감을 해치는 일이 일어나지 않으면서 행복하고 의미 있고 인간 존엄이 인정받는 임종 방법을 탐색하는 노력을 의미합니다. well-'dying'이 행복한, 의미 있는, 존엄한, 좋은 '죽음'으로 이해되어 안타깝지만, 죽음학에서 이미 관용어로 정착되었기에 필자 역시 웰다잉을 행복한, 의미 있는, 존엄한, 좋은 죽음으로 표현하겠습니다. 독자들은 여기서 말하는 죽음(dying)을 '죽음을 준비하는 과정'으로 이해하면 좋겠습니다.

being과 dying은 반대 개념이죠. 죽음으로써(dying) 육체(being)는 흙이 되어 사라지기 때문입니다. 그런데 여기에 각각 well이 접두어로 붙어 합성어가 되면서 의미의 변화가 생겨 초점이 삶의 질로 옮겨지는데요, 이로써 상반한 이미지가 중첩되는 놀라운 현상이 발생합니다. 웰빙은 사는 동안 제대로 살자는 거고, 웰다잉은 남은 생을 의미 있게 살면서 좋은 죽음(good death)을 맞이하자는 것이기 때문입니다. 전자는 건강하고 행복하기 위한 삶을 계획하는 것이고 후자는 행복하고 의미 있고 존엄한 죽음을 맞기 위한 삶을 계획합니다. 사는 동안 제대로 사는 것과 남은 생을 의미 있게 살자는 건 비록 포인트는 달라도 같은 의미입니다. 다르다면 전자는 풍성한 삶에 초점을 두고 후자는 의미 있는, 존엄한, 후회 없는, 행복한 죽음에 초점을 두는 거죠.

물론 웰빙 역시 죽음을 염두에 둡니다. 그럴 수밖에 없는 게 삶은 죽음을 평생 동반자로 삼기 때문입니다. 그러하기에 웰빙을 추구하는 사람은 마냥 잘 먹고 잘사는 것이 아니라 의미 있는 삶을 원하고 또한 행복을 미래로 미루지 않고 현재에 잘 가꾸며 제대로 누릴 것이라 봅니다. 의미 있는 죽음을 맞이하기 위해 의미 있는 삶을 계획하고 실행하는 거죠.

죽음 교육은 사실 웰빙을 위한 계획에도 포함합니다. 그러니까 겉으로는 웰빙을 추구하며 살든 웰다잉을 추구하며 살든 결과는 같아 보입니다. 웰빙의 한계는 생명과 죽음이 공존해 있는 사실을 진지하게 보지 못하는 겁니다. 죽음을 진지하게 보지 않고 오직 생명의 풍성함에만 관심을 기울임으로써 온전한 삶의 의미를 통전적으로 성찰하는 일에서 충분치 못합니다. 이렇게 말하는 이유는 삶은 죽음과 더불어서 생각해야 한다는 당위성 때문이고, 또한 삶의 의미는 죽음을 함께 고려할 때-비록 온전한 형태의 의미는 아니라도 상상력을 통해-어느 정도 윤곽이 드러나기 때문입니다. 그러므로 마지막까지 의미 있는 삶을 살고 동시에 죽음의 두려움에서 벗어나게 하여 죽음의 질을 높이고, 여기에 더해 의미 있는 죽음을 맞이하기 위해선 웰빙에서 웰다잉으로의 초점 이동이 권장됩니다. 그렇다고 웰빙을 포기하는 건 아닙니다. 진정한 웰빙의 정신은 웰다잉에서 실현됩니다.

웰다잉은 웰빙의 의미와 특징은 물론이고, 또한 앞서 거론한 웰빙이 안고 있는 문제 역시 어느 정도 공유합니다. 웰다잉에서도 개인주의 측면이 강하다는 게 특히 그렇습니다. 달리 표현하면 '불평등한 죽음'이라고 말할 수 있습니다.[4] 사람들은 죽음을 생각할 때 이 점을 제대로 인지하지 못하는 것 같아요. 그러나 자세히 들여다보면 보입니다.

---

4 죽음의 불평등성에 관한 논의는 다음을 참고: 최은경 외, "웰다잉 담론을 넘어, 조력 존엄사 논쟁과 '생명'을 위한 새로운 과제들", 「문명과 경계」 제6호. 2023.03 259~312.

예컨대 재정적 여유가 있어서 의료기술의 도움을 받아 건강을 유지하여 높은 수준의 삶의 질을 누리는 사람은 웰다잉을 위해서도 투자하고 실제로 그에 상응하는 건강과 수명을 누립니다. 자기 삶을 성찰하며 정리할 여유가 있으니 의미 있는 죽음을 맞이할 가능성이 큽니다. 가난한 자가 삶 특히 노년의 삶이나 임종 과정에서 누리지 못하는 것을 그들은 맘껏 누립니다.

영화 〈버킷리스트〉에 나오는 백인 부자처럼 웰다잉 과정에서 자기 주변 인물까지 돌아보면 좋겠지만 실상은 그렇지 못해요. 이건 웰다잉 개념에 공동체 의식이 결여했기 때문인데요. 설령 개인이 웰다잉 과정에서 공동체를 생각한다 해도 가족공동체를 넘어서기 어렵습니다. 바로 이 점이 웰다잉 문화를 개인주의적인 차원으로 기울게 합니다. 물론 웰다잉을 준비하는 사람 가운데 타인을 위한 삶에 의미와 가치를 두고 생의 마지막에 봉사를

〈씨 인사이드〉(알레한드로 아메나바르, 2004)

주인공 라몬은 26년 전 이유가 분명치 않은 충동으로 수심이 낮은 바다로 다이빙해 목을 다쳐 전신마비의 상태로 누워 지내는 상태가 된다. 오직 얼굴만 움직일 수 있을 뿐이다. 타인의 도움을 받지 못하면 일상생활은 물론이고 생명 유지 자체가 불가능하다. 자신의 생존이 가족의 불행으로 이어진다는 고통도 시간이 지남에 따라 이제는 단지 추억에 불과하다. 그가 기꺼이 안락사를 원하는 까닭은 자신 때문에 받는 누군가의 고통 때문이 아니며 삶과 죽음에 대한 확신 때문이다.

그러나 가톨릭 전통이 강한 스페인 정부와 교회는 그의 안락사를 허용하지 않는다. 주변에는 그를 돕고자 하는 사람들이 많이 있지만 그렇다고 그의 죽음을 도우려는 건 아니다. 심리 치료사 제네는 그의 자유로운 선택을 돕고자 했고, 스스로 퇴행성 질환을 겪고 있는 변호사 훌리아는 그의 결정이 결코 어떤 심리적인 불안감에서 비롯된 것이 아님을 입증해 보이고자 한다. 형수를 비롯한 가족의 따뜻한 돌봄은 물론이고, 자신을 돕기 위해 나서는 사람들 그리고 변호사 훌리아와 사랑의 순간에도 라몬은 죽음이 자신의 선택임을 결코 잊지 않는다. 우연히 텔레비전 인터뷰에서 라몬을 본 로사는 그에게서 삶의 의욕을 느끼며 그것을 그에게 돌려주려고 노력한다. 그를 사랑하고 있다는 확신을 주고 싶었던 라사는 자신의 사랑을 표현하는 의미에서 라몬의 죽음을 돕는다.

실천하는 이들이 있습니다. 이건 웰다잉을 공동체 안에서 실현하려는 모범적인 태도입니다. 그러나 안타깝게도 이런 태도는 소수에 그치고 있습니다. 웰다잉을 국가가 복지 과제 가운데 하나로 여기며 관심을 기울이고 있는 현실을 생각한다면 웰다잉을 개인주의 차원에서만 다루면 안 될 것입니다.

살면서 공동체에 삶의 의미를 두지 않았던 태도는 지난 삶을 돌아보고 죽음을 준비하며 의미 있는 삶을 계획하는 때에도 바뀌지 않을 확률이 높습니다. 공동체 자체에 의미를 두는 걸 배우지 못했기 때문입니다. 이런 점에서 웰다잉은 공동체를 지향해야 합니다. 그동안의 삶에서 공동체의 몫을 환기하고 주지시키는 것이죠. 또한, 의미 있는 삶이나 죽음을 위한 노력이 공동체와 분리하지 않는다는 걸 인식하게 하는 것입니다. 의미 있게 사는 것이나 의미 있게 죽는 것은 공동체의 숙명과 깊이 연결되어 있습니다.

그러나 이것이 지나치게 강조될 때, 영화 〈씨 인사이드〉의 주인공-사고로 머리 아랫부분이 마비된 상태로 가족의 도움을 받으며 평생을 살아온 사람-이 안락사 실행 과정에서 사회 규범을 대변하는 가톨릭 주교와 맞서 싸워야 했듯이, 공동체가 죽음을 준비하는 과정에서 억압의 요소로 작용하기도 합니다.

웰다잉에서 평등한 죽음 혹은 공동체 의식이란 가진 자와 못 가진 자 모두가 의미 있는 죽음, 존엄한 죽음을 맞이할 수 있도록 개인적으로나 정책적으로 배려해야 한다는 뜻입니다. 예컨대 죽음을 앞두고도 준비할 형편에 있지 않은 사람들을 위해 국가나 개인이 혹은 교회가 할 수 있는 건 무엇인지 고민하고 또 죽음을 공동체적 관점에서 이해할 필요가 있습니다.

웰다잉, 무엇을 위한 것인가?

WHO에서 정의하는 좋은 죽음은 환자와 가족이 가능한 한 신체적 고통과 정신적 고통에서 벗어나고, 개인 소망이 존중받으며, 의료적 기준과 문화적 기준 그리고 윤리적 기준에 부합하는 죽음입니다.

각종 웰다잉을 위한 시도는 무엇보다 영화를 통해서 엿볼 수 있는데요, 특히 〈버킷리스트〉에서 두드러집니다. 〈버킷리스트〉는 죽음을 앞둔 사람이 죽음을 준비하는 과정을 다룬 이야기입니다. 이 영화가 주는 교훈과 더불어 WHO가 정의하는 좋은 죽음을 생각할 때, 웰다잉이 추구하는 목표는 여섯 가지입니다.

첫째, 임박한 죽음을 의식할 때 나타나는 통제력 상실에 대한 두려움과 같은 내적 갈등이 감소하고,

둘째, 자기 정체성에 대한 의식이 유지되며,

셋째, 삶의 과정에서 만났던 사람들과의 갈등이 해소되고 화해를 이루는 일이며,

넷째, 할 수 있는 범위에서 삶의 의미를 발견하여 후회 없는 삶을 마무리하도록 하는 것입니다.

다섯째, 환자가 만족해하는 죽음을 맞이하도록 하는 겁니다.

그리고 여섯째, 철저한 참회와 회개 그리고 신앙고백을 통해 죄 용서와 함께 부활 후 주어질 온전한 생명을 기대하도록 하는 겁니다.

특히 마지막 여섯 번째는 일반적 개념의 웰다잉과 달리 기독교적 웰다잉을 생각할 때-다른 다섯 가지와 더불어-반드시 고려해야 할 점입니다.

기독교적 웰다잉

기독교적 웰다잉은 삶의 질이나 죽음의 질을 염두에 두고 작업하는 사회복지 기관에서와는 달리 하나님 나라에 대한 이해와 죽음 이해에서 출발해야 합니다. 특히 기독교 웰다잉에서는 예수 그리스도가 죽음을 앞두고 행하시고 말씀하신 것들을 고려하는데, 예수 그리스도가 자기 죽음을 어떻게 맞이했는지에 관한 성찰을 출발점으로 삼습니다. 그렇다고 노인의 고독사나 돌연사나 인간답지 못한 죽음의 문제를 배제한다는 건 아닙니다.

기독교적 웰다잉의 출발점은 무엇보다 죽음 곧 예수 그리스도의 죽음입니다. 그래서 기독교 종말론은 기독교 신학에서 마지막이 아니라 첫 부분에 놓여야 합니다. 기독교 신앙은 원래 종말론적이어서 그 출발은 하나님 나라가 임하고 또 그 나라가 온전히 임하길 기대하는 태도와 삶입니다. 기독교 신앙은 예수 그리스도의 죽음과 부활에 뿌리를 둡니다. 그러므로 의미 있는 삶, 후회 없는 삶, 존엄한 삶을 위해 죽음을 준비하고 죽음에 관해 성찰하는 작업은 죽음 이해로부터 출발해야 합니다.

특히 예수 그리스도는 자기 죽음을 어떻게 맞이했는지 이에 관한 인식이 바탕이 될 때 우리는 죽음을 어떻게 맞이할 것인지에 대한 적합한 대답을 발견할 수 있습니다. 이 대답을 통해 일반적인 웰다잉의 한계를 넘어설 수 있습니다. 사실 그리스도인의 죽음은 온전한 생명으로 하나님이 부르시는 일이기에 죽음을 맞이하는 태도에서 비그리스도인과 절대 같을 수 없습니다. 온전한 생명을 위한 기대와 갈망은 죽음을 대하는 태도에 영향을 미칩니다.

한편, 죽은 후 남아 있는 자에게 어떤 일이 일어날지 전혀 예상할 수 없는 사실은 죽음을 아무렇지 않게 받아들이지 못하게 하는 요인 중 하나입니다. 자기를 너무나 쉽게 잊는 건 아닌지, 자기 없이 잘 살아갈 수 있을지, 그리고 마치 자기 죽음을 바라거나 했던 것처럼 전혀 다른 환경으로 급변하진 않을지 등 이런 염려하는 마음 때문에 죽음을 긍정적으로 받아들이지 못합니다. 간단하게 말해서 죽은 후 남아 있는 자들의 삶과 세상에 대한 미련에 갇혀 웰다잉을 누리지 못하는 사람들이 있습니다. 이건 믿는 자로서 죽음을 맞이하지 못하는 겁니다.

예수 그리스도는 죽음을 어떻게 맞이했는가? 이 질문에 관해 생각해 보죠. 예수 그리스도는 자기가 이 땅에 온 이유와 목적을 따라 살았습니다. 그건 엄밀히 말해서 죽기 위함이었습니다. 평생 자기 죽음을 의식하며 살았으며, 사는 동안 하나님의 뜻을 빛으로 삼았고, 유대 종교 지도자들로부터 갖은 박해를 받으며 살다가 마침내 성경이 예언한 대로 죽임을 당했습니다. 그는 처음부터 세상의 구원을 위한 하나님의 뜻을 의식하며 죽음을 대했습니다. 죽음의 위협 앞에서 하나님의 뜻에 따른 죽음을 이해한 후 그걸 자기 죽음으로 받아들인 게 아니었습니다. 처음부터 하나님의 부르심에 따르는 삶을 살면서 자기가 당할 불의한 죽음에 대해 말하고 마침내 십자가의 죽음을 맞이하였습니다. 끝까지 아버지 하나님과 동행하는 삶이었습니다. 세상에 대한 하나님의 사랑이 자기 인격과 사역을 통해 계시하길 갈망했고 또 이를 위한 소명에 따른 죽음이었습니다. 그래서 시편 21편을 인용하면서 "나의 아버지 나의 아버지 어찌하여 나를 버리셨나이까" 하나님을 철저히 신뢰하는 마음을 토로할 수 있었고 마침내 "다 이루었다" 말할 수 있었습니다. 예수 그리스도는 하나님 사랑을 세상에 보이기 위해 죽음을 수용함으로써 오히려 하나님을 예배했다고 말할 수 있는데요, 이런 의미에서 예전적 죽음이라 말할 수 있어요.

이에 근거하여 말한다면, 그리스도인의 웰다잉 곧 의미 있는, 행복한, 존엄한, 후회 없는, 좋은 죽음을 준비한다는 건 사나 죽으나 하나님의 부르심에 적합하게(합당하게) 반응하기 위해 노력하는 겁니다. 회개와 함께 그간의 삶을 하나님의 뜻과 부르심에 따른 삶의 이야기로 재구성하여 마지막 단계에서 그것의 현실을 드러내는 과정이 웰다잉입니다. 그리스도인의 여러 예배 양태 가운데 하나인 거죠.

김영봉의 장례 예배 설교집 『사람은 가도 사랑은 남는다』(IVP, 2016)를 읽으며 깊은 인상을 받은 부분이 있습니다. 고인의 이야기를 해석한 맞춤 설교에서 고인은 좋은 죽음을 맞이했음을 보여준 겁니다. 그렇다고 해서 설교자가 고인을 과대 포장한 건 절대 아닙니다. 사실과 상태를 가감 없이 말하고 있지만, 고인을 전혀 모르는 독자에게 떠오르는 모습은 좋은 죽음입니다. 고인의 삶을 성경에 근거하여 해석한 후 설교에 담아내는 설교자의 능력이 대단합니다.

웰다잉에서 'well'은 하나님의 뜻에 따른 결과에 붙이는 수식어로 이해해야 합니다. 그러니까 그리스도인에게 웰빙은 하나님의 부르심에 따라서 사는 것이고, 웰다잉은 하나님의 부르심에 따라서 살다가 죽는 것입니다. 그리스도인을 향한 하나님의 부르심은 온전한 생명 곧 영생을 얻는 데 있습니다. 건강한 자나 죽어가는 자를 향한 하나님의 부르심은 온전한 생명을 얻는 것입니다. 온전한 생명을 갈망하고 또 이에 대한 상상이 죽음에 대한 태도에 결정적인 영향을 미칩니다. 임종을 앞두고 예배하는 이유나 시신을 앞두고 혹은 입관식이나 매장하면서 우리가 예배하는 이유는요, 그리스도의 예전적 죽음에 힘입어 그리스도인의 죽음은 하나님을 나타내는 예배로 받아들여지기 때문입니다.

웰다잉을 위해 교회가 할 수 있고 반드시 해야만 하는 건 그리스도의 죽음에 관한 교육이며 이 죽음을 내면화하는 죽음 교육입니다. 죽음을 기독교 신학적으로 이해하고 부르심에 적합한 삶의 이야기 안에서 죽음을 준비하게 하며 죽은 자의 유족을 애도할 수 있도록 교육하는 겁니다. 타인의 죽음을 적합하게 말할 수 있도록 교육하는 것도 포함합니다. 천국 소망에 관한 교육 역시 없어서는 안 됩니다. 대상은 어린이부터 노년에 이르기까지 모두에게 해당합니다. 강조할 점은 일상을 남의 손에 의존해야 하는 시기나 임종의 시기가 아니라 젊을 때 시작해야 한다는 겁니다. 그러나 그 이전에 온전한 생명을 갈망하도록 하고 그걸 바탕으로 죽음 교육에서 하나님의 부르심에 따른 삶의 이야기를 재구성하도록 해야 합니다. 이 일은 일찍 시작하면 할수록 좋습니다. 죽음 교육은 대부분 자기 죽음을 준비하는 교육이지만, 가족과 타인 혹은 반려동물의 죽음에 대처하기 위한 교육이기도 합니다. 왜냐하면, 사랑하는 사람(배우자, 가족, 특히 자녀)이나 반려동물을 잃는 경우 상실의 슬픔과 아픔에 압도당할 수 있고 그래서 죽음을 적합하게 맞이하지 못할 수도 있기 때문입니다. 비탄의 과정과 애도에 관해 교육하여 미리부터 마음의 준비를 하도록 해야 합니다. 자기 죽음 후 유족이 곤란한 일을 겪지 않도록 각종 행정 문제를 처리하는 것도 필요합니다. 특히 노년을 대상으로 하는 죽음 교육은 비록 시기적으로 늦은 것이긴 하나 아무리 강조해도 지나치지 않습니다.

죽음 예비교육이든 죽음 교육이든 아니면 웰다잉이든 어떤 이름으로 불리든 죽음을 기독교 신학적으로 이해하고 준비하며 죽음을 적합하게 말하고 또 애도하기 위한 교육은 시기적으로 빠르면 빠를수록 좋은데요, 웰다잉을 위해 교회가 할 수 있는 최선입니다. 기독교 웰다잉은 사나 죽으나 하나님의 부르심에 따르게 하며 기대와 소망 가운데 그리고 감사의 마음으로 죽음을 맞이할 수 있도록 돕습니다. 어둠 가운데 빛을 보게 하고, 햇빛보다 더 밝은 빛을 볼 기회가 됩니다. 이처럼 죽음 준비교육은 예전적 죽음을 맞이하게 함으로 오히려 하나님 나라와 온전한 생명을 증언하도록 합니다.

기독교 웰다잉이 직면한 몇 가지 문제

그런데 기독교 죽음 이해로 무장했어도 현실에서는 해결하기 어려운 몇 가지 문제가 있습니다. 고독사와 돌연사 혹은 사고로 급사하는 경우, 각종 폭력에 의한 억울한 죽음이나 불의한 죽음, 무엇보다 자살이나 안락사 등이죠. 그나마 고독사는 평소에 꾸준한 돌봄을 통해 어느 정도 죽음을 준비하게 할 수는 있으나, 돌연사나 전혀 예상치 못한 상태에서 사고를 당해 갑자기 죽는 경우는 준비할 시간을 갖지 못합니다. 억울한 죽음이나 불의한 죽음도 마찬가지입니다. 억울할 뿐만 아니라 미처 준비하지 못한 채 죽음을 맞이할 가능성이 큽니다. 물론 여기에는 행정기관의 무책임(이것은 소극적인 의미의 폭력이라 볼 수 있습니다)으로 발생한 사고로 죽는 경우도 포함합니다. 어떤 죽음을 맞을지 누구도 알 수 없기에 죽음 교육은 가능한 한 일찍부터 시작해야 합니다.

기독교 웰다잉과 관련해서 도발적으로 제기되는 질문은 이렇습니다. 곁을 지켜주는 사람이 아무도 없는 상태에서 맞이하는 고독사도 온전한 생명을 위한 부르심인가? 전혀 예상치 못하고 가족과 친척과 지인에게 작별 인사나 유언도 하지 못한 채 사고나 지병으로 갑작스럽게 죽는 경우도 하나님의 부르심인가? 새벽기도를 마치고 귀가 도중에 교통사고로 죽거나 살해되는 건 어떤가? 국가 폭력에 의해 혹은 살인자에 의해 살해된 경우는? 조력 안락사를 통한 죽음도 온전한 생명을 위한 부르심인가? 치료가 불가한 상태에서 극심한 고통을 겪으면서 차라리 죽고 싶다고 외치는 사람을 위해 기독교는 대체 무엇을 할 수 있는가? 무의미한 연명치료를 중단하는 것과 관련해서 기독교는 무엇을 말할 수 있는가? 의식이 없고 또 남의 손에 일상을 맡겨야 하는 생의 마지막 순간에 있는 사람과 가족에게 무엇을 말할 수 있는가? 사회적 불의에 의한 희생자로 맞이한 죽음도 온전한 생명을 위한 부르심인가? 이런 죽음과 관련해서 기독교 웰다잉을 위해 할 수 있는 건 무엇인가?

다음 장의 주제인 애도와 애도 교육에서 자세하게 다뤄지겠지만, 결론부터 말한다면 일단 그리스도인이 어떤 죽음을 맞든 그 죽음 자체는 하나님의 부르심입니다. 믿음 안에서 죽는 사람은 어떤 죽음을 맞든지 상관하지 않고 하나님의 품에 안깁니다. 다만 이걸 말하는 일에서 세심한 주의가 필요합니다. 예컨대 장례식에 가면 자손들이 조문객을 향해 부모의 죽음이 호상이라고 말하는 경우를 종종 봅니다. 이런 경우 고인의 지인들 가운데는 부모의 죽음을 어떻게 자식이 호상이라고 스스로 말할 수 있는가 하며 따지는 분들이 있습니다. 호상이라는 말은 위로의 차원에서 하는 말이지 부모를 잃은 자식이 할 말은 아니라는 거죠. 이건 죽음을 말하는 일에서 세심한 주의를 기울이지 않은 결과입니다.

그 밖에도 언어를 사용하는 일에서도 세심한 주의가 필요합니다. 기독교 장례식에서 불교나 유교 용어를 사용하지 않도록 조심해야 합니다. 예컨대 장례식에 가면 '고인의 명복을 빕니다.'라는 말을 자주 듣습니다. 조의를 위해 보내진 화환에서 많이 볼 수 있는 문구입니다. 그러나 명복(冥福)은 불교적 세계관에 따른 표현입니다. 불교에서는 죽은 사람이 심판받는 곳을 '명부'라고 합니다. 명복을 빈다는 말은 그곳에 가서 심판받지 말고 좋은 곳으로 가도록 빈다는 것입니다. 죽은 자를 위한 기도는 종교개혁 이후 태어난 개신교의 세계관에 맞지 않습니다.

조문할 때는 고인의 죽음에 대해 어떻게 말할지를 충분히 생각하는 일이 필요합니다. 필요하다면 자문을 구해야 합니다. 죽음을 적합하게 말하는 법을 배우지 않았거나, 설령 배웠어도 아직 그럴 능력이 충분하지 않다면, 차라리 유족 앞에서 침묵하는 게 옳습니다. 고독사나 돌연사나 자살이나 타살 같은 죽음이 하나님의 부르심인지 묻는 것에 당장 대답하지 못한다고 해서 대답이 정말 없는 건 아닙니다. 다만 충분히 소통하며 대답할 언어를 미처 발견하지 못했을 뿐입니다. 침묵의 시간이 지나고 죽음을 적합하게 말하는 법을 배우고 난 후 혹은 적합하게 말할 수 있게 되는 때에는 하나님의 부르심이라고 과감하게 말할 수 있어야 합니다(이와 관련한 문제는 제4장에서 다룰 것입니다).

독거노인이 많아지고 각종 이유로 사회로부터 고립해서 사는 사람들이 증가하고 있습니다. 고독사[5]를 막기 위해 교회가 할 수 있는 일은 노인들을 정기적으로 방문하며 돌보는 일입니다. 사회복지 단체나 국가 기관에서 다양한 방법(수시로 전화 걸기, 동작감지 센서 설치하기, 우편함 확인, 수도 및 전기 계량기 작동 여부 살피기 등)을 개발하고 있으니 이걸 활용하는 것도 좋습니다. 그래도 홀로 죽음을 맞는 경우를 피할 수 없는 때를 대비해서 이들이 평소에 죽음 교육을 받아 죽음을 준비할 수 있도록 도와야 합니다. 기독교 죽음을 이해하게 해서 삶은 물론이고 죽음까지도 하나님의 부르심임을 받아들이게 하는 거죠. 평소 죽음 교육을 통해서 설령 곁에 아무도 없는 때 죽음을 맞이할 때라도 하나님의 뜻대로 죽음을 맞이했다고 믿을 수 있도록 가르쳐야 합니다. 물론 유언장과 영정 사진을 준비해 두고, 또 연명치료 여부와 장기 기증 여부 등을 가족과 공유해야 합니다. 그리고 유족을 위해 해야 할 것들이 있으면 하도록 해야 합니다.

다음에 다룰 돌연사와 사고 피해자로서 죽는 경우는 죽음 교육 자체가 가능하지 않은 상황이기에 이때는 고인을 대상으로 하는 죽음 교육이 아니라 유족을 대상으로 하는 죽음 교육 및 애도 교육이 필요합니다. 불의한 죽음이나 억울한 죽음도 마찬가지입니다. 이때 이루어지는 유족을 대상으로 하는 죽음 및 애도 교육은 사실 실효성이 낮습니다. 특별한 비탄의 과정을 겪는 유족이 상실의 슬픔에 압도된 상태이기 때문이죠. 그러니 이런 경우는 무엇보다 유족이 고인을 충분히 애도하고, 장례 및 각종 행정 절차가

---

5 복지부에 따르면 고독사는 2017년 2,412건에서 2021년 3,378건으로 늘어났는데 이는 연평균 8.8% 증가한 것이다. 2021년에는 국내 전체 사망자 31만 7,680명 중 고독사가 차지하는 비율이 1.1%에 달했다. 국민 100명 중 1명은 쓸쓸한 죽음을 맞고 있는 셈이다.

원활하게 치러질 수 있도록 돕는 게 우선입니다.[6] 건강한 일상이 가능하도록 도우며 유족과 함께 있어 주어야 합니다. 특히 돌연사와 사고사 그리고 불의한 죽음이나 억울한 죽음의 경우 너무 섣불리 하나님의 뜻을 운운하면 오히려 반발하고 거부하는 등의 부작용이 생깁니다. 우리는 국내에서 일어난 각종 참사 피해자를 대하는 교회의 태도에서 이런 부작용을 가슴 아프게 경험했습니다. 섣불리 하나님의 뜻을 말하는 설교를 유족이 받아들이지 못해 교회를 떠난 사례도 있었지요. 먼저는 깊은 애도의 마음으로 유족과 함께하면서 유족의 슬픔을 공감해야 합니다. 기회를 기다리다 보면 죽음의 의미를 설명할 때가 올 텐데, 혹시라도 나중에 고인의 죽음이 갖는 의미를 물어올 때 그때 설명해도 늦지 않습니다.

이런 일이 발생하지 않기 위해서 교회는 평소에 죽음 교육을 통해 돌연사와 사고 참사에 관해 성찰할 기회를 주는 것이 좋습니다. 그러니까 평상시 죽음 교육을 통해 죽음을 기독교 신학적으로 이해하도록 하고, 가족과 친지의 죽음이 비록 돌연사와 사고 참사 혹은 불의한 죽음과 억울한 죽음이라 해도 결국에는 하나님의 뜻에 따른 것임을 수용하도록 돕는 겁니다.

강조하는 의미에서 반복하면, 돌연사(사고사를 포함)의 경우엔 준비되지 못한 죽음을 맞이한 유족이 겪는 충격을 완화하는 방법을 모색하는 것이 우선입니다. 고인과 유족의 관계와 고인의 삶을 돌아보게 하면서 유족에게 충분한 애도의 시간을 주어야 합니다. 돌연사란 대상과 시기가 특정되지 않은 죽음이기에 만약의 사태를 대비하여 평소에 죽음 교육을 시행해야 합

---

6 비탄의 과정을 겪는 유족을 이해하기 위해 알폰스 데켄의 12가지 단계는 큰 도움이 된다. 『죽음을 어떻게 맞이할 것인가』, 앞의 같은 책, 12~39. 그가 제시하는 12가지 단계는 정신적인 타격과 마비 상태, 부인, 패닉, 부당함에 대한 분노, 적의와 원망, 죄의식, 공상과 환상, 고독감과 억울함, 정신적 혼란과 무관심, 체념과 수용, 새로운 희망, 회복의 단계 등이다.

니다. 물론 유언을 미리 작성해 두거나 영정 사진을 준비해 두는 것, 그리고 연명치료 여부와 장기기증 여부를 가족과 공유하는 건 가장 많이 사용되는 방법입니다.

사고 피해자 혹은 묻지마 살인에 의한 피해자의 죽음 역시 준비되지 못한 죽음이긴 하나 무엇보다 억울하게 죽은 피해자의 유족이라는 관점에서 볼 때 단순 돌연사와 비교할 수 없는 큰 충격을 안겨주는 죽음입니다. 이 경우도 애도와 위로가 우선이며 유족을 대상으로 죽음 교육을 서두를 필요는 없습니다. 만일 죽음 교육의 기회가 주어진다면 심리적 트라우마 치유 과정은 반드시 포함해야 합니다. 이런 경우와 관련해서도 평소에 이뤄지는 죽음 교육을 통해 어느 정도 마음이 준비되어 있도록 하는 것이 좋습니다. 예컨대 죽음 교육에서 가족 혹은 사랑하는 사람이 사고 피해자인 경우를 가정해서 생각해 보도록 하는 거죠.

〈미 비포 유〉(티아 샤록, 로맨스, 12세, 2015)

시골 마을에서 카페 점원으로 일하는 루이자는 폐업하는 바람에 졸지에 실직자가 된다. 그녀는 자신을 돌아볼 여유도 없고, 또 그럴 필요를 전혀 느끼지 못하게 하는 환경에서 살고 있다. 그녀는 주변 환경과 자신의 관계를 돌아보지 않고 오직 가족의 생계를 부양하기 위해 꿈도 포기한 채 살아야만 했다. 그녀는 어떻게든 사람들의 관심을 받아 취직해야 했고, 그녀의 원색 패션은 그녀의 마음과 형편을 잘 표현해준다. 이에 비해 윌은 마을의 부호 아들이며 교통사고 후유증으로 사지가 마비되어 더 이상 회복할 가능성이 없는 상태로 살고 있다. 오히려 나빠질 가능성만 있을 뿐이다. 무엇이든 할 수 있는 능력이 있었지만, 사고 후에는 그것을 모두 상실했다. 깊은 좌절감으로 죽기를 시도했지만 거듭 실패했다. 존엄사를 요구하는 윌에게 부모님은 6개월의 시간을 두고 생각해 보자고 한다. 그동안 설득해 보자는 심사였다. 루이자는 6개월 동안의 시간을 두고 간병인으로 고용된다.

루이자가 자신의 고용 기간인 6개월의 의미를 처음부터 알았던 것은 아니다. 간병하는 중에 우연히 알게 되었는데, 이 일 때문에 루이자는 마음에 큰 부담을 느껴 일을 포기할 생각을 한다. 그러나 동생의 권고를 받아들여 버킷리스트를 작성해 윌과 가장 아름다운 순간을 경험할 계획을 세운다. 혹시라도 윌의 결심을 바꿀 기대를 하고 그것을 실행에 옮기는데, 이 과정에서 루이자와 윌은 서로를 깊이 의지하게 된다. 마음이 순수한 여인을 얻고 또 그녀와 함께 아름다운 시간을 보내면서 혹시 윌의 마음은 바뀌지 않을까? 윌의 부모는 물론이고 그의 주변에 있는 모든 사람들 그리고 관객들 역시 기대하는 바이다.

그러나 윌에게서 그런 변화는 일어나지 않는다. 윌에게 아침에 눈을 뜰 이유를 만들어 준 그녀도 또 그녀와 함께하는 삶의 아름다움도 그의 결심을 돌이킬 수는 없었다. 윌은 대체 무엇을 두려워하여 미래를 포기하려는 것일까? 루이자는 윌의 이런 결심 때문에 오히려 자괴감에 빠진다. 그녀가 마땅히 해야 할 일들 가운데 놓쳤던 것은 무엇이었을까? 무엇이 부족해서 윌의 마음을 돌이킬 수 없었던 것일까? 루이자는 자책감으로 괴로워한다.

〈미 비포 유〉는 다만 삶의 가능성을 실현하며 사는 것이 중요함을 보여준다. 산다는 것은 우리에게 주어진 가능성을 기회가 주어지는 대로 펼쳐나가는 것이라는 메시지를 던진다. 만일 이것이 비장애인의 시각으로 조명되었다면 장애인들에게 불쾌할 수 있지만, 오히려 장애인의 시각으로 조명되기에 윌이 비록 육체적인 한계는 극복하지 못한다 해도 마음의 한계는 극복했다는 인상을 받는다. 루이자가 원색의 패션을 벗어버릴 수 있었던 것도 윌을 통해 삶의 새로운 가능성을 발견하게 되면서부터다.

이런 관점에서 윌의 장애는 가능성이 좌절된 삶을 말할 뿐만 아니라 또한 반대로 루이자의 삶에서 감춰져 있는 가능성을 보여주는 것이고, 루이자는 윌과의 관계에서 가능성의 실현을 향한 노력이 얼마나 중요한지를 깨달은 것이다. 결국, 영화는 윌의 장애를 통해 루이자의 삶이 회복되는 것을 겨냥하고 있고, 윌은 루이자와의 관계에서 자신의 장애를 단순한 장애가 아니라 루이자의 가능성을 현실로 옮길 수 있는 디딤돌로 삼을 수 있게 된다.

안락사의 경우는 치료가 어려운 상태에서 극심한 고통을 겪는 사람이 흔히 떠올리는 죽음의 형태입니다. 물론 안락사에 고통의 문제만 있는 건 아닙니다. 경제적인 문제나 다른 문제도 작용합니다. 영화 〈씨 인사이드〉와 〈밀리언 달러 베이비〉와 〈미 비포 유〉는 안락사 문제를 주제로 다루었습니다. 안락사는 타인의 조력을 받아 죽음에 이르는 것인데, 육체적·심리적·정신적 고통을 피하려 안락사를 선택하는 경우가 많고, 장기의 원활한 기증을 위해서도 선택됩니다. 의료 기계에 의존하거나 남의 손에 의존하며 살아야 하는 비인간적인 의료행위를 받는 상태에서 인간의 존엄을 지키려는 방법으로 선택하기도 합니다. 그러나 법적으로 안락사를 묵인한 스위스 같은 국가가 아닌 한 모든 안락사는 불법입니다.

한편, 안락사를 선택하는 사람을 위한 죽음 교육은 어울리지 않는 조합으로 보입니다. 마치 자살하려는 자에게 죽음을 준비하는 교육을 하는 모양새이기 때문이죠. 죽음 교육이 없었기에 안락사를 선택했다고 볼 수 있으나 항상 그런 건 아닙니다. 그래도 얼마 안 되는 가능성을 위해서라도 죽음 교육은 안락사 결정 전에 행해졌어야 했습니다. 안락사를 다룬 영화들이 많은 현실에서 영화 감상 후 토의 시간을 가지는 것만으로도 교육의 효과를 볼 수 있습니다. 만일 이미 결정했다면, 안락사를 결정한 사람을 위해 죽음의 기독교적 이해를 위한 교육은 물론이고 그들을 대하는 사람들-유족과 친지와 주변인-을 대상으로 하는 죽음 교육이 필요합니다. 안락사를 신학적으로 이해하고 또 안락사를 선택한 사람을 공감적으로 이해하는 교육을 말합니다. 안락사를 이해하기 위한 것일 뿐 정당화하기 위한 교육은 절대 아닙니다.

안락사와 관련해서 특별히 조심할 점이 있는데요, 안락사를 선택하는 사람들이 그들이 겪는 극심한 고통 외에 사람들에게 사랑받지 못했거나 위로받지 못했기 때문이라고 생각하지 않아야 한다는 겁니다. 이건 큰 오해이고 안락사를 선택한 사람의 죽음에 관해 적합하지 않게 말하는 한 사례입니다. 영화 〈씨 인사이드〉나 〈밀리언 달러 베이비〉 그리고 〈미 비포 유〉에서 볼 수 있듯이, 오히려 인간 존엄을 지키고, 인간의 자유를 실행하는 한 방법으로 안락사가 행해지기도 합니다.

한편, 조력 안락사는 모양으로는 자살과 같은데, 이런 경우도 온전한 생명을 위한 하나님의 부르심인가요? 안락사를 자살로 볼 것인지 그렇지 않을 것인지에 따라 대답이 달라지겠으나 대체로 자살은 더는 생의 의지를 붙잡을 힘이 상실된 상태에서 이루어집니다. 주체적인 선택으로 보이지만 실은 이미 심리적으로나 정신적으로 자기가 아닌 무엇에 의해 압도된 상태에서 인격적 능력이 상실한 상태이기에 자살인지 그렇지 않은지 판단하기 쉽지 않습니다. 종교적 이유를 내세워 자살을 비난해서는 안 됩니다. 자살을 하나님의 부르심이다 혹은 그렇지 않다 단언하기 어렵다는 말이죠. 그러니 자살한 그리스도인은 하나님의 돌봄에서 벗어났다고 단언할 수 없습니다. 우리는 알지 못해도 하나님은 아시는 일입니다. 함부로 판단할 일이 아니라는 말입니다. 우리가 할 수 있는 건 무의미한 연명치료를 중단하되 마지막 생을 다하기까지 인내하도록 돕는 일이며, 안락사를 원하는 자가 죽음의 기독교 신학적 의미를 이해하고 온전한 생명을 위해 부르시는 하나님의 뜻을 증언하는 죽음을 맞이하도록 돕는 일에 최선의 노력을 기울이는 겁니다. 이런 노력 덕분에 안락사를 포기하면 다행이지만, 설령 그렇지 못했어도 안락사의 죽음을 함부로 판단하는 일은 없어야 합니다.

일상 특히 배설물 처리를 스스로 해결하지 못하는 사람 가운데는 의식이 뚜렷한 사람이 있고 그렇지 못한 사람이 있습니다. 의식이 뚜렷한 사람의 경우는 자존감이 크게 떨어지게 하는 일입니다. 자존감이 강한 사람은 이런 경우 대개 안락사 내지는 자살을 원합니다. 설령 산다고 해도 죽지 못해 어쩔 수 없이 살 뿐이라는 생각을 하게 됩니다. 삶의 질이 현저하게 떨어짐으로써 절망하게 되는 거죠. 이럴 때 죽음 교육은 당사자 본인을 위해서뿐만 아니라 환자를 돌보는 사람에게도 꼭 필요합니다. 비록 쉽지는 않아도 환자를 인격적으로 대하는 태도가 필요합니다.

제4장

애도(비탄)와 애도 교육

애도를 단순한 상담이 아니라 기독교 신학의 주제로 다루는 이유가 있다. 삶과 죽음은 하나님의 손안에 있기에 그렇다. 애도는 죽음을 경험한 사람에게 일어나는 일이기에 어떻게 애도하느냐 하는 건 죽음에 어떻게 반응하느냐 하는 것이고, 죽음에 어떻게 반응하느냐 하는 건 하나님에 대한 반응에 버금간다. 죽음을 아무것도 아닌 것처럼 대하지 않아야 하듯이 죽음을 경험한 사람의 애도 역시 소중하게 다루어야 할 이유이다.

단지 고인의 상실 때문만이 아니라 하나님에 대한 반응이기도 하기에 애도는 그리스도인에게 예배일 수 있고 그렇지 않을 수도 있다. 어떻게 애도하느냐에 좌우한다. 비록 애도는 사별한 사람이 겪는 과정이라도 죽음을 다스리시는 하나님에 대한 반응이기에 분명 그리스도인에게는 예배의 한 방식이다. 상실로 말미암아 슬퍼하면서도 하나님의 부름을 받고 나아가 하나님을 찬양하며 하나님의 약속을 기대하는 시간이다. 하나님의 아픔과 슬픔을 배우고 또 하나님을 신뢰하길 배우는 시간이다. 그러므로 적절한 애도는 자신은 물론이고 주변에 있는 사람들을 예배의 자리로 초대한다.

성령의 영역에서는
사는 일과 돌보는 일이 하나입니다.
(헨리 나우웬, 『죽음, 가장 큰 선물』)

애도란?

• 애도는 죽음을 다스리시는
하나님에 대한 반응

사랑하는 사람이나 깊은 정이 든 사람이나 의미 있는 대상을 잃었을 때
어떤 일이 일어납니까?

대답은 상실의 원인이 무엇이고 또 대상과 어떠한 관계에 있었느냐에
따라 달라질 것입니다. 개인의 특성에 따라서나 성별에 따라서도 다르고
지역 문화 전통에 따라서도 달라집니다.

오랫동안 진행된 병환의 결과라서 상실을 자연스럽게 받아들이는 사람
이 있습니다. 이에 비해 슬퍼하는 사람, 분노하는 사람, 원망하는 사람, 후
회하거나 죄책감에 괴로워하는 사람도 있습니다. 때로는 상실의 충격이 너
무 커 마치 실어증에 걸린 것처럼 아무 감정 표현도 하지 않고 장례 기간

내내 슬픈 침묵으로 일관하는 사람도 있습니다. 형편과 사람에 따라 다르겠습니다만, 상실 경험은 한마디로 표현하기 어려운 복합 감정입니다. 기억할 사실은 예수님도 나사로가 죽었을 때 애도하신 겁니다. 괜찮을 거라고 말하지 않으셨고, 다시 살아날 테니 울지 말라고 말하지 않았습니다. 깊은 애도의 눈물을 흘리셨습니다.

이처럼 상실을 겪을 때 나타나는 감정과 반응을 애도(비탄)라 합니다. 사랑의 관계, 정으로 맺어진 관계, 의미 있는 관계가 끊어졌을 때, 혹은 그것을 충분히 예상할 수 있는 때 애도(예기 애도)는 시작합니다. 애도는 일반적으로 죽음에 대한 반응이라 말할 수 있지만 때로는 소중한 물건이나 간직하고 싶은 기억을 잃은 경우를 포함합니다.

애도는 시작은 있고 그 원인은 알아도 애도자에게 그 끝은 전혀 알려지지 않는 신비로운 과정입니다. 이 무지가 애도자를 불안하게 하고 두렵게 합니다. 그 끝에 무엇이 있을지 모르기 때문입니다. 그러나 이것이 오로지 애도자에게만 열리는 신비의 세계로 이끌기도 합니다. 사별 후 삶은 결단코 이전과 같은 것일 수 없다는 건 분명합니다.

프랑스 기호학자 롤랑 바르트(Roland Barthes)는 어머니를 잃고 보내는 애도 기간에 겪은 일들을 일기 형태로 적어나갔습니다(『애도 일기』, 걷는나무, 2012). 이 글의 편집자에 의해 소개되고 있습니다만, 그의 애도 기간을 지나는 동안 얻은 깨달음은 여러 저술의 밑바탕이 되었습니다. 그는 자기 애도를 "변덕스러운 특성"(1977.11.26.) "(어떤 빛 같은 것이) 꺼져 있는 상태"(1977.12.8.)라 말했는데, 친구에게 자기 "슬픔이 얼마나 혼란스러운 것인지, 종잡을 수 없는 것인지에 대하여"(1977.11.29.) 설명해야 했다고 말합니다. 애도 감정이 얼마나 복합적인지 또 얼마나 통제하기 어려운지 짐작할 수 있습니다. 감정 통제 기술에 능숙하다고 해서 쉽게 해결될 문제가 아닙니다. 장례를 마치고 2년이 지난 후에도 그는 "슬프기만 한 수많은 아침"(1979.9.15.)을 맞는다고 했습니다. 그러나 애도 기간의 일기가 저술로 이어졌다는 사실은 어머니의 상실이라는 특별한 경험에서 그는 무엇으로도 얻을 수 없는 걸 얻었음을 알려줍니다.

애도를 단순한 상담이 아니라 기독교 신학의 주제로 다루는 이유가 있습니다. 삶과 죽음은 하나님의 손안에 있기에 그렇습니다. 애도는 죽음을 경험한 사람에게 일어나는 일이기에 어떻게 애도하느냐 하는 건 죽음에 어떻게 반응하느냐 하는 것이고, 죽음에 어떻게 반응하느냐 하는 건 하나님에 대한 반응에 버금갑니다. 죽음을 아무것도 아닌 것처럼 대하지 않아야 하듯이 애도 역시 소중하게 다루어야 할 이유입니다.

애도는 단지 고인의 상실로 비탄에 잠기는 것만이 아니라 하나님에 대한 반응이기도 하기에 그리스도인에게는 그 자체가 예배일 수 있고 그렇지 않을 수도 있습니다. 어떻게 애도하느냐에 좌우합니다. 잘못된 애도가 있고 적절한 애도가 있다는 말이죠.

예컨대 애도의 대상과 관련해서 예수님은 한편으로 마리아와 마르다의 오빠인 나사로가 죽었을 때 주변 사람들과 유족인 두 자매가 애도하는 걸 보시고 비통히 여기시고 불쌍히 여기셨으면서도(요 11:33) 나사로의 무덤 앞에서는 우셨습니다. 다른 한편으로 예루살렘 여인들이 골고다로 가시는 예수님을 따라오며 자기로 인해 우는 것을 보시고 나를 위해 울지 말고 너희와 너희 자녀를 위하여 울라고 하셨습니다(눅 23:28). 두 경우 모두 잘못된 애도를 지적하고 있습니다.

애도와 관련해서 왜 이런 말씀을 하셨을까요? 나사로의 죽음으로 인해 예수님이 우신 것에 대해 사람들은 그가 나사로를 사랑하셨기 때문이라 말했지만, 사실은 예수님이 그의 죽음을 애도했다고 볼 수 없습니다. 왜냐하면, 예수님은 앞서 나사로가 죽었다는 부고를 들었을 때 그가 죽지 않고 잠자는 것이라고 말씀하셨기 때문입니다. 사람들의 애도를 보시고 우시되 비통해하신 건 한편으로는 죽지 않고 잔다고 하신 예수님의 말씀을 믿지 않았기 때문입니다. 말씀에 대한 믿음이 없고 약속에 대한 소망이 없는 애도는 오히려 예수님을 슬프게 하는 일입니다. 다른 한편으로는 마리아와 마르다의 슬픔에 공감하셨기 때문에 우셨습니다.

그리고 예루살렘 여인들의 애도에 대해선, 이어지는 구절에서 볼 수 있듯이, 예루살렘이 장차 겪을 고난을 염두에 두신 겁니다. 그러나 보다 더 중요한 이유는 다른 데 있습니다. 애도는 상실을 전제한 일인데요, 예수님의 십자가는 상실이 아니라 오히려 구원이기 때문입니다. 오히려 장차 임할 환난으로 인해 믿음을 잃어 구원에서 배제당하지는 않을까 염려하라는 말이지요. 진정한 애도가 무엇인지 암시하는 말씀입니다. 죽음을 애도하는 것이 하나님에 대한 반응이 아니라 단지 슬픔의 표현에 불과할 때 예수님은 그 애도를 민망히 여기시고 비통해하십니다.

이처럼 비록 애도는 사별한 사람이 겪는 과정이라도 죽음을 다스리시는 하나님에 대한 반응이기에 분명 그리스도인에게는 예배의 한 방식입니다. 올바른 애도는 하나님을 예배하는 일입니다. 상실로 말미암아 슬퍼하면서도 하나님의 부름을 받고 나아가 생명의 하나님을 찬양하며 하나님의 위로와 부활 약속을 기대하는 시간이죠. 하나님의 아픔과 슬픔을 배우고 또 삶과 죽음의 주님이신 하나님을 신뢰하길 배우는 시간입니다. 그러므로 적절한 애도는 자신은 물론이고 주변에 있는 사람들을 예배의 자리로 초대합니다.

　자식을 잃은 권사님 한 분을 소개하고자 합니다. 그분은 두 아들이 있었는데, 그 가운데 둘째를 교통사고로 잃었습니다. 슬픔이 너무 클 것으로 예상해서 맘을 단단히 먹고 조문하러 갔습니다. 그런데 권사님의 표정은 전혀 예상 밖이었습니다. 기뻐했다고 말할 수는 없지만, 권사님의 얼굴에선 아들을 잃은 엄마의 모습이 아니었습니다. 조문객을 맞이하며 한 분 한 분 손을 잡고 감사 인사를 하는 모습이 너무 평안해 보였습니다. 오히려 조문객이 이상하게 느껴졌을 정도였습니다. 충격을 받아 실성하신 건 아닌지 의문이 들기도 했죠. 발인예배며 하관 예배를 집례하는 자로서 오히려 맘이 편했고, 함께 참석한 성도들 역시 편안한 마음으로 예배할 수 있었다고 합니다. 장례식 절차를 모두 마칠 때까지 그런 모습은 유지되었습니다. 장례식을 마친 후 얼마 지나서 권사님을 찾아뵙고 장례식에서 받은 인상에 대해 조심스레 여쭈었습니다. 그랬더니 이렇게 말씀하셨습니다. "슬픔은 크지요. 누구보다 더 아낀 막내였으니까요. 그런데 천국 소망이 있으니까요. 아들도 예수님을 잘 믿었으니 얼마나 안심되는지 몰라요. 이제 곧 천국에서 만날 텐데요. 천국 간 사람 붙들고 슬퍼하면 뭐하겠어요. 물론 상실의 고통은 오래 떠안고 가야 하겠지만, 장례식에서만큼은 편안하게 보내주었으면 했어요. 조문하시는 분들에게 조금이나마 천국 소망을 보여주고 싶었습니다."

애도는 상처와 슬픔과 고통을 겪는 일입니다. 한편으로는 근접거리에서 죽음을 경험함으로써 삶의 의미를 심화하고 애도자에게 색다른 삶의 차원을 열어주지만, 다른 한편으로는 우울증과 무력감 같은 부정적 정서에 사로잡혀 삶이 무너지기도 합니다. 대표적인 게 자살입니다. 죽은 이가 산 자의 마음에서 떠나지 않고 계속 주변을 맴돌 수는 있습니다. 치료보다는 동반하기(companioning)를 애도의 기본 태도로 주장하는 알렌 울펠트(Allan D. Wolfelt)는 "존재의 관계에서 기억의 관계로의 전환은 자연스러운 일"(『애도의 여정에 동반하기』, kmc. 2021. 17)이라고 했습니다. 그러나 일상은 물론이고 인격을 해쳐 자기 파괴적인 충동이 나타난다면 그건 잘못된 애도의 결과입니다.

애도의 핵심은 망자의 죽음을 인정하고 그 현실을 받아들이는 겁니다. 이를 위해 사별자가 입관 과정에 참여하는 것이며, 고인을 화장하여 재를 뿌리거나 매장하는 과정에서 꽃이나 흙을 관 위에 뿌리는 겁니다. 사별자에게 죽음을 확인케 하는 절차입니다. 애도 과정을 거치면서 산 자는 죽은 자와 거리를 둘 수 있어야 합니다. 그러나 누구도 애도 기간을 한정할 수 없습니다. 다만 애도자의 슬픔이 너무 지나치면 나중에는 위로를 느끼기보다는 오히려 죄의식이 듭니다. 마치 연쇄적으로 일어나는 핵폭발처럼 그렇게 애도 반응이 한번 시작한 후 계속 삶 곳곳에서 시도 때도 없이 일어나면 애도는 삶의 독소로 작용해 삶을 파괴할 수 있습니다. 상실을 겪기 전 죽음교육 과정에서 애도의 의미를 제대로 알고 학습하는 것이 꼭 필요한 이유입니다. 여기에 더해 그리스도인의 애도는 천국 소망을 새롭게 다지는 기회가 되어야 합니다.

- 사별 후 삶은 애도와 작별하지 않고
  함께 갈 때 건강합니다

애도는 하나님에 대한 반응으로서 모든 의미 있는 상실에 대한 반응이라 했습니다. 정신의학에서는 애도를 마음의 평정을 회복하는 정신 과정으로 이해하는데요, 이건 상실에 대한 반응으로 사람이 슬퍼하는 것이 지극히 정상적인 과정임을 전제하고 내린 정의입니다.

또한, 이 말에는, 애도는 회복을 겨냥한다는 뜻이 있습니다. 마냥 애도에만 머물 수 없고 정상 상태로 다시 돌아와야 한다는 겁니다. 사실 회복이 없는 애도는 비정상입니다. 그래서 애도의 진정한 의미는 죽음을 인정하고 상실의 고통과 슬픔을 극복하는 과정입니다. 일상을 되찾고 기대감을 품고 미래를 향해 살아갈 수 있는 상태에까지 이르는 과정입니다. 사람에 따라 애도의 양태와 기간이 다를 수는 있어도 회복의 시기가 없어서는 안 됩니다.

그런데 회복의 의미가 더는 애도하지 않게 된다는 건 아닙니다. 사별자의 애도가 오래가서는 안 된다는 생각에서 조속한 회복을 강요하는 사회적 분위기가 있습니다.

"장례를 마친 지가 언젠데 아직도…?"

"이제는 회복할 때가 안 되었느냐?"

"앞으로 살날을 생각해야지…"

"산 자는 살아야지…"

"바쁘게 지내봐, 잊을 수 있을 거야"

이런 말로 사별자에게 애도 종결을 기대하고 강요합니다. 특히 애도를 비정상 상태로 대할 때 이런 일이 종종 발생합니다.

이건 사별자가 직면한 애도 문제를 근본적으로 해결하는 게 아니라 겉이 멀쩡해 보이도록 포장하는 것일 뿐입니다. 외부의 요구에 따라 애도가 중도에 중단되면 미해결된 애도가 되어 나중에 육체적 정신적 질병으로 이어질 수 있습니다. 진화론을 주장한 찰스 다윈은 스트레스 관련 질병으로 죽었다고 하는데요, 다윈의 전기를 연구한 존 볼비는 이를 두고 어릴 때 죽은 엄마에 대한 억압된 애도 때문이라고 말했습니다. 성급히 일상의 회복을 기대하다가 비정상적인 파국을 맞이할 수 있습니다. 애도 후 일상이 속히 회복한다면 가장 좋은 일이겠지만, 그렇다고 해서 조속한 회복을 강요해 미해결된 애도가 되도록 해서는 절대 안 됩니다.

그런데요, 사별자의 건강한 삶은 엄밀히 말해서 애도를 마칠 때만 오는 게 아닙니다. 애도는 정해진 기간이 없습니다. 사별자에게 건강한 삶은 고인이 없는 환경에 적응하여 애도와 함께하는 길을 갈 때 찾아오고, 또 이렇게 되면 자연스럽게 새로운 삶의 국면을 맞이합니다.

따라서 사별자가 기뻐하고 행복해하는 때에 갑자기 돌변해 애도한다 해도, 혹은 그 반대로 애도 반응 중에 기쁨과 행복을 표현해도 이것에 대해 주변 사람들은 낯설어하지 않아야 합니다. 그것은 정상이기 때문입니다. 자식을 잃은 부모가 얼마 안 있어 다른 아이를 가지는 경우 종종 사람들의 눈총을 받습니다. 배우자를 잃은 사람이 얼마 있지 않아 다른 사람과 사랑에 빠지게 되면 또한 눈총을 받습니다. 자살 사별자가 생기 있는 삶을 살면 눈총을 받습니다. 어떻게 그럴 수 있느냐며 심지어 비난하기까지 합니다. 이런 일이 종종 일어나고 이건 사별자를 슬픔의 도가니 안으로 던지는 일입니다.

흔히 사별자는 애써 충분한 애도 기간을 가지는 걸 당연하게 생각하는데, 이것이 사별자를 심리적으로 정신적으로 억압합니다. 이건 애도의 바람직한 태도가 아닙니다. 애도 당사자는 주변 사람이 아니라 사별자 본인입니다. 사별자 본인이 통제하고 판단하고 행동해야 합니다. 이런 점에서 사별자의 건강한 삶이 우선입니다. 사별자의 건강한 삶은 애도와 완전한 작별을 통해서가 아니라-물론 그럴 수도 있지만-애도와 함께 가는 길에서 만나게됩니다. 애도는 생각보다 훨씬 긴 호흡이 필요한 일입니다.

• 다양한 애도 반응

오랫동안 준비되었을 경우 상실의 고통이 그다지 크지 않을 수 있으나자식이 죽은 경우, 가족의 연이은 죽음, 자살, 그리고 갑작스럽게 죽음을 맞이한 경우는 상상을 초월합니다. 심한 경우 충격을 이기지 못한 사람이 고인의 장례를 치른 후 얼마 지나지 않아 잇따라 사망하기도 합니다. 가족 가운데서도 고인과 함께 지낸 사람보다는 오히려 고인과 멀리 떨어져 지내던사람들이 더 슬퍼하는 걸 종종 볼 수 있습니다. 사정을 아는 사람은 혀를찰 일이어도 그것도 다 이유가 있습니다. 왜냐하면, 평소에 고인을 지척에서 모시지 않은 그들에게는 고인의 죽음이 더 갑작스럽다고 느껴질 수밖에없기 때문입니다.

애도는 대체로 사람의 죽음을 슬퍼하는 것으로 나타나고 있으나 엄밀히말해서 애도는 정서적 반응에만 국한하지 않습니다. 워든(J William Worden)은 1991년에 나온 책(Grief Counseling and Grief Therapy, New York: Springer)에서 애도 반응을 네 가지로 나누었는데요, 정서적(슬픔, 죄책감, 우울, 외로움, 충격, 분노등), 신체적(가슴이 두근거림, 무감각함, 어지러움, 소화불량, 통증, 면역력 저하 등), 인지적(죽음에 대한 반복된 생각, 죽음을 부인, 비현실적 감각, 집중력 저하, 낮은 자존감 등), 그리고 행동적(지나치게 일에 몰두, 지나친 주변 경계, 잦은 한숨, 자기관리 소홀, 파괴적 행동 등) 반응입니다. 반응이 대체로 부정적입니다. 그래서 애도는 정상적인 반응이라도 정신 건강을 위해 언젠가는 회복해야 할 상태로 여겨지는 겁니다. 이 상태는 저절로 다가오는 게 아니기에 주변 사람들 특히 비슷한 경험을 한 사람들이 모여 대화를 나눔으로써 고통을 분담하는 노력을 해야 합니다. 사별자의 애도를 공감하며 이해하기 위해서는 애도 반응의 네 가지를 포함해서 다양성을 숙지해야 합니다.

한편, 애도는 남들에게는 아무 일도 아닌 것 같고, 심지어 부정적인 정서라서 주위 사람들이 불편을 느낄 수 있습니다. 그렇다고 해서 애도 반응을 보이는 사람을 보고 이해하지 못하겠다는 듯이 말하는 건 삼가야 합니다. 애도는 애도자의 몫이기 때문입니다. 애도 반응은 비록 부정적 정서로 가득하다 해도 그건 애도를 어떻게 대하느냐에 따라 달라집니다. 애도 반응이 품고 있는 부정적 에너지를 긍정적으로 승화하는 것이 해결의 핵심은 아니라도 애도 기간을 거치면서 애도자는 삶을 대하는 태도가 바뀔 수 있습니다. 애도는 새로운 삶을 위한 에너지가 될 수 있습니다. 따라서 애도 교육은 죽음 교육과 더불어 반드시 행해져야 합니다.

애도에서 문제는 사람은 이럴 때 반드시 이렇게 애도해야 한다고 말할 수 없다는 겁니다. 정형화된 애도 방식이 있지 않습니다. 사망 직후 장례를 치르면서도 슬픔을 못 느끼다가 며칠 지난 후에야 비로소 복받치는 슬픔을 경험하는 사별자도 있습니다. 사실 애도 문화는 나라와 지역마다 달라서 일정한 패턴을 보이는 건 사실입니다. 그리고 최근에는 장례식 절차라는 게 있어서 애도가 정형화하는 경향이 있습니다. 그러나 애도는 철저히 주관적입니다. 사별자의 형편과 처지에 따라, 종교에 따라, 사람의 성향에 따라, 성별과 나이에 따라, 그리고 애도의 대상과 어떠한 관계였는가에 따라 달라집니다.

어려서 초상집에 가면 상복을 입은 나이 든 여성이 조문객을 맞이할 때는 큰소리로 곡하면서, 사람들이 돌아가면 마치 아무 일도 없었다는 듯이 지내는 걸 보곤 이상하게 생각했습니다. 그런 일을 몇 번 경험하면서 그것이 한국의 애도 문화의 하나임을 알게 되었습니다. 같은 아시아라도 일본이나 동남아시아에는 곡하는 경우를 보기 어렵고 서구 유럽에서는 특히 그렇습니다. 중동에서는 머리에 흙과 재를 뿌리며 옷을 찢는 등의 모습을 보이며 애도합니다. 애도의 방식은 나라별로 다르지만 한 나라 안에서도 종교와 지역별로 다르고 심지어 같은 문화권에 있어도 집안마다 다르다고 말할 수 있습니다. 그러니 아무리 기독교 장례라 해도 고인은 이제 이생의 고생을 끝내고 하나님 곁에서 안식할 것이라고 말하면서 유족에게 기뻐하라고 말할 수 없습니다. 앞에서 언급한 권사님과 유사한 경우를 들면서 천국 소망을 강요할 수 없습니다. 그건 자발적이어야 합니다.

이처럼 획일적으로 이렇다고 말할 수 없다는 사실, 이것이 유족 앞에서 애도를 표현하는 걸 어렵게 만드는 요인입니다. 그래서 가장 흔한 애도 표현은 어떻게 무슨 말을 해야 할지 모르겠다는 거죠. 조문할 때 적절한 위로의 말을 발견하지 못했다면, 특히 그동안 유족과 만남이 없었다면, 간단하게 자신이 고인과 어떤 관계를 맺고 지낸 사람인지를 상주에게 알려주는 것이 좋습니다.

어린 자녀를 잃은 부모의 슬픔, 조기에 사망한 부모를 둔 자녀의 마음, 사랑하는 배우자를 먼저 보낸 남편 혹은 아내의 마음, 억울하게 죽어야 했던 사람에게 향한 사회적인 따가운 시선을 오롯이 받아야 하는 유족, 그리고 오해와 편견을 받을 수밖에 없는 자살 사별자(자살한 고인의 가족, '자살 생존자'라고도 한다)들의 당황스러움과 고통과 죄책감과 슬픔, 갑작스러운 죽음으로 고인과 작별 인사도 하지 못했을 뿐만 아니라 아무 준비도 없이 장례를 치러야 하는 유족 등. 만일 직접 겪어보았다면 어느 정도 공감할 수 있겠습니다만, 아무리 그렇다 해도 한계가 있는 게 애도입니다. 그러니 사례별로 애도를 위한 교육이 필요합니다. 적극적이고 세심한 돌봄이 필요한 일이 애도입니다.

애도가 절망적인 건 그 끝을 도무지 가늠할 수 없다는 겁니다. 출구 없는 터널 같아서 애도자는 극도의 불안과 공포와 무력감과 좌절을 경험합니다. 이럴 때 필요한 건 끝이 있다는 확신입니다. 그런데 이게 어렵습니다. 애도라는 게 하나님이 치유하실 것이라거나 하나님을 신뢰하면 된다는 말로 위로받을 수 있는 일이 아니기 때문입니다. 결국, 기대할 건 하나님뿐이라는 걸 모르진 않아도 섣부른 말로 애도를 표현하다가 위로는커녕 오히려 상실한 자의 마음에 상처를 입히는 경우가 많습니다. 적합한 말이 생각나지 않으면 침묵하는 게 차라리 낫습니다. 애도 중에는 대개 경황이 없는 경우가 많기에 곁에 있어 주고 또 애도 과정에서 필요한 일이 무엇인지 파악해 구체적인 도움을 줄 방법을 찾는 게 아무 의미 없는 백 마디 말보다 더 큰 위로가 됩니다.

　장례식에서는 대개 슬픔의 정서가 지배적입니다만, 그렇다고 항상 그런 건 아닙니다. 어떤 장례식은 고인의 유언에 따라 마치 음악 축제처럼 치러졌다고 하고, 어떤 장례식에는 흔쾌한 리듬의 춤이 어우러졌다고 합니다. 춤과 노래는 아니라도 축제 분위기의 장례식도 있습니다. 물론 대체로 슬프고 가라앉은 분위기가 지배적입니다. 애도의 다양한 방식과 표현을 무시하고 고정 관념에 사로잡혀 남의 애도를 판단하는 건 바람직하지 않습니다.

• 애도 교육의 세 방향

　애도는 대개 상실을 겪은 사람에게 나타나는 정서적 고통입니다만, 항상 그런 건 아닙니다. 애도는 임종 과정에 있는 본인과 그 과정을 지켜보는 가족이나 지인에게도 나타납니다. 그러므로 애도를 위한 교육은 크게 세 방향에서 이루어져야 합니다. 하나는 임종 과정에 있는 본인을 위한 것이고, 다른 하나는 임종을 지켜보는 가족과 지인을 위한 것입니다. 마지막 하나는 애도하는 가족을 위로하고 돌보고 싶은 마음이 있는 사람들을 위한 것입니다. 세 번째는 조문객은 물론이고 일상에서 사별자를 만날 일이 있는 모든 사람을 위한 교육이라 보면 될 텐데요, 죽음을 적합하게 말하며 애도하고 또 그럼으로써 사별자를 돌보며 동반하길 배우기 위한 거죠. 목회자에게는 장례식을 어떻게 집례하고 또 장례 설교를 어떻게 할 것인지에 관한 겁니다. 세 번째는 죽음 교육에서 지금까지도 간과되고 있습니다.

　특히 억울하게 죽음을 맞이한 자의 가족이나 자살 후 남겨진 가족의 애도는 그렇지 않은 죽음을 맞이한 유족보다 더 세심한 관심과 돌봄이 필요합니다. 왜냐하면, 그런 죽음에 대해서는 반드시 오해와 편견이 작용하기 때문입니다. 그 오해와 편견에 시달리는 이는 고인이 아니라 유족입니다. 이들의 애도 반응의 정도와 기간은 다른 경우보다 평균을 웃돕니다. 그러므로 특별한 주의를 기울이지 않고 세심하게 돌보지 않으면 애도의 표현에서나 고인의 죽음에 관해 말할 때 돌이키기 어려운 실수를 범할 수 있습니다. 이런 실수를 방지하기 위해서도 애도 교육은 필요합니다.

애도와 예배

• 장례 예배

한국 기독교 장례식에서 하는 예배는 공식적으로 네 가지입니다. 이 네 예배를 통칭하여 장례 예배라 합니다. 장례 예배에는 사망 직전에 갖는 임종 예배(만일 임종 전에 못 가졌다면 임종 소식을 듣고 가족이 모였을 때 갖는 위로 예배)가 있고, 염을 마친 후 고인을 관에 모실 때 갖는 입관 예배, 장례식장을 떠나 매장지 혹은 화장지로 떠나기 전 갖는 발인예배, 그리고 매장할 때 혹은 화장할 때 갖는 하관 예배가 있습니다. 고인의 사망일에 갖는 추모예배와 달리 장례 예배는 애도와 더더욱 밀접한 관계에 있습니다. 애도 분위기가 가득한 예배에서 특히 설교자는 죽음을 어떻게 말할 것인지에 관해 신중하고 세심한 주의가 필요합니다.

장례 예배는 그리스도인에게 일반적으로 받아들여지는 의례이지만, 그렇다고 무조건 있어야 하는 건 아닙니다. 가족이 마련한 의식이나 장례식장이나 상조회사에서 제공하는 의례가 있기 때문입니다. 종교가 달라 상주의 뜻에 따라야 할 때도 있고 또 설령 상주가 그리스도인이라도 상심이 너무 커서 예배할 마음이 들지 않는 이도 있습니다. 그렇다고 해서 신앙이 없다고 비난해서는 안 될 것입니다. 예배 개최 여부는 유족 특히 상주와 상의해서 결정할 일입니다. 네 가지 예배 중 하나만 선택해야 한다면 발인예배입니다.

만일 유족이 속한 교회가 각각 다른 경우에 만일 각각의 교회가 조문할 때마다 예배한다면 보기에 좋지 않을 뿐 아니라 산만하고 무엇보다 유족을 매우 피곤하게 합니다. 이럴 땐 상주가 속한 교회에 일임하거나 가족이 협의하여 나누어 분담하는 것이 좋습니다.

장례 예배는 흔히 교회가 유족을 위해 마련한 예배로 생각합니다. 겉으로 보면 그렇습니다만, 이건 오해입니다. 장례 예배는 오히려 애도자가 하나님의 부름을 받고 하나님 앞으로 나아가는 일입니다. 교인은 하나님의 부르심을 받은 애도자의 초대에 따라(예컨대 부고) 예배에 참석하는 거지요. 그러니 장례 예배는 교회가 나서서 당연히 예배해야 할 것으로 강요하지 말고 애도자의 뜻을 존중해야 합니다.

애도에는 완성이나 종결이 없습니다. 장례 절차가 끝나고 유족의 일상이 어느 정도 회복하면 애도가 끝난 것으로 생각하지만, 애도는 그런 것이 아닙니다. 그렇게 되면 얼마나 좋겠습니까마는 현실은 그렇지 않습니다. 고인과 아무 관련이 없는 내용의 드라마를 보거나 머리를 감는 순간에 갑자기 눈물이 나기도 하고, 고인과 관계가 있는 사람을 만나거나 추억이 있는 장소에 가면 주체하기 힘든 슬픔에 깊이 빠져들기도 합니다. 불을 끄고 침대에 누워 눈을 감는 순간 눈물이 쏟아지기도 합니다. 출퇴근 거리에서 갑자기 우울한 느낌에 빠지기도 합니다. 생각을 안 한다고 해서 떠오르지 않는 게 아닙니다.

참으로 애도에는 완성이나 종결이 없습니다. 다만 만일 어느 정도 고인과의 결합에서 벗어나고 새로운 일상에 적응하며 상실을 계기로 새로운 관계를 형성하면서 살게 되면 이를 두고 건강한 애도라 말할 수 있을 뿐입니다. 영적 돌봄의 하나인 장례 예배는 죽음을 인정하고, 죽음의 의미를 각인하며, 상실과 그에 따른 슬픔과 고통을 하나님 앞에서 되새겨보게 함으로써 건강한 애도를 돕습니다. 천국 소망을 말할 수 있으나 강요해선 안 됩니다. 장례 예배는 사별자의 회복 탄력성을 높여줍니다.

• 애도 과정에 예배가 있는 이유?

우리가 장례 절차 중에 예배하는 핵심 이유는 하나님이 삶과 죽음을 다스리시는 분임을 인정하기 때문이고 또한 하나님이 상처 입은 자를 찾으시고 부르시기 때문입니다. 부르심에는 메시지가 있고 또한 위로와 돌봄의 약속이 있습니다. 부르심을 듣고 애도 한가운데서 갖는 예배는 애도자를 위해 베푸시는 하나님의 큰 은혜입니다. 죽음을 계기로 하나님의 부름을 받고 예배의 자리로 초대된 것이기 때문입니다. 고인은 물론이고 유족에 대한 하나님의 돌보심이 예배를 통해 일어나는 걸 확인할 수 있는 곳이 장례 예배입니다.

고인은 하나님의 품에 안기고 애도자는 상실 경험 가운데서 예배함으로써 삼위 하나님의 사귐 안으로 초대되는데요, 하나님의 영광 안에서 슬퍼하는 자의 기도와 찬양과 위로와 약속의 말씀을 통해 기대와 소망을 가질 수 있습니다. 아들의 죽음을 직접 경험하신 아버지의 마음으로 상처 입은 자를 받으시는 하나님 앞에서 애도자는 맘껏 슬퍼하고 또 하나님의 약속과 위로의 말씀을 들으면서 하나님을 신뢰하길 배울 수 있습니다. 예수 그리스도의 죽음 이해를 통해 죽음의 의미를 이해하고 고인의 생을 돌아봄으로써 남은 유족의 삶에 용기와 희망을 주는 일이 예배에서 일어납니다. 애도가 죽음에 대한 반응만이 아니라 하나님에 대한 반응이기도 함을 장례 예배에서 확인합니다. 그러므로 그리스도인 가족은-상주가 반대하지 않는 범위에서-할 수만 있다면 하나님의 부르심에 응답하여 예배하길 권합니다. 장례 예배는 교회가 애도자를 위해 마련한 것이기보다는 애도자를 위로하시고 돌보시는 하나님이 애도자를 통해 성도를 부르신 자리입니다.

• 장례 예배 설교

장례 예배 설교는 죽음을 어떻게 적합하게 말할 것인가? 이 질문과 관련해서 가장 민감한 분야입니다. 설교에서 죽음을 적합하지 않게 말하면 듣는 성도는 물론이고 상실을 겪는 사람들의 상처는 더욱 깊어지고, 심지어 교회를 떠나기도 합니다. 세월호 침몰 사건이 일어났을 때 그 사건을 하나님의 뜻으로 선포한 설교자나 아이들의 죽음을 통해 나라를 구하기 위한 하나님의 뜻으로 선포한 설교자는 유족의 마음을 아프게 했고, 심지어 신앙을 포기하게 했습니다. 이에 반해 설교에 큰 위로와 격려를 받아 애도 기간을 건강하게 보내는 이도 있습니다. 치료는 아니라도 설교는 상실의 의미를 되새겨보게 하고 상실 이후의 삶을 기대하게 합니다. 이런 점을 고려하면 죽음을 적합하게 말하기 위한 교육은 특히 목회자에게 필요합니다.

물론 일상에서 사별자들과 만나 대화를 나누는 성도들 역시 예외일 수 없습니다. 부지중에 혹은 본의 아니게 사별자들의 마음을 아프게 하는 말을 하는 경우가 적지 않습니다.

죽음을 적합하게 말하기는 애도 교육 과정에서 상실을 경험한 사람들의 다양한 경험담을 들음으로써 어느 정도 학습할 수 있습니다. 캐시 피터슨의 『애도 수업』(샘솟는기쁨, 2018)에 좋은 사례들이 있습니다.

"그는 더 좋은 곳에 있어.", "그는 더 좋은 곳에서 더 잘 지낼 거야.", "하나님께서 천국에 천사가 더 필요했나 봐.", "그녀가 갈 때가 된 것뿐이야.", "그가 그립지?", "네가 대신 죽고 싶은 마음이지?", "배우자를 상실하는 것이 상처가 된다면, 아이를 잃었다고 가정해 봐.", "그도 고통당하는 것을 원하지 않았을 거야.", "그 집에서 계속 살 거니?", "재혼할 생각이니?", "차를 팔 생각은 있니?", "너의 마음을 바쁘게 하도록 다른 곳에 관심을 쏟아야 할 거야." 등입니다. 이런 사례들을 보면 평소에는 정말 아무렇지도 않게 보이는 말도 사별자에게는 큰 상처가 될 수 있음을 알 수 있습니다.

김영봉의 저서 『사람은 가도 사랑은 남는다』(IVP, 2016)는 '삶과 죽음에 관한 설교 묵상'이라는 부제가 말하듯이 장례 설교 모음입니다. 이 책을 읽으면서 공감하는 건 장례 예배 설교는 참으로 힘들다는 겁니다. 죽음은 모든 게 낯선 나라이기에 죽음을 경험하지 않은 사람은 감히 죽음을 말할 수 없기 때문이죠. 그런데도 죽음을 말하길 요구받는 게 설교자입니다. 장례 예배 설교는 인간은 누구나 예외 없이 죽는다는 사실을 선포해야 합니다만, 어떻게 죽음을 적합하게 말할지 고민할 수밖에 없습니다. 이런 이유로 설교자가 겪는 어려움은 말할 수 없이 큽니다. 마이클 부쉬(Michael D. Bush)

가 편집한 장례 설교 모음집인 『내 아버지 집에 거할 곳이 많도다』(새물결플러스, 2021)도 장례 설교를 위해 참고할 좋은 자료입니다.

　장례 예배 설교는 고인에 초점을 두지 않습니다. 죽은 자는 들을 수 없기 때문입니다. 조문하여 함께 예배하는 사람들도 들어야 할 내용이겠지만 대체로 유족을 겨냥한 메시지입니다. 맞춤 설교라 말할 수 있습니다. 많은 설교자는 유가족 가운데 믿지 않는 사람을 겨냥해서 전도 설교의 기회로 삼습니다. 믿는 자와 믿지 않는 자의 마지막인 죽음을 말하고 믿는 자의 부활 소망을 말하는 거죠. 물론 때를 얻든지 못 얻든지 복음을 전하는 일은 중요한 일입니다. 특히 애도 중인 유족은 고인의 죽음과 사후 생명 그리고 남은 자들이 어떻게 살아야 할 것인지에 관한 관심이 높기에 장례 예배가 복음을 전할 적절한 때임에는 분명합니다. 지극히 당연한 일입니다만, 아직도 고인의 죽음을 현실로 받아들이지 못한 채 장례를 치르는 유족 앞에서 죄와 사망, 천국과 지옥, 믿음과 생명을 말하며 믿음을 갖기를 호소하는 건 성급한 일일 수 있습니다.

　장례 예배 설교는 무엇보다 유족의 애도에 초점이 맞춰져야 합니다. 고인의 죽음을 유족에게 거듭 확인해 주는 말씀은 반드시 있어야 할 요소이고, 찢어지듯 아프게 분리된 경험을 하는 사별자를 위로하는 말씀도 있어야 합니다. 슬퍼하며 애도하는 것도 필요한 일이나 특히 죽음을 다스리시는 하나님에 대한 반응이어야 함을 환기해야 합니다. 애도의 과정에서 어떻게 도움을 받을 수 있는지도 전해야 합니다.

　장례 설교를 어렵게 하는 건 신자의 죽음인 경우보다는 불신자의 죽음인 경우입니다. 그리스도인 유족은, 믿지 않고 죽은 고인의 미래에 큰 관심을 가질 수밖에 없습니다. 개신교는 칭의 신앙(오직 믿음으로 의롭다 칭함을 받는다는 믿음)을 강조하기 때문입니다. 사실 개신교에서는 믿지 않고 죽은 자의 미래에 관해서 확실하게 말할 근거가 없습니다. 죽으면 부활 생명을 누린다고 믿는 신자와 달리 불신자는 죽음으로써 더는 소망이 없는 종말을 맞는다고 보기 때문입니다. 불신자의 장례에서 죽음을 어떻게 말해야 적합하다는 판단을 받을까요?

우리 그리스도인은 모든 일에서 믿음이라는 가시적 증거를 중시하는 경향이 있습니다. 믿지 않고 죽은 자의 유족이 모인 자리에서 장례 설교가 어려워지는 건 그 때문입니다. 믿고 죽었다면 얼마나 좋았겠습니까? 그러나 현실이 그렇지 못하다면 현실을 인정해야 합니다. 하나님의 역사는 우리가 믿음의 틀에서 생각할 수 있는 분 이상입니다. 누구도 믿음을 전제해서만 하나님을 말할 수 있다고 제한할 수 없습니다. 그렇다면 피조물을 통해서 하나님을 말할 수 있는 일이 없어야 할 겁니다.

믿음은 고인의 부활 생명을 말하고 또 유족에게 믿음의 능력을 주저하지 않고 말할 수 있게 합니다. 분명한 사실입니다. 그러나 믿지 않고 죽었다고 해서 이것이 불가능한 건 아닙니다. 이 경우 관건은 고인과 고인의 죽음이 유족에게 무엇인지, 어떤 의미가 있는지를 밝히는 일이 필요합니다. 일반 상업 영화나 소설을 통해서도 기독교적 해석을 통해 하나님 경험이 가능할 수 있다면, 하나님의 형상으로 지음을 받은 사람의 일생이, 설령 살아서 믿지 않았어도, 아무런 의미가 없을 수는 없습니다. 다만 정리되지 않은 이야기가 흩어져 있을 뿐입니다. 믿음이라는 카테고리 안에 담겨 있지 않을 뿐이지요. 믿지 않았다고 해서 고인의 삶에서 하나님의 흔적을 지울 수는 없습니다.

김영봉은 설교집 『사람은 가도 사랑은 남는다』(IVP, 2016) 머리말에서 "잘 해석된 한 사람의 인생은 고인에 대한 존경과 유가족에 대한 위로가 되는 동시에 조객들에게는 영감과 지혜의 원천"이 된다고 했습니다. 이를 위해 설교자는 삶의 이력을 포함하는 고인에 관한 정보를 수집하고, 또한 임종 과정에서 평소 고인과 가족의 관계를 사전에 파악하여 설교를 준비하는게 좋습니다. 불신자의 장례가 예상되는 경우 가족들은 임종 기간에 장례 예배를 집례할 목회자를 선정해서 미리 알려주어야 하겠지요.

불신자의 장례를 위해 설교자는 특별히 세 가지에 세심한 주의를 기울여야 합니다. 하나는 고인의 삶에 관한 이야기에 귀를 기울이는 것이고, 다른 하나는 그 이야기를 기독교적으로 해석하는 능력입니다. 그래야 불신자의 죽음을 계기로 모인 유족은 고인의 삶과 죽음을 통해서 말씀하시는 하나님의 음성에 귀를 기울일 수 있습니다. 마지막 하나는 고인을 하나님께 맡기는 기도를 정성을 다해 드리는 겁니다.

다음의 기도는 내가 불신자의 장례에 초대되어 설교할 때 드렸던 기도입니다.

"인간을 당신의 형상으로 만드신 하나님, 지금 고인을 앞에 두고 하나님을 예배합니다. 안타깝게도 고인은 살아서 주를 인정하지 못해 하나님을 예배하는 삶을 살지 못했습니다. 인간의 지각 능력이 얼마나 제한되어 있는지 새삼 깨닫습니다. 믿는 자라도 과연 하나님을 영과 진리로 온전히 예배했는지 돌아봅니다. 이제 우리는 고인을 하나님께 맡깁니다. 고인이 비록 살아서는 주님을 믿지 못했으나 만일 죽어서라도 하나님의 보좌 앞에서 서는 때가 있다면 그때에는 주님을 인정하고 믿을 수 있게 하소서.

삶과 죽음을 다스리시는 하나님, 지금 고인을 잃은 유가족을 돌보시어, 그들의 슬픔을 위로하시고, 무엇보다 고인을 긍휼히 여기시어 그를 용서하시고 받아주시길 원합니다. 하나님이 안 계신 곳이 없음을 믿사오니, 고인이 어디로 가든 그곳이 하나님의 넓은 품이기를 바랍니다. 고인을 당신의 용서와 사랑에 맡깁니다. 장차 우리가 하나님에게 나아가는 날 하나님의 사랑이 얼마나 큰지 이생에서 경험한 것 이상으로 큰 당신의 긍휼과 사랑을 경험할 수 있게 하소서."

믿음으로 구원을 받는다고 믿는 성도가 모인 자리에서 불신자의 죽음을 두고 고인이 구원을 받았다거나 받을 것이라고 말한다면 성도는 큰 혼란을 겪습니다. 구원을 확신하거나 구원을 구하는 기도가 아니라 단지 하나님께 고인을 맡긴다는 의미의 기도가 드려져야 합니다. 김영봉의 장례 설교는 이 세 가지가 잘 갖춰져 있습니다. 장례 설교를 통해 고인이-그가 어떻게 살았고 또 어떤 죽음을 맞이했든 상관없이-존귀하게 여겨진다는 느낌을 받을 정도입니다. 장례 설교를 통해 고인이 회복됩니다. 유족은 위로받고 평안의 시간을 가집니다.

잘 알려진 라틴어 격언 가운데 "De mortuis nil nisi bonum dicendum est."가 있습니다. 죽은 자에 대해 좋은 말이 아니면 해서는 안 된다는 뜻입니다. 글의 맥락을 참고하면, 고인은 자신을 변호하거나 정당화할 수 없기에 그에 대해 나쁜 말을 하지 말라는 내용이죠. 특별한 경우가 아니라면 평소 가족과의 관계가 어떠하였든지 고인을 좋은 기억 바구니에 담아두고 싶어 하는 건 인지상정입니다. 장례 예배 전 유족들과의 대화를 통해 고인에 관한 이야기를 충분히 듣고 설교에서 고인의 삶이 가족 안에서 갖는 의미를 기독교적으로 해석하여 전해준다면 고인은 믿지 않고 죽었으나 오히려 하나님을 증언하는 자가 되는 겁니다.

관건은 고인의 삶을-비록 일면에 불과하다 해도-기독교적으로 해석하는 것인데요, 성공 여부는 여기에 달려 있습니다. 이런 해석을 통해 자비하신 하나님을 신뢰하고 기대하면서 긍휼을 베풀기를 기도할 수 있습니다. 기도 응답은 종말에 가서야 확인할 수 있을 겁니다. 그때까지는 누구도 알 수 없는 일이죠. 물론 이것이 불신자의 구원을 선언하는 행위는 아닙니다. 이건 오직 하나님에게 속한 일입니다.

개인적인 경험에 비추어 보면 이렇게 준비된 설교에 대한 유족의 만족도는 상당히 높습니다. 장례 예배에 참석한 가족 중 불신자도 크게 만족합니다. 심지어 장례 예배에서 들은 인상 깊은 설교는 1주기 추도 모임에서도 회자합니다. 장례 설교를 통해 불신자를 바로 교회에 초대할 수 없다 해도 교회에 호의를 갖는 사람을 늘리는 길입니다.

다음은 장례 예배 때 드린 축도이다.

"지금은 우리를 사랑하사 독생자를 아끼지 않으시고 세상에 보내사 십자가에서 죽게 하시고 또한 약속대로 사흘 만에 죽은 자 가운데서 일어나게 하신 하나님 아버지의 신실하심과 예수 그리스도의 구원의 은총과 사랑과 죽은 자와 산 자의 교통을 허락하시며 성도들이 천국 갈 때까지 끝까지 보호하시고 인도하시는 성령님의 위로하심이 상실의 슬픔을 겪는 유족들과 그들의 앞날 위에 그리고 유족들과 함께 슬픔을 나누며 이곳에 머리 숙인 모든 성도의 머리 위에 지금부터 영원히 함께 계시길 간절히 축원하옵나이다. 아멘."

장례와 관련해서 불신자 전도는 종종 전혀 예상 밖의 방법으로 이루어집니다. 가장 좋은 사례는 애도 과정이 원활하게 이루어지도록 유족을 물심양면으로 돌보는 겁니다. 앞서 언급한 캐시 피터슨은 『애도 수업』(샘솟는출판사, 2018)에서 이 일이 구체적으로 어떻게 이루어지는지 실례를 들어 설명하고 있습니다. 이 책의 요지는 '도움이 필요하면 언제든지 말씀하세요.'라고 말하기보다 애도 과정에 있는 사람에게 '필요하다고 생각하는 게 있다면 바로 실천하라.'입니다. 애도하는 이가 부탁하기 전에 자발적으로 돌봄을 실천하는 일에 관한 겁니다.

예컨대 병원에 입원해 있는 동안 혹은 장례 기간 내내 집에 홀로 있을 반려견에게 먹이 주기, 정원 가꾸기, 아이들을 돌보아 주는 일, 음식을 준비해 주는 일, 잦은 수술로 발생하는 과잉 지출을 고려해서 모금 운동을 벌이기, 자동차로 병원과 집에 데려다주고 데려오는 일, 남성들이 미처 신경을 쓰지 못하는 여성의 손길이 필요한 일이나 고비용이 예상되는 남성의 힘이 필요한 일에서 사별자를 돕기 등입니다.

불신자 유족은 성도들의 이런 돌봄을 통해 복음적 공동체가 어떠한지를 경험하고 교회에 호의를 가질 수 있습니다. 실제로 많은 경우 장례 과정에서 성도들의 정성으로 가득한 헌신을 경험한 사람들 가운데는 장례 절차를 모두 마친 후 평소에 교회 출입을 전혀 하지 않았음에도 교회 예배에 참석할 뿐만 아니라 교인으로 등록하는 사람이 있습니다.

애도 교육

• 애도 교육의 목적

죽음의 의미에 대한 이해를 심화하고 또 삶의 질을 높이는 죽음 교육을 받았어도, 만일 애도 반응이 적절하지 않아 상실을 극복하지 못하고 오히려 상실의 고통과 슬픔에 압도당하면 삶이 힘들어지고 심하면 붕괴합니다. 또한, 고인의 죽음에 관해 적합하게 말하지 않으면 유족의 마음에 큰 상처를 줍니다. 애도 기간을 불필요하게 연장하는 이유가 됩니다. 이건 죽음 교육 과정에 애도 교육의 하나로 적절한 애도를 위해 죽음을 적합하게 말하기 교육이 꼭 포함해야 할 이유입니다. 그러니까 애도 교육의 목적은 상실의 슬픔과 고통을 건강하게 대처하도록 돕고 또 고인의 죽음에 관해 적합하게 말하도록 하기 위함입니다. 애도자의 말을 영혼의 귀로 듣고 애도자와 마음으로 소통하는 법을 익히는 길입니다.

먼저-앞서 캐시 피터슨이 제시한 잘못된 사례를 언급했지만-죽음을 적합하게 말하지 않아 생기는 결과를 잘 보여주는 두 가지 사례를 소개합니다. 하나는 정진석 국민의힘 국회의원이 고 노무현 대통령의 죽음을 말하면서 사실과 전혀 다르게 말한 겁니다. 2017년 9월 자신의 SNS에 올린 내용에 따르면, 노 전 대통령의 사망과 관련해 그는 "부인 권양숙 씨와 아들이 박연차 씨로부터 수백만 달러의 금품 뇌물을 받은 혐의로 검찰 조사를 받은 뒤 부부싸움 끝에 권 씨는 가출하고, 그날 밤 혼자 남은 노 전 대통령이 스스로 목숨을 끊은 사건"이라는 글을 올렸습니다. 사실과 다르다는 표현을 사용했지만, 판결에 따르면 그의 말은 고인과 유족의 명예를 크게 훼손하였습니다. 고인의 죽음에 대해 부적합하게 말했던 거죠. 상대 진영 수장의 명예를 깎아내리는 말을 들은 같은 당원들은 어떻게 반응했는지 모르지만, 그의 말은 누구보다도 유족에게 깊은 상처를 주었고 또한 사회적인 공분을 샀습니다. 이로 말미암아 유족에 의해 고소되어 결국 실형을 선고받았습니다.

죽음을 적합하지 않게 말한 한 사례이지만, 이런 일은 우리 사회에서 빈번히 일어나고 있습니다. 대상을 가리지 않는데요, 자기와 의견이 다르거나 적대관계에 있다고 해서 죽음의 가치를 폄하하고 고인의 업적과 인격을 깔아뭉개는 언사가 넘쳐나고 있습니다. 여야를 가리지 않고 일어나는 일이고, 안타깝지만 현실입니다. 이를 예방하기 위한 대책 마련이 시급합니다.

또 다른 한 사례는 죽음을 고통의 최상급 비유로 사용하는 언어 관습입니다. 한국어를 사용하는 사람들이 즐겨 사용하는 '아파서 죽겠다', '배고파서 죽겠다', '좋아 죽겠다' 등의 표현입니다. 실제로 죽을 지경이라기보다는 고통과 굶주림과 기쁨을 최상급으로 표현한 과장법입니다. 문제는 아무 때나 죽음을 갖다 붙여 함부로 말함으로써 죽음의 의미를 희석화하고 또한 실제로 죽음의 위기를 겪는 이나 유족의 마음을 아프게 하는 겁니다.

죽음 이전에 실시하는 애도 교육의 목적은 사별 후에 처리해야 할 각종 문제(유산, 빚, 부고를 보내야 할 사람, 영정 사진 등)로 인해 겪는 유족의 당황스러움을 줄이고, 자기 죽음을 인지한 이후를 살아가는 이와 죽음 이후 사별자가 겪는 심리적 정신적 고통을 완화하며, 또한 삶에 문제가 있을 정도로 상실의 고통과 슬픔이 길어지는 걸 막는 데 있습니다. 애도에는 딱히 정해진 기간이 없지만, 1년 넘게 일상까지 방해받을 정도가 되면-물론 치료받아야 할 병이라고 말해서는 안 되지만-전문 상담을 받아야 합니다. 애도를 멈추기 위함이 아니라 애도와 함께 일상을 살아가기 위함입니다. 그러니까 요즘 회자하는 말을 빌려 말한다면, 애도 교육의 목적은 좋은 죽음을 맞이하도록 돕고 또 애도 과정에서 사별자가 겪은 절망과 위기의 순간에 삶이 지나치게 정체하지 않도록 회복 탄력성을 높여주기 위함입니다.

사별자의 회복을 어디에 기준을 두고 말해야 할지 확정할 수는 없지만, 애도와 함께 가는 일상의 회복은 매우 중요한 일입니다. 일상의 회복 외에도 애도 교육은 사별 이후에 전개되는 삶의 의미를 심화하고 또 새로운 삶의 가능성을 발견하도록 도울 수 있습니다. 상실 혹은 사별 경험은 누구나 할 수 있는 게 아닙니다. 매우 특별한 경험인 만큼 남다른 기회가 될 수 있습니다. 그래서 사별을 겪기까지는 생각조차 할 수 없었던 변화가 사별 후 사별자 신상에서 일어나곤 합니다. 실제로 임종을 앞둔 사람들과 건강한 사람들을 비교 대상으로 해서 삶에서 중요하다고 여기는 것을 적어보라고 했을 때 임종을 앞둔 사람들이 더 지혜로운 판단을 내렸다는 연구가 있습니다(지안 도메니코 보라시오, 『낯선 죽음』, 다봄. 2019). 애도 경험이 항상 부정적이지만은 않음을 알 수 있습니다. 다른 한편으로 조문하는 자를 위한 애도 교육은 죽음의 의미를 이해하고 또 적절한 애도를 적합한 언어로 표현하게 하여 유족의 애도에 공감하며 참여하도록 도울 수 있습니다. 적합한 말 한 마디로 인해 유족은 큰 위로를 받고 회복을 위한 용기를 얻을 수 있습니다.

그러므로 앞에서 애도 교육은 크게 세 방향에서 이루어진다고 말한 것인데요, 반복하여 말한다면, 하나는 죽음을 준비하는 당사자를 위한 것이고, 다른 하나는 유족을 위한 것, 그리고 마지막 하나는 고인과 유족에게 적절한 애도를 표현하고 싶어 하는 사람을 위한 것입니다. 마지막 측면은 그동안 죽음 교육에서 철저히 간과했던 것인데, 죽음을 적합하게 말하길 배우면 타인의 죽음에 대해 함부로 말함으로써 유족은 물론이고 고인과 관계하는 사람들의 마음에 큰 상처를 주는 불상사를 막을 수 있습니다.

이제 구체적으로 애도 대상에 따른 맞춤 교육에 대해 살펴보겠습니다.

• 죽음을 맞이하는 당사자를 위한 애도 교육

임종을 인지한 후 실제로 죽음을 맞이하기까지의 시기를 가리켜 미국 정신의학자 패티슨(E. Mansell Pattison)은 "삶과 죽음의 간격"이라 했습니다. 죽기 전인데 무슨 애도냐고 의문을 가질 수 있습니다. 그러나 두 세계의 간격이 매우 좁아진 현실을 인지하는 사람은 육체적 고통은 물론이고 정신적 외로움과 두려움이 말할 수 없이 큽니다. 퀴블러-로스의 연구에서도 이미 밝혀진 사실입니다. 이 과정에서 주변 사람들은 무엇을 할 수 있고 또 해야 하는지에 관해서 완화치료로 널리 알려진 지안 도메니코 보라시오(Gian Domenico Borasio)의 『낯선 죽음』(다봄, 2019)의 현실적 조언은 비록 독일 상황을 반영하는 글이라도 많은 통찰을 줍니다. 죽음을 앞둔 사람은 병고(病苦)에 시달리기도 하지만, 대개 자기의 죽음을 인정하고 그 현실을 수용할 때까지 갈등과 번민에 압도당합니다. 자기 죽음과 상실을 예상하며 애도하고 또 장차 맞이할 죽음에 대한 두려움을 품고 앞서 애도하는 거죠. 이를 두고 예기 애도(anticipatory grief)라 합니다.

예기 애도는 임박한 죽음에 대한 두려움이라 말할 수 있습니다. 그러나 미래에 대한 불안, 가족에게 큰 부담을 주는 것에 대한 두려움, 더는 기억되지 않을 것에 대한 두려움, 그리고 앞으로 전개될 새로운 세상을 누리지 못한다는 아쉬움 등으로 제정신을 차리지 못합니다. 관계를 깨끗하게 정리하지 못한 후회도 밀려오고, 사후 생명에 대한 불확실성으로 인한 불안, 불완전하게 생을 마칠 것에 대한 불안감도 거세게 다가옵니다. 무엇보다는 남겨놓고 떠나야 하는 상황에서 가족이 직면할 문제들에 대해 염려하는 마음이 가장 큽니다. 게다가 그동안 일에 쫓겨 살다가 의미 있는 삶을 살지 못했음을 깨닫고는 쇄도하는 후회로 괴로운 날들을 보내기도 합니다. 그래서 사람들은 남은 기간에 할 수만 있다면 버킷리스트를 작성하여 후회 없는 죽음을 맞으려 노력합니다. 이 모든 걸 예기 애도 과정이라 볼 수 있습니다.

죽음을 앞둔 사람을 위한 애도 교육에서는 먼저 애도 과정이 어떤 단계로 진행하는지 숙지하도록 하는 것이 중요합니다. 사람마다 차이를 보입니다만,[1] 대개는 고전적인 의미가 있는 퀴블러-로스의 다섯 단계를 따르는 것 같습니다. 부정-분노-타협-우울-순응 단계입니다. 여기서 더하고 빼거나 대체하는 수준이죠. 여하튼 애도 교육에서 이걸 염두에 두면 임종을 앞둔 이가 애도 과정에서 겪는 심리적 · 정신적 · 영적 문제에 잘 대처하도록 어느 정도 도울 수 있습니다.

물론 모두가 각 단계를 순차적으로 거치는 것이 아니기에 꼭 순서에 매일 필요는 없습니다. 다만 각 단계를 알게 해서 죽음의 충격에서 벗어나도록 하는 것이 중요합니다. 알폰스 데켄은 하나를 더해 "기대와 희망" 단계를 말합니다. 사후 생명을 믿는 사람에게서 발견한 태도라고 하는데요, 이들은 희망으로 가득 찬 밝은 모습으로 마지막을 맞이했다고 합니다. 심지어 유머로 가족과 친지를 위로했다고도 합니다. 평소 종교에 관심이 없었던 사람도 애도 교육에서 사후 생명의 문제를 인지한 후로 신앙을 받아들이기도 합니다. 이 단계를 주지시킴으로써 애도 교육은 영적 돌봄까지도 가능하게 됩니다. 특히 임종을 인지한 후 많은 시간을 혼자 있지 않도록 주지시켜 주는 건 무엇보다 중요합니다.

임종을 앞둔 이는 자신과 유족을 위해 해결해야 할 여러 과제가 있는데요, 애도 교육은 죽음을 맞기까지 해야 할 일을 차분히 수행하도록 도울 수 있습니다. 무엇보다 임종을 인지한 후 밀려오는 복합 감정을 잘 통제하고

---

1 패티슨은 급성 단계, 만성 단계, 말기 단계를 말하고, 그레인저 웨스트버그(Granger Westberg)는 열 단계를 말합니다. 1) 충격상태에 빠진다. 2) 감정을 표현한다. 3) 우울하고 외로움을 느낀다. 4) 신체적 고통 증세를 경험할 수 있다. 5) 공황상태에 빠질 수 있다. 6) 상실에 대한 죄책감을 느낀다. 7) 분노와 원망으로 가득 찬다. 8) 돌아가지 않으려고 저항한다. 9) 희망이 점점 다가온다. 그리고 10) 현실을 긍정하려고 애쓴다.

이로 인한 스트레스를 관리해야 합니다. 게다가 병원 내 여러 종류의 사람은 물론이고 가족을 포함해서 자기 주변인과의 관계에서 만족스러움을 느낄 수 있어야 합니다. 끝까지 건강한 자아상을 잃지 않는 건 무엇보다 중요한 일이죠. 이를 위해 임종을 앞둔 사람은 대개 후회로 가득한 죽음을 맞이하지 않고 오히려 의미 있는 죽음, 좋은 죽음을 맞이하려 노력합니다. 애도교육은 이런 과제들을 수행하도록 돕습니다. 그래서 많은 부분이 웰다잉을 위한 교육과 서로 중첩합니다. 아직 제3장을 읽지 않은 분들은 웰다잉을 다룬 제3장의 내용을 참고하길 권합니다.

시한부 환자 곧 죽음을 앞둔 사람에게 병명이나 자기 죽음이 임박해 있다는 걸 알려야 하는지 이에 관해 과거엔 논란이 많았습니다. 환자가 알면 크게 실망하여 심리적 정신적으로 붕괴할 걸 염려하기 때문입니다. 그러나 최근에는 어디서든 인터넷을 통해 정보를 습득할 수 있고, 숨겨도 숨길 수 없는 일이라 차라리 알리는 편이 좋다는 의견이 대세입니다. 더군다나 당사자에게 마지막을 의미 있게 보내고 죽음을 준비할 시간을 줄 수 있다는 각종 연구 결과는 병 상태를 알리는 편이 더 낫다는 의견에 큰 힘을 실어줍니다. 본인뿐만 아니라 가족에게도 소중한 시간일 수 있습니다. 의사와 환자의 신뢰 관계를 구축하기 위해서도 바람직하지만 향후 진행되는 의료행위에 어떻게 대처할지를 환자 스스로 결정할 기회가 될 수 있습니다. 은행 업무나 통신 업무 등 임종 기간에 할 수 있는 건 미리 처리함으로써 사후 유족들이 해야 할 일을 줄일 수 있습니다.

소식을 알릴 때는 무슨 폭탄선언처럼 말하지 않아야 합니다. 본인이 자기 건강 상태를 이해하고 수긍하며 병의 위중함을 받아들일 마음이 들도록 대화를 통해 천천히 그리고 차분히 진행하는 것이 좋습니다. 치료가 어렵다는 말을 처음 들었거나 그것이 죽음에 이를 수 있음을 알게 되면 큰 충격을 받아 그에 따른 거친 반응이 나올 수 있습니다. 그러나 임상 경험이 풍부한 사람들의 말에 따르면, 대개 3개월 정도의 시간이 지나면 안정된 상태가 되고 오히려 알려준 것에 대해 고마워한다고 합니다.

한편, 환자가 자기 임종을 인지한 후가 더 중요합니다. 세심하게 돌보지 않으면 알리지 않은 것만 못한 결과로 이어지기 때문입니다. 심리적 정신적 그리고 영적으로 마지막 순간까지 잘 버틸 수 있도록 돌보아야 하는데요, 특별히 혼자 있길 원하는 성격이 아니라면, 환자가 혼자 있는 시간이 많지 않도록 가족과 친구들이 자주 방문하는 걸 권장합니다. 특히 말기 암 환자나 죽음을 준비하는 환자를 돌본 경험이 있는 목회자의 도움을 청하는 것이 좋습니다. 요즘 큰 병원에는 원목(병원에서 사역하는 목회자)이 상주해 있는 게 보통입니다. 설령 그렇지 않다면 출석하는 교회 목회자의 도움을 청해도 괜찮습니다. 병을 치료하는 데 큰 도움은 못 된다 해도 환자의 마음을 위로하고 죽음 이후의 소망에 관해 알게 해 마지막 순간을 절망하며 보내지 않도록 도울 수 있습니다.

친구로부터 연락이 왔습니다. 어릴 때 친구가 암으로 고생하다가 시간이 얼마 남지 않은 것 같다는 소식이었습니다. 그동안 소식이 끊겨 만나지 못했던 친구였는데, 친구 아내가 연락을 주어 알게 된 거죠. 마지막 순간에 가까웠던 친구들에게 알려야 하겠다는 마음에서 전해준 것입니다. 외국 선교로 나가기 한 주 전에 받은 연락이라 시간이 촉박해 조금은 주저했지만, 그래도 가야 할 것 같아 3시간을 달려 병문안을 갔습니다. 폐암이라고 하는데 피를 토하고 음식은 조금도 먹지 못하는 상태였습니다. 피를 토할 때는 의사와 간호사들이 달려와 처치할 정도로 긴박한 상황에서도 우리는 한 시간 정도 어릴 적 이야기로 꽤 신나게 웃으며 보냈습니다. 마지막으로 하나님 나라에 대한 소망을 말하면서 손을 꼭 잡고 기도했는데 친구의 정신은 이미 온전하지 못했습니다. 힘겹게 작별 인사를 하고 며칠 후 나는 호주로 떠났습니다. 그 후 친구는 일주일 후에 사망했다는 소식을 들었습니다. 본인이 나의 병문안을 어떻게 느꼈는지 잘 알지 못합니다. 부디 편안한 마음이었길 바랍니다. 그러나 내게는 아주 소중한 시간이었습니다. 친구의 마지막을 보았고, 또 어릴 때 추억을 나누면서 서로 웃는 시간을 보냈기 때문입니다. 부고를 알리는 것도 중요하나 마지막 순간에 알려줘 만나게 해준 부인에게 정말 고맙습니다.

임종을 인지한 후 실제로 죽음을 맞이하기까지의 시기를 가리켜 패티슨은 "삶과 죽음의 간격(living-dying interval)"이라 했습니다. 이 시기에 있는 사람에게 애도 교육할 때 간과하지 않아야 할 것이 하나 있습니다. 그건 사람은 죽은 후 자신에 대한 주변 사람들의 반응에 관심을 보인다는 사실입니다. 사람이 죽으면 끝이기에 관심을 기울일 이유가 없다고 생각하는 게 보통입니다. 설령 관심을 보인다 해도 당사자 본인의 평가에만 초점을 둡니다. 그러나 애도 교육은 살아있는 동안 행해지는 일이고 또한 죽음에 이르기까지의 삶에 관심을 두는 것이기에 죽은 후 사람들의 반응에 대해 절대 무관심할 수 없습니다. 사람들이 나를 어떻게 평가할지에 관한 관심은 죽음에 근접할수록 더욱 커집니다. 이것 때문에 불안해하는 사람도 있습니다.

내심 아무 상관이 없다고 말할 수는 있으나 실제로는 그렇지 않습니다. 죽은 후 사람들의 반응은 내 삶에 대한 평가일 수 있기 때문입니다. 사실 죽음을 앞둔 사람이 버킷리스트를 작성하여 지금까지 살아온 방식과 비교할 때 전혀 다른 삶을 계획하는 것도 한편으로는 후회하지 않는 죽음을 맞이하기 위함이지만, 다른 한편으로는 자기에 대한 평가를 바꾸어 보려는 시도이기도 합니다. 이 말은 자기가 죽은 후 사람들의 평가를 롤링 페이퍼를 통해 애도 교육에서 앞서 듣는다면 버킷리스트와 같이 삶을 정리하는 데 큰 도움을 줄 수 있을 겁니다.

그러므로 애도 교육 과정에서 가족과 가까운 친구에게서 그런 말을 듣게 하거나 정리된 글로 읽게 하는 게 좋습니다. 가족과 친구들에게 살아있는 동안 나는 어떤 사람이었는지 느낀 대로 적어달라는 질문지를 나누는 거죠. 물론 대체로 좋은 이야기만 쓰겠지만요, 개중에는 듣기에 좋은 평가만 있는 건 아니기에 참으로 조심스럽습니다. 그러나 애도 교육은 그것조차도 오히려 자기 삶을 돌아보는 기회로 삼도록 이끌어 주어야 한다고 생각합니다. 이와 관련해서 좋은 사례를 들었기에 하는 말입니다.

평생 술과 더불어 살면서 가족을 돌보지 않았고, 심지어 엄마에게 폭력을 행사한 아버지를 둔 한 청년이 있습니다. 어릴 때부터 두려워서 반항 한 번 못 하고 살았습니다. 어느 날 아버지가 살날이 얼마 남지 않았다는 사실을 알고는 청년은 통쾌해합니다. 비극은 이제 끝났다고 생각했기 때문이죠. 그러는 중에 하루는 아버지를 찾아가 자기가 평소에 느꼈던 점을 저주하듯이 쏟아붓습니다. 그동안 마음에 꾹꾹 눌러놓았던 분노의 말들이었습니다. 아버지가 죽은 후에나 나올 말이었으나 살아있을 때 들으라고 퍼부은 거죠.

그런데 놀랍게도 아버지는 이 말을 듣고는 '미안하다'라고 말했다고 합니다. 그리고 마지막 숨을 거두기 전에는 이전에는 전혀 볼 수 없었던 모습을 보였다고 하는데요, 자기 폭력에 시달려 평생을 살아온 아내에게 무릎을 꿇고 '내가 잘못했다. 내가 미안하다'라고 말했다고 합니다. 만일 자기를 돌아볼 기회가 없었다면 죽기 전에 이런 감동적인 참회 과정이 있었을까요?

내가 직접 겪은 일도 있는데요. 교회 목회지를 옮겨야 하는 때였습니다. 사랑하는 교인들과의 이별을 생각하면 마음이 아플 정도로 정이 많이 들었던 곳이었습니다. 처음으로 겪는 성도들과의 이별이라 저에게는 애도의 하나였습니다. 몇 년을 보낸 교회에서 내가 사역했던 일들에 관해 사람들이 어떻게 평가할지 궁금했습니다. 보통은 하나님의 평가에 맡기고 교인들에게 묻는 걸 금기로 여기는 일이긴 합니다. 그러나 나는 떠나기 전 몇몇 교인들과의 만남에서 질문을 했습니다. 대체로 좋은 말이 많았지만 놀랍게도 내 설교에서 혹은 나와의 관계에서 상처받았다는 이야기들도 있었습니다. 좋은 말만을 기대한 건 아니었지만 막상 그렇지 않은 말을 들었을 땐 매우 충격이었습니다. 그동안 겉으로는 표현하지 않아 전혀 알 수 없었던 일이었는데, 질문을 통해 비로소 듣게 된 겁니다. 요동치는 마음을 잘 추스르고 떠나기 전에 해당하는 성도를 만나 무조건 용서를 구했고, 성도는 그동안 답답했던 마음이 시원해졌다면서 고맙다고 했습니다. 생각해 보면 아무 일도 아닌데 괜히 혼자 꽁해 있었던 건 아닌지 싶다며 오히려 미안하다고 말했습니다. 만일 아무런 평가도 듣지 못했다면 이런 감격스러운 관계 회복의 기회는 없었을 겁니다.

죽음을 앞둔 사람은 움직일 수 있고 의식이 살아있을 때 자기 주변의 사람들이 어떠한 마음으로 자기를 대하는지를 생각해야 합니다. 대개는 자기 중심으로 생각하기 쉬운 상태라서 평소에는 아무렇지 않게 생각할 일도 괜히 신경 쓰이는 일이 잦아집니다. 신경이 예민해지는 거죠. 작은 일에도 짜증을 내고 화를 발하기도 합니다. 그런데 환자 가까운 사람 역시도 자기에게 신경을 쓰고 산다는 걸 명심해야 합니다. 잘해주고 싶은 마음, 상처 주고 싶지 않은 마음, 아쉬운 마음, 더는 볼 수 없는 마지막 순간일 것 같은 마음, 그래서 평소보다 더 잘해주고 싶으나 해도 해도 뭔가 부족하다는 느낌, 이 모든 게 복합적으로 작용합니다. 죽음을 앞두고 겪는 예기 애도의 과정을 잘 보내려면 비록 고통과 슬픔으로 여유가 없더라도 할 수 있는 대로 가족을 포함해서 주변 사람의 마음을 배려해야 합니다.

• 사별자를 위한 애도 교육

사별한 후 유족이 겪는 일은, 앞서 여러 다양한 애도 반응에서 확인할 수 있듯이, 슬픔과 고통 등으로 정형화할 수 없을 정도로 다양합니다. 그 가운데 대체로 공통적인 면을 살펴보면 애도는 몇 가지 단계를 거치면서 나타난다는 겁니다. 프로이트(Sigmund Freud)는 애도가 일상에서 일탈하는 면이 있어도 이걸 병리적 상태로 여기거나 의학적 치료가 필요하다고 여기지 않아야 한다고 말했습니다. 이에 그는 애도로 일어나는 일탈에 대해 말했습니다. 고통을 동반한 낙담, 세상에서 돌아가는 일에 대한 흥미를 상실하며, 사랑의 능력을 상실하고, 그리고 무기력함을 보인다는 겁니다. 영국 정신과 의사 존 볼비(John Bowlby)는 애도 반응의 네 단계를 말하고, 알폰스 데켄은 비탄을 겪는 열두 단계를 말합니다. 애도하는 사람이 이 단계를 미리 숙지하고 있다면, 심리적 정신적 충격을 어느 정도 예비할 수 있습니다.

이 가운데 가장 널리 알려진 존 볼비가 말하는 애도 반응의 4단계는 다음과 같습니다.

첫째, 상실로 인해 충격을 받아 정서적으로 무감각해지는 시기입니다. 퀴블러-로스가 말하는 단계에서 첫 두 단계와 일치합니다. 상실의 현실을 인정하기 어려워합니다. 죽은 후에도 계속 저녁 식사를 준비하고 기다리는가 하면 방을 청소해 놓기도 합니다. 불현듯 부재를 느낄 때는 갑자기 감각을 잃고 멍해져서 넋을 놓고 지냅니다. 갑작스러운 부재를 겪었다면 이 시기는 더 길어집니다.

둘째, 갈망과 찾기 단계입니다. 부재의 현실을 인정하기는 해도 그에 대한 구체적인 기억으로 현실을 새롭게 구성하려는 의지가 강해집니다. 그 사람과 연결할 수 있는 고리를 제공할 수 있는 사람이라면 누구든 연락하여 기억을 통해 부재의 현실을 대체합니다.

셋째, 사랑하는 사람이 떠났다는 것을 현실로 받아들이면서 혼란(disorganization)과 절망에 우울감을 느끼는 단계입니다. 퀴블러-로스의 네 번째 단계와 일치합니다. 존재의 상실을 의미의 상실로 느껴 만사가 귀찮아집니다. 우울, 불면, 식욕 저하 등을 경험할 수 있습니다. 알코올과 약물에 손을 대고 싶은 유혹이 강하게 밀려오는 시기입니다.

넷째, 점차 재정립이 시작되는 단계입니다. 퀴블러-로스의 다섯 번째 단계에 해당합니다. 슬픔과 기쁨 사이에서 균형을 잡을 수 있게 됩니다. 고인에 대한 추억은 슬픔과 기쁨을 동시에 느끼게 합니다만 어느 한쪽으로 기울지 않을 수 있습니다. 일상으로 돌아가면 마음이 덤덤해져 어느 정도 거리를 두고 고인을 추억할 수 있게 됩니다.

이에 비해 알폰스 데켄은 비탄 과정(애도 반응)의 12단계를 말합니다. 이렇게 세부적으로 구분한 사실에서 우리는 그가 얼마나 오랫동안 죽음을 준비하는 교육에서 임상 경험을 쌓아왔는지 알 수 있습니다.

열두 단계는 다음과 같습니다: 정신적인 타격과 마비 상태, 부인, 패닉, 부당함에 대한 분노, 적의와 원망, 죄의식, 공상과 환상, 고독함과 억울함, 정신적 혼란과 무관심, 체념과 수용, 새로운 희망(유머와 웃음의 재발견), 그리고 회복의 단계(새로운 아이덴티티의 형성). 볼비의 네 단계와 서로 겹치는 부분이 있음을 확인할 수 있습니다.

알폰스 데켄이 말하는 12단계에서 볼 수 있는 특이한 면은 회복의 단계인데요. 이건 단지 일상으로 돌아왔다는 의미가 아닙니다. "새로운 아이덴티티의 형성"이라는 표현이 말해주듯이, 사별 경험이 없었다면 볼 수 없었던 새로운 모습을 자신에게서 본 결과입니다. 사별 경험을 계기로 이전보다 더 성숙한 인격을 갖추었다는 말이죠. 사별과 애도를 통해서 거듭났다 이렇게 말할 수도 있습니다. 따라서 사별자는 슬픔과 고통 이후에 전개될 일에 대한 희망을 품을 수 있습니다. 특히 이 부분은 그리스도인에게 매우 고무적인 부분입니다. 죽음의 신학적 의미를 아는 그리스도인은 종말론적 소망 덕분에 애도의 삶에서 회복 탄력성이 클 수밖에 없습니다.

장례식을 마치고 난 후 얼마 동안 애도를 함께했던 사람들은 대개 자기의 자리로 돌아갑니다. 일상을 회복하는 거죠. 그런데 장례식이 끝난 후에도 애도가 계속되는 상황에서 유족은 갑자기 우울해지고 고립감을 느낄 수 있습니다. 행정적으로나 법적으로 고인의 흔적들을 하나둘씩 지워나가는 과정에서 다시 한번 슬픔이 찾아옵니다. 결국, 썰물같이 빠지는 애도의 물결을 보고는 애도도 남의 일임을 실감하는 거죠. 이때 찾아오는 공허감이나 외로움을 방치하면 분노로 혹은 절망으로 혹은 우울증으로 이어질 수 있습니다. 그러므로 장례식 이후 한동안은 유족에 대한 돌봄이 필요합니다. 전화나 편지나 문자도 괜찮고 가급적 시간을 내어 함께 시간을 보내려 노력하는 것이 좋습니다. 굳이 무슨 말을 해야만 하는 건 아닙니다. 그냥 차한 잔을 사이에 두고 가만히 있는 것도 좋습니다. 애도를 돕는 모임이 있다면 그곳엘 함께 가 줄 수도 있습니다.

무엇보다 중요한 건 애도는 철저히 개인의 문제라는 겁니다. 조문을 통해 애도를 표현하는 것도 결국엔 일시적일 뿐입니다. 애도는 타인이 아니라 사별자 자신이 겪는 과정입니다. 그러니 타인의 애도에 지나치게 집착하지 말고 또한 장례 이후에 몰려오는 침묵의 시간을 염두에 두고 오직 고인과 자신과의 관계에만 집중해야 합니다.

고인을 빨리 가슴에 묻고 애도 기간을 가능한 한 줄이고 싶어 하는 사람도 있습니다. 일상을 빨리 회복하고 싶은 거죠. 그런데 이게 생각보다 쉽지 않습니다. 한없이 늘어지지 않게 하는 것이 중요하나 그렇다고 애도를 너무 빨리 마무리하려는 건 오히려 부작용을 낳을 수 있습니다. 미해결된 애도가 되어 생각지도 못할 때 폭발하기도 합니다. 상담을 받으면서 천천히 진행하는 게 좋습니다. 설령 고인에 대한 유족의 감정은 빨리 정리할 수 있어도 애도의 회복은 그것만으로 이룰 수 있는 게 아닙니다. 왜냐하면, 고인이 유족에게 남긴 감정까지도 고려해야 회복이 찾아오기 때문입니다.

• 억울하게 죽은 자의 유족을 위한 애도 교육

대한민국 사회에서 적지 않게 볼 수 있는 억울한 죽음이 있습니다. 아무런 잘못이 없는 사람의 죽음을 일컫습니다. 죽음 자체가 억울한 것이 아니라 억울한 이유로 죽음을 맞이한 경우입니다. 범죄자로 오인되어 피의자 신분으로 죽었거나 고문을 당하다가 혹은 고문 후유증으로 죽었거나 아무 이유 없는 살인에 희생됐거나 산업 현장에서 안전장치도 없이 현장으로 나가길 강요받아 일하다가 사망한 경우입니다.

시기적으로 가장 가까운 사례는 세월호 참사나 이태원 참사의 희생자를 들 수 있습니다. 이들의 죽음이 억울한 건 참사의 책임 소재가 아직도 정확하게 밝혀지지 않고 있기 때문입니다. 죽었다는 사실은 부정할 수 없으나 원인 규명이 정치적 의도에 막혀 아직도 이루어지지 않고 있고, 또한 참사의 책임 소재를 밝히지 않은 채 국가가 애도를 주도함으로써 정작 유족이 원하는 대로 애도조차 제대로 하지 못하게 하여 유족들의 분노가 가라앉지 않고 있습니다. 진실을 밝힐 수 없어 자살로 생을 마친 경우도 유족에게는 억울한 죽음에 해당합니다. 갑을 관계에서 일어나는 갑질이나 학폭 그리고 성폭력 등 각종 폭력에 시달려 자살한 것 역시 마찬가지입니다.

억울한 죽음의 경우 원인이 밝혀지기 전까지 희생자와 유족들은 온갖 소문에 휩싸이게 됩니다. 세월호 참사의 유족들은 소위 시체 장사를 한다고 비난을 받았습니다. 더 많은 보상금을 노린 시위일 뿐이었다는 거죠. 이

태원 참사 희생자를 두고서는 그런 곳에는 왜 갔느냐는 비난을 받았습니다. 이교도적인 행사라서 기독교 내에서는 교리적인 판단을 받아 비판의 도마 위에 올려지기도 했습니다. 결과적으로 희생자는 자업자득이었다는 말을 합니다. 심신이 미약해서 자살했다거나 죄를 감추기 위해 자살을 택했다는 말도 합니다. 자살자는 구원받지 못한다고 말합니다. 이런 오해와 편견 기반의 비난은 고인을 두 번 죽이는 일이고 또한 상실의 아픔을 겪는 유족의 가슴에 대못을 박는 일입니다. 죽음을 적합하게 말하지 않은 결과입니다.

다른 죽음과 달리 억울하게 죽은 자 가족의 애도는 보통의 애도에 비해 좀 더 세심한 주의가 필요합니다. 무엇보다 희생자의 죽음을 신학적으로 서둘러 설명하여 각종 사회적 논란을 봉합하려고 하지 않아야 합니다. 예컨대 크게 보면 다 하나님의 뜻이니 현실을 받아들이라는 식의 설명이죠. 그건 개인이 결단할 문제입니다. 신앙으로 받아들이고 난 후 애도를 서둘러 종결하든 원인이 밝혀질 때까지 계속 애도의 기간을 갖든 누구도 강요할 수는 없습니다. 회복의 시기는 오직 개인이 결정할 사안입니다.

그들을 위로한다고 예배의 자리를 마련하는 것도 조심해야 합니다. 그들 가운데는 슬픔에 압도되어 아직 하나님을 예배할 마음을 갖지 못하는 이들이 있기 때문입니다. 이들을 위한 애도에서 무엇보다 중요한 건 곁에 있어 주는 것이고, 경황이 없는 상태에 있는 그들을 위해 필요한 것들을 공급하는 겁니다. 또한, 고인의 죽음에 관해 적합하게 말하는 건 특별히 신경 써서 해야 할 일입니다. 섣부른 위로의 말보다는 그들의 애도에 동참하면서 함께 있어 주는 것이 더 큰 위로가 됩니다.

억울한 죽음의 희생자 유족이 원하는 것 가운데 가장 큰 건 원인과 책임 소재를 밝히는 겁니다. 유족의 애도에 동참하길 원한다면 정파 정쟁에 휘둘리지 않는 범위에서 그들의 목소리에 힘을 실어주는 겁니다. 정치인이 참여하면 정치적 사건으로 변질하기에 시민들의 자발적인 참여가 더욱 절실합니다.

• 돌연사로 가족을 잃은 유족을 위한 애도 교육

돌연사란 갑작스럽게 맞이한 죽음을 말합니다. 여기에는 예상치 못한 사고나 재난으로 죽는 경우가 있습니다. 잠을 자다가 무호흡증이나 심근경색으로 죽기도 합니다. 과로사도 종종 수면 중에 일어나는 경우가 있습니다. 고독사는 아무도 알지 못한 채 혼자 맞이한 죽음인데, 이것 역시 돌연사에 포함할 수 있으나 갑작스러운 죽음을 인지하는 사람이 가족이 아니라는 점에서 돌연사 범위에서 배제합니다. 우리가 서로를 돌보지 못해 발생하는 고독사는 사회적 애도의 대상입니다.

돌연사의 경우 유족은 특별한 경험을 하게 됩니다. 얼마 전까지 아니 방금도 함께 있었던 사람이 갑자기 더는 볼 수 없는 존재가 된 겁니다. 아무 준비도 없이 죽은 건 물론이고 갑작스러운 부재에 유족은 심각한 충격을 받습니다. 아무 준비도 하지 못한 상태였기에 당황스럽기도 합니다. 그나마 사고나 재난의 경우는 충격으로 그칠 때가 많습니다. 원인은 분명하지만, 전혀 예상할 수 없는 일이어서 인위적으로 막을 수 있는 일이 아니었기 때문입니다. 사고 원인이 분명하니 죽음에 대한 인지가 가능합니다. 그러나 많은 경우 가족 안에는 사고와 관련한 배경 이야기들이 없을 수 없기에 자책감에서 완전히 자유로울 수는 없습니다. 자녀가 따로 나가 사는 동안 벌어진 일이라도 그렇습니다. 부모는 자녀와 함께 살지 않은 것에 대한 자책감에 시달립니다. 전혀 그럴 성격의 일이 아닌데도 말입니다.

집에서 일어난 돌연사의 경우 유족은 죽음의 원인과 관련해서 가장 먼저 경찰의 조사를 받게 됩니다. 사망 원인을 밝히려는 것이긴 해도 피의자의 가능성을 열어두고 조사를 받는 것이라 유족은 매우 황당해할 뿐 아니라 이중의 고통을 겪습니다. 무엇보다 집에서 일어난 돌연사는 가족이 세심하게 돌보지 못했다는 자책감을 불러일으킵니다. 그나마 이해가 되는 노인의 돌연사와 달리 아이의 돌연사 경우가 특히 그렇습니다. 집에 있는 엄마가 모든 책임을 뒤집어쓰게 됩니다. 이때는 의사나 주변인이 엄마의 책임이 아니라는 말을 해주는 것이 애도에서 핵심입니다. 그렇지 않으면 죄책감에 시달려 정상적인 삶을 살기가 어렵습니다. 부부가 이혼하기도 하고 아이를 다시는 갖지 못하는 경우도 생깁니다.

돌연사의 원인이 과로에 있다는 게 밝혀진 경우-죽음의 인과 관계를 입증하는 게 쉬운 일은 아니지만-유족은 대개 회사에 원망과 분노를 쏟아붓습니다. 과로사로 입증되었다면 산재 처리에 큰 문제가 없지만, 그렇지 않고 과로사로 추정될 뿐이라면 산재 신청 과정에서 유족은 또 한차례 회사를 상대로 싸워야 합니다. 산재라는 증거를 수집하기 위해 동분서주해야 합니다. 이것 역시 애도의 고통을 가중하고, 또 애도 기간이 늘어나게 하는 요인입니다. 회사 동료는 회사 책임을 입증하는 증언을 통해 산재 처리에 도움을 줄 수 있습니다. 그러나 이 일은 회사의 눈치를 보아야 하기에 쉬운 일은 아닙니다. 유족의 애도에 동참하길 원한다면 희생을 각오해야 합니다. 증언에 대한 불이익을 받지 않게 하는 법적인 예방책은 있어도 현실에선 전혀 다른 논리가 작용합니다.

각종 돌연사의 경우 각각 그에 따른 적합한 애도가 요구됩니다. 같은 경우를 겪은 유족들의 만남과 그곳에서 나눈 사례들을 나누는 모임에서 많은 정보를 얻을 수 있습니다. 돌연사의 사례를 미리 안다면, 충격을 완화할 수 있고, 돌연사에 적합한 애도를 준비할 수 있습니다.

• 인정받지 못한 자의 죽음과 박탈된 애도

알폰스 데켄은 "무시당한 고통"이라는 제목의 글에서 제대로 인정받지 못하는 슬픔을 겪는 사례들을 소개하고 있습니다. 보통 '박탈된 애도'라 합니다.

여기에는 가족과 단절하고 지냈지만 죽음을 맞은 후에는 가깝게 지냈던 친구보다 오히려 가족이 법적인 주체가 되어 모든 장례 절차와 유품이 정리되고, 또 고인에게 제대로 인정받지 못하는 상처가 있기에 친구들이 애도에서 배제되는 경우가 있습니다.

후자는 좀 더 세분해서 우리 사회에서 터놓고 말하지 못하는 문제를 안고 사는 사람의 죽음과 그들에 대한 애도가 왜 어려운지 설명하고 있습니다. 알폰스 데켄은 임신중절 수술을 받은 여성이 태아의 죽음에 대한 애도, 질병이나 사고의 후유증으로 생긴 장애를 안고 살아야 하는 사람이 신체 기능의 상실에 대한 애도, 성폭력이나 아동학대 피해로 자존감과 정체성

상실에 대한 애도, 동성애 파트너의 죽음에 대한 애도, 에이즈 환자의 죽음에 대한 애도, 반려동물의 죽음에 대한 애도 등의 사례를 소개합니다.

법적으로 허용되지 않은 일이라서 대놓고 애도하지 못하고, 사회적으로 차별받는 사람이라서 애도하지 못하고, 사회적인 정서에 맞지 않는 일이라서 애도하지 못하는 사례들입니다.

애도하지 못하는 이유는 분명합니다. 차별 때문입니다. 나를 그들로부터 분리했기 때문인 거죠. 나를 다르게 생각하고 그들을 다르게 생각하는 겁니다. 다르게 생각하는 걸 넘어서 죄악시하거나 범죄화하기 때문입니다. 체면 문화가 강할수록 이런 경우 대놓고 애도하기가 어렵습니다. 심지어 가족임에도 장례를 치르지 않고 서둘러 화장하거나 고인과의 관계를 부정하여 시신을 국가 복지 기관에 위임하여 무연고자 사망 처리를 하도록 하는 사례도 있습니다.

사회적 소수자들의 죽음에 대한 애도는 대개 쓸쓸합니다. 이런 경우를 염두에 둔 애도 교육은 무엇보다 차별과 편견을 극복하는 노력이 따라야 합니다. 가족이 있다면 소수자의 가족이 겪는 고통을 충분히 고려해서 위로해 주어야 합니다. 사회적으로 인정받지 못한 사람이라고 해서 애도마저 금해야 하는 건 아니기 때문입니다. 그렇지 않으면 진정한 애도로 이어지지 않습니다. 아무도 돌보지 않으려는 이들의 박탈된 애도에 교회가 책임지고 참여하는 것도 생각해 볼 문제입니다. 사회복지 기관에만 내맡길 일은 아닌 것 같습니다.

동성애자로 살다가 죽은 사람이 있습니다. 소수자의 삶이 대개 그렇지만 평소에 가족과 친구와의 관계가 끊어진 건 당연하고 교회와도 거리를 두고 살았기에 정작 조문할 사람은 많지 않았고 장례는 초라하게 치러졌습니다. 고인이 마지막 가는 길을 위해 유족은 교회 목사에게 장례 절차를 부탁했으나 동성애자라는 이유로 거절당했다고 합니다. 얻는 것보다 잃는 것이 더 많은 결정이었지 싶습니다. 나중에 절에서 스님이 나와 장례를 집례하였다고 합니다. 유족의 신앙은 어찌 되었는지 궁금합니다.

• 자살 사별자의 애도를 위한 교육

대한민국은 OECD 국가 중 자살률 1위입니다. 이 말은 자살 사별자의 숫자도 가장 많다는 뜻이죠. 그러나 자살 방지를 위한 대책 마련이나 자살 사별자의 애도를 돕는 상담을 위한 대책 마련은 매우 더딘 게 사실입니다.

앞서 간단하게 언급했습니다만, 어떤 이유로 자살했든지 오해와 편견의 대상이 되는 건 자살 사별자입니다. 무엇보다 제대로 돌보지 않았기 때문에 자살했다는 오명을 쓰게 되는 거죠. 자살자는 죽음으로써 끝날 뿐이지만 자살 사별자는 "왜?", "그동안 얼마나 고통이 컸을까?", "가족으로서 왜 그 고통을 미리 알아차리지 못했을까?"라는 질문을 붙잡고 애절한 마음으로 오랜 기간 애도하게 됩니다. 회복의 기간도 길고 정상적인 삶을 살기가 힘들 정도로 트라우마에 시달립니다. 물론 억울한 원인이 있는 경우 억울한 죽음의 사례와 같이 다뤄지지만, 아무 유서도 없이 이뤄진 자살의 경우 자살 사별자의 고통은 이루 헤아리기 어렵습니다. 슬픔과 고통보다 혼란과 분노와 원망과 자책감과 수치심 같은 감정이 더 크게 다가옵니다. 고선규 박사가 자살 사별자들과 모임을 여섯 차례 갖고 쓴 『여섯 밤의 애도』(한겨레출판사, 2021)는 자살 사별자들의 감정이 얼마나 복잡한지 또 그 고통이 얼마나 깊은지 잘 엿볼 수 있게 합니다.

독일에서 나를 돌보아 주셨던 분에게서 들은 애도 경험 사례입니다. 남편은 고위직 공무원이었는데, 우울증이 심했다고 합니다. 날마다 죽고 싶다는 말을 달고 입에 살았다는데요, 두 아이가 있어 실행에 옮기지 못했고, 그녀 역시 말만 그럴 뿐 실행에 옮기지 않을 것이라 믿었다고 해요. 그런데 어느 날 경찰이 집으로 찾아와서 남편의 이름을 확인하고는 남편이 동네 숲에서 숨겨 있는 게 발견되었다는 말을 전해주었다고 합니다. 그녀가 괴로웠던 건 아무 유서 없이 죽었기 때문이지만 그녀를 더욱 힘들게 했던 건 남편의 식구를 포함해서 주변 사람들이 남편이 우울증을 앓은 것이나 자살하게 된 이유가 자신에게 있다고 생각하고 또 말하며 다니는 거였다고 합니다. 그녀가 자기 남편에 관해 내게 처음 말했을 때, 남편은 세상에서 자기를 가장 불행하게 만든 사람이었기에 결혼 후 바꾼 남편의 성 대신에 원래 성을 사용했다고 합니다. 물론 두 아이의 성은 그대로 놓았죠. 트라우마는 거의 20년 가까이 지속했다고 합니다.

자살자에 대한 애도가 힘들지만, 특히 자살 사별자가 남은 평생 짊어지고 가야 할 짐은 상상을 초월합니다. 자살 사별자들에 대한 애도는 그래서 더욱 세심한 주의가 필요합니다.

자살 사별자의 상태와 고통이 어떠한지는 미국의 유가족 활동가가 만들었다는 "자살 생존자 권리장전(Sucide Survivors' Bill of rights)"의 내용을 통해 어느 정도 확인할 수 있습니다. 애도자가 극복하고 수행해야 할 과제처럼 여겨지는 내용입니다. 고선규의 "여섯 밤의 애도"에서 인용해 봅니다.

- 나는 죄책감으로부터 자유로워질 권리가 있다.

- 나는 자살로 인한 죽음에 대하여 책임감을 느끼지 않을 권리가 있다.
- 나는 내 느낌과 감정을 남이 받아들이기 힘들어할지라도 다른 사람들의 권리를 침해하지만 않는다면 이를 표현할 권리가 있다.
- 나는 내 질문에 대하여 권위자나 다른 가족들로부터 정직한 대답을 들을 권리가 있다.
- 나는 다른 사람들이 나의 슬픔을 덜어줄 수 있을 것으로 생각하는 것에 속지 않을 권리가 있다.
- 나는 희망감을 유지할 권리가 있다.
- 나는 평화와 존엄성을 유지할 권리가 있다.
- 나는 자살로 떠난 사람에 대하여 그가 죽기 직전 또는 죽을 당시의 상황과 관계없이 좋은 감정을 가질 권리가 있다.
- 나는 나의 독자적인 인격을 유지하고 자살로 인해 판단되지 않을 권리가 있다.
- 나는 내 감정을 있는 그대로 살펴보고 수용하는 단계로 갈 수 있도록 나를 도와줄 상담자와 지원 그룹을 찾을 권리가 있다.
- 나는 새로운 시작을 할 권리가 있다. 나는 살 권리가 있다.

자살 사별자는 죄책감에 시달리고 책임감으로 괴로워하면서도 자신의 감정을 솔직하게 표현할 수 없습니다. 부고를 보낼 때 죽음의 원인을 감추는 게 보통입니다. 주변 사람들의 문의가 빗발치나 무엇보다 죽음의 사실에 관해서는 더는 생각하고 싶지 않아 합니다. 사건이 발생한 그때를 기점으로 시간이 멈춰있을 때가 많습니다. 사건 전으로 거듭 시간을 되돌리며 이유를 찾아보지만 맴돌기만 할 뿐 적당한 대답을 찾을 수 없어 절망합니다. 주변인을 탐방해도 마찬가지입니다. 그러니 사람들이 물어와도 대답할 수 없습니다. 자살 사별자는 마음속에 가둬둔 말을 들어줄 사람이 필요합니다. 공감할 수 있는 사람이면 더욱 좋겠지만 같은 처지에 있는 사람을 찾기가 쉽지 않습니다. 아무런 평가 없이 그냥 들어주길 바랍니다. 위로를 바라는 것도 아니고 그렇다고 비난을 감수하는 말도 아닙니다. 그저 말하고 싶을 뿐입니다. 그러나 자기 안에 마그마처럼 끓고 있다가 분출의 때만을 기다리고 있는, 여전히 이름을 붙일 수 없는 수많은 감정을 쏟아붓는 일이라 선뜻 귀 기울여 주는 사람을 만나기가 어렵습니다. 그래서 사회로부터 자신을 고립합니다. 이것이-물론 다른 케이스도 있지만-자살 사별자에게서 흔히 볼 수 있는 애도 방식입니다. "여섯 밤의 애도"에 참여한 자살 사별자들의 이야기를 들으면, 그들은 모임의 횟수가 늘면서 생각지도 못했던 일을 해냈다는 느낌을 받는 것 같습니다. 높은 산을 하나씩 넘었다고 할까요. 상실을 극복하고 있다는 징후죠. 누군가와 공감하는 말을 나눌 수 있었다는 건 삶의 새로운 가능성을 향해 옮기는 첫걸음입니다.

애도가 잘못된 방향으로 이어지는 걸 예방하기 위해 자살 사별자는 전문적인 애도 상담을 받아야 합니다. 이것이 어려운 경우 할 수 있는 대로 자살자 유가족 자조 모임에 참석하길 권합니다. 요즘엔 같은 처지에 있는 사람들의 자조 모임이 활성화되어 있습니다. 인터넷을 통해 검색하여 찾을 수 있는데, 그 가운데 자살자 유족을 위한 자조 모임도 있습니다. 꼭 용기를 내어 참여하길 권합니다. 연구보고서들을 보면 다른 어떤 애도보다 자조 모임에서 얻는 위로가 크고 회복이 빠릅니다. 참고로 먼저 자살 사별자들의 자조 모임에서 나눈 대화의 기록과 상담 그리고 보고를 담은 임상심리학박사 고선규의 『여섯 밤의 애도』를 읽어보는 것도 회복의 용기를 얻는 길입니다.

자살 사별자와 관계하는 사람을 위해서는 특별히 죽음을 적합하게 말하는 교육이 필요합니다. 죽음의 이유를 묻는 건 금기입니다. 어떻게 죽었느냐는 질문도 마찬가지입니다. 남은 가족은 어떻게 되는 거냐는 질문도 그렇습니다. 조문하는 사람이 자살과 관련해서 궁금해하는 건 자연스러운 일입니다. 그러나 그 모든 질문에 대한 대답을 한마디도 들을 수도 없거니와 무엇보다 사별자 앞에서 그것을 말하는 건 삼가야 합니다. 누구보다도 그 질문으로 고통을 겪는 사람은 사별자이기 때문입니다.

자살은 신문이나 방송에 보도되는 경우가 있습니다. 이와 더불어 자살 사별자 삶의 환경도 공개됩니다. 각종 매체는 자살자의 죽음을 말할 때 죽음의 방식에 관해 자세하게 보도하는 태도는 삼가야 합니다. 당연히 자살자의 죽음을 말할 때 매체에서 보도된 걸 바탕으로 말하는 건 삼가야 합니다.

제5장

천국을 소망한다는 것:
관습적인 천국 소망의 한계를 넘어 산 소망을 갖기

천국을 소망하는 이유를 물어보면 많은 그리스도인이 이에 관해 구체적으로 생각해 보지 않았다고 대답한다. 그나마 생각해 보았다고 말하는 사람에게서 들은 대답은 많은 점에서 의문이 드는 것이었다. 천국 소망의 이유를 아는 건 기독교 신앙에서 매우 중요함에도 질문을 낯설어하는 건 중대한 문제다. 이 글은 천국을 소망하는 이유에 관해 물어오는 사람들에게 대답할 것을 준비하기 위해 마련되었다. 이 글을 통해 천국 소망에 대한 관습적인 이해를 넘어 성경적 천국 소망에 대한 포괄적 이해를 통해 '우리가 왜 천국을 소망하는가?'에 대한 대답의 외연을 넓히고자 한다. 그리스도인에게 죽음의 문제는 천국 소망과 떼려야 뗄 수 없는 관계에 있음이 보일 것이다.

대부분의 그리스도인들이 다음 세상을 더 이상 생각하지 않게 되면서,
기독교는 그 힘을 잃고 말았습니다.

(C. S. Lewis, 『순전한 기독교』 중)

관습적인 천국 소망의 한계

• 관습적인 천국 소망

천국과 하나님 나라

성경에는 '천국(ἡ βασιλεία τῶν οὐρανῶν, the kingdom of heaven)'과 '하나님의 나라(ἡ βασιλεία τοῦ θεοῦ, the kingdom of God)'를 구분하여 사용하고 있다. 천국은 하늘+나라(왕권)를 가리키는데, 유대인에게 하늘은 하나님이 계시는 곳이기에 하나님이 계신 곳을 천국이라 말했다. 물론 물리적 공간인 하늘을 염두에 두면 안 된다. 하나님 나라 혹은 하나님의 왕국은 하나님이 계시는 곳이며 특히 하나님의 주권과 통치에 초점을 둔 표현이다. 하나님의 통치(다스림과 돌봄)가 일어나는 곳, 그곳이 하나님 나라다. 둘의 의미를 다르게 보는 이도 있으나, 하나님이 계시는 곳이라는 게 사실 하나님이 통치하시는 곳이기에 둘의 의미는 같다(다음 구절에선 다른 표현으로 같은 걸 말했다: 마 19:23~24). 유대인 공동체를 향한 복음(주로 마태복음)에는 대개 '천국'이 사용되었고, 그 외의 복음서 특히 이방인 그리스도인 공동체를 향한 말씀인 누가복음과 바울 서신에서는 주로 '하나님의 나라'가 사용되었다. 이 글에서는 질문 '우리는 왜 천국을 소망하는가?'에 따라 '천국'을 사용하지만, 글의 흐름에 따라 비록 섞어 사용하더라도 같은 의미로 이해하면 좋겠다.

죽음과 천국 소망

지금까지 우리는 몇 장에 걸쳐 죽음에 관한 몇 가지 주제를 살펴보았습니다. 사는 동안 죽음을 생각하는 건 햇빛보다 더 밝은 빛을 보는 것과 같습니다. 특히 죽음에 관해 단지 생각한다기보다는-예컨대 스크루지는 죽는다는 사실이 아니라 하나님의 심판을 받는 자신을 보고 깨달아 회개하였습니다-죽음과 함께 나타나는 하나님의 심판을 염두에 둘 때 그렇습니다. 죽음은 완전한 죽음입니다. 육체와 영혼 모두 죽습니다. 그러나 믿음으로써 주 안에서 죽은 자는 약속을 따라 부활하여 영화의 몸 상태에서 하나님의 품에 안깁니다. 온전한 부활은 주님이 재림하시는 마지막 때 나타날 것입니다. 좋은 죽음, 존엄한 죽음을 맞이하기 위해선 잘 살아야 합니다. 하나님과 사람에게 정성을 다하여 반응하며 살아야 하고, 반응하지 않아야 할 것에 대해선 반응을 보이지 않아야 합니다. 좋은 죽음과 좋은 삶은 불가분의 관계입니다. 어떤 죽음을 맞이하든 모든 죽음은 애도를 부릅니다. 애도는 죽음이 가까이 있음을 인지하는 순간부터 시작하고, 사후에는 상실의 고통으로 인해 유족과 친지의 애도가 시작합니다. 애도에서 특히 그리스도인이 주의해야 할 일은 애도가 단지 상실의 슬픔과 고통만으로 일관해서는 안 된다는 겁니다. 애도는 죽음에 대한 반응인 만큼 그건 삶과 죽음을 다스리시는 하나님에 대한 반응입니다. 이걸 인정하지 못해 단지 상실이 슬픔과 고통만으로 애도의 기간을 보내지 않도록 죽음 교육 과정에 애도의 의미와 적절한 애도 방식에 관한 교육을 반드시 포함해야 합니다. 죽음에 대한 적합한 반응은 죽어가는 자 본인이든 가족이나 친지이든 혹은 위로하기 위해 방문한 사람이든 하나님에 대한 반응이 될 때 기대할 수 있습니다. 여기에서 죽음 이후의 천국에 대한 소망은 큰 역할을 합니다.

마지막 장인 이곳에서 적어도 이거 한 가지는 분명히 밝혀야 할 것 같습니다. 그리스도인에게 죽음과 천국은 떼려야 뗄 수 없는 관계라는 사실입니다. 생물학적 죽음이든 영적 죽음이든 아니면 비유적인 의미에서든 죽음 이후의 삶에 관한 질문은 항상 있었고 앞으로도 있을 겁니다. 천국을 소망하지 않고 참 그리스도인으로 산다는 건 불가능합니다. 지금이 과학 시대임을 생각할 때 불합리하게 보이는 이 사실이 온갖 문제를 유발합니다.

천국 소망은 이 땅에서 그리스도인으로서 죽음을 생각하는 사람이나 온갖 고난 가운데 참 그리스도인으로 살길 원하는 사람에게 너무나도 당연합니다. 과거엔 죽음과 천국은 거의 항상 함께 거론되었습니다. 죽음을 말하면 으레 천국을 말하고, 천국을 말하기 위해선 반드시 죽음을 말해야 했습니다.

이제는 많이 달라졌습니다. 천국이 더는 죽어서 가는 나라가 아니라는 생각이 널리 퍼졌습니다. 사후 천국 신앙은 현실 도피적이며 현실의 문제 앞에서 눈을 감고 사는 이기적이고 기복적인 신앙의 원인이 됩니다.

이에 반해 천국은 세상에서 경험되는 나라이고 땅 위에 이루어져야 할 나라라고 생각하는 사람이 증가하고 있습니다. 그래서 죽음과 천국은 이혼 절차를 밟는 것 같은 느낌을 받습니다. 이혼 소송이 진행되고 있지만, 서로의 필요에 따라서 아직은 함께 사는 부부인 거죠. 이런 생각은 한편으로는 긍정적이지만 다른 한편으로 아주 큰 문제입니다. C. S. 루이스가 언급했듯이 기독교가 힘을 잃어버리는 이유이기 때문입니다. 기독교는 그 시작부터 이미 종말론적이었거든요. 구약의 묵시록은 주의 나라를 말하고 있고, 신구약 중간기 유대교 문헌은 메시아와 함께 임하는 천국과 영생에 대한 기대를 말하고 있고, **예수님은 자신에게서 천국 복음이 현실이 되었음을** 선포하면서 사역을 시작하였고, 당신의 재림을 말씀하시면서는 온전한 형태의 천국을 약속하셨습니다. 천국을 보이신 이유는 그리스도인이 그걸 경험하며 살기를 바라셨기 때문입니다. 따라서 삶에서 경험되는 천국을 중시해야 할 일이나 죽음의 문제에서도 천국 소망은 반드시 다뤄져야 할 주제입니다.

죽음의 문제와 관련해서 천국 소망의 이유를 아는 건 복음의 핵심이고 기독교 신앙에서 매우 중요합니다. 그런데도 오늘날 질문 자체를 낯설어하는 건 중대한 문제입니다. 이 글은 천국을 소망하는 이유에 관해 물어오는 사람들에게 대답할 것을 준비하기 위해 마련되었습니다. 마지막을 장식하는 이 글에서 나는 천국 소망에 대한 관습적인 이해를 넘어 성경적 천국 소망 곧 산 소망에 대한 포괄적 이해를 통해 '우리는 왜 천국을 소망하는가?'에 대한 대답의 외연을 넓히고자 합니다.

우리의 천국 소망에서 잘못된 점과 그 이유, 그리고 천국 소망의 이유를 묻는 이에게 대답할 것에 대한 것이다 보니 지금까지 걷던 풍경과는 사뭇 다른 분위기입니다. 내용의 무게 때문에 그렇고 기독교 신앙에서 핵심에 해당하기 때문에 그런 것이니 마음을 단단히 먹고 따라오시길 권고합니다. 고지가 바로 저기입니다.

관습적인 천국 소망

예수 그리스도 안에서 천국은-부분적으로나마-이미 임하였기에 우리는 주께서 다시 오실 때 그 온전한 모습이 나타날 것을 기대하며 소망합니다. 이런 천국 소망과 관련해서 성경을 제법 안다고 하는 교인들이 보이는 태도는 크게 두 가지입니다. 삶의 수고와 노력을 통해 천국을 **건설하고 확장하려고 하거나 죽어서 천국에 들어갈 자격을 갖추려 노력**하는 겁니다. 한편에서는 천국을 두고 벌이는 치열한 현실 투쟁이 있고 다른 한편에서는 천국에 대한 초월적 갈망이 있습니다. 이 둘은 오늘 우리 기독교에서 충분히 조화하지 못한 채 각각 기독교 소망을 표현하고 있습니다. 서로 섞일 수 없는 천국 소망이라 한편으로는 다양성을 말하기도 하면서 한편으로는 기독교 신앙의 매력을 떨어뜨리는 원인 중 핵심입니다.

문제는 천국이 상반되게 이해되고 주장되어 그리스도인의 소망과 관련해서 양자가 서로 양립할 수 없게 된 사실입니다. 하나의 견해는 다른 견해를 배제하기 때문입니다. 사실 여기에는 의견의 다양성 내지는 진보와 보수라는 신학적 입장의 차이나 갈등이 아니라 오히려 신학적인 오류가 전제하고 있습니다. 그런데도 기독교 종말을 말할 때 양자는 관습적으로 거론되고 있습니다. 선교 초기부터 지금까지 겹겹이 쌓이고 확장한 결과인데요, 그 모양이 거의 난공불락의 성처럼 보입니다. 정통 신앙 안에서 생존하려면 반드시 어느 한 편에 서야 합니다. 여기에 대해 이의를 제기하면 갈등과 비난은 차치하고 그리스도인으로서 실존의 위기를 각오해야 합니다.

사실 '왜 천국 소망인가?' 이 질문은 대답하기가 까다롭다고 해서 피할 일이 전혀 아닙니다. 왜냐하면, 기독교 신앙에서 핵심이고 또한 천국 소망을 당연시하는 사람에게 자신을 반성하며 돌아보게 하는 계기가 되기 때문입니다. 두 개의 맥락에서 볼 때 그렇습니다.

첫째, 만일 '왜 천국을 소망하는가?' 이 질문이 종래의 천국 소망의 한계를 극복하고 올바른 천국 소망의 길을 제시하길 원하는 것이라면, 먼저 관습적인 천국 소망에 칼을 대지 않는 한 적합한 대답을 얻기가 쉽지 않습니다. 기껏해야 현실 문제에 적극적인 참여를 요구하는 답을 주든가 세상과 거리가 먼 개인주의적이고 기복주의적인 대답을 얻을 뿐입니다. 서로 소통할 수 없는 대답으로 양분할 것이 분명합니다.

둘째, 만일 이것이 죽음의 문제와 관련해서 천국 소망을 회복하기를 원하는 의도라도 마찬가지입니다. 결국, 살아있는 동안은 물론이고 사후에도 하나님이 다스리고 돌보신다는 사실을 증명해야 할 텐데요, 누구도 감히 할 수 없는 이 일에서 설득력 있는 대답을 줄 수 있기 위해서라도 먼저 양자택일이 강요되는 관습적인 천국 소망은 대대적인 수술을 받아야 합니다.

교회에 만연한 관습적인 천국 소망을 보다 더 구체화하기 위해 10년 이상의 신앙 연륜을 가진 성도들과의 대화에서 천국을 소망하는 이유를 물어보았습니다. 놀랍게도 많은 그리스도인이 이에 관해 구체적으로 생각하지 않았다고 대답했습니다. 심지어 목회자들 가운데서도 그랬습니다. 그나마 생각해 보았다고 말하는 사람에게서 들은 대답은 다음에 이어지는 4개의 에피소드로 정리했습니다.

※ 에피소드 1 내세론

"왜 천국을 소망하십니까?"

"천국 소망이요? 글쎄요. 천국에 대한 소망에 관해 물으시니 갑자기 멀게만 느껴집니다. 세상에 너무 빠져 살아서 그런가 싶네요. 교회에서 소망하며 살라고 해서 그런 줄 알지, 사실 그리스도인으로서 내가 소망하는 게 천국인지 아니면 다른 무엇인지 잘 모르겠어요. 그저 신앙생활을 하며 더 나은 세상을 만들고 작은 천국을 경험하는 게 중요하게 여겨질 뿐입니다."

"작은 천국이란 무엇인가요?"

"그냥… 뭐랄까… 육체를 입고 살며 경험하는 행복한 삶, 고통 없는 삶, 의미 있는 삶, 보람된 삶, 생활 속에서 느끼는 평화? 뭐, 이런 거라 할까요? 고통과 두려움 없이 살았으면 좋겠고, 모두가 행복했으면 좋겠어요. 사실… 천국이 너무 멀게 느껴지는 건 천국을 갈망하기에는 아직 나이가 젊고, 그렇다고 천국을 소망하지 않는다고 말하자니 믿음이 없는 것 같고 또 내가 너무 세상에 빠져 사는 것 같은 죄책감이 느껴지기 때문입니다. 천국에 가기 위해서는 이곳에서 행복한 삶을 살기 위한 조건들을 충족해야 하는 건 아닐지 싶네요. 말씀에 순종하면서 죄짓지 않는 일 말이지요."

"혹시 그렇게 느끼신 건 천국은 죽어서 가는 곳으로만 믿기 때문은 아닐까요?"

"그런 것 같군요. 그런데 사실이지 천국은 죽어서 가는 곳이 아닌가요? 잠시 죽어 있는 동안 천국에 다녀왔던 임사 체험자들(the near-death-experience)의 증언[1]도 있고요."

※ 에피소드 2 보상론/상급론

"왜 천국을 소망하십니까?"

"만일 천국이 없다면 삶이 너무 허무(무의미)할 것 같습니다."

---

[1] Rita Bennett, *Heaven Tours*, 정성경 옮김, 『천국 여행』(순전한나드, 2011); Eben Alexander, *Proof of Heaven*, 『나는 천국을 보았다.』(파주: 김영사, 2013); Mary Neal, *To Heaven and Back*, 한은경 옮김, 『외과의사가 다녀온 천국』(서울: 크리스천석세스, 2014).

"왜 그런가요?"

"천국이란 곳이 있어야 지금 힘들게 살아도 의미가 있지요. 만일 천국이 없다면, 굳이 이곳에서 힘들게 살 이유가 없죠. 살면서 내가 행복하고, 내가 기쁘고, 내가 만족하면 되는 거 아닐까요?"

"그러니까 지금 삶에 대한 보상을 받길 기대하시기 때문에 천국을 소망한다는 거죠?"

"맞습니다. 천국은 지금 삶에 대한 보상이 정당하게 주어지는 곳이죠(시 62:12, 마 16:27). 이 땅의 불완전한 정의가 그곳에선 온전히 실현될 거라 믿어요. 그 대신 악인을 위한 지옥도 있어야 합니다. 죽는 것으로 모든 게 끝난다면, 세상은 이생에서 만족을 누리려는 사람으로 가득할 겁니다. 심판이 있어야 하고 그에 따른 대가는 반드시 치러야 합니다. 그래야 경각심을 갖고 살죠."

"그렇다면 당신은 천국에 갈 확신은 있나요?"

"당연하죠, 천국은 예수 믿으면 누구나 가는 곳 아닌가요?"

※ 에피소드 3 기독교 사회복음주의운동

"왜 천국을 소망하십니까?"

"아니 아직도 천국을 소망해요? 물으셨으니 굳이 대답하자면, 지금보다 더 나은 세상을 바라니까요."

"그 말은 지금보다 더 나은 삶을 살 수 있는 곳에 대한 이미지가 천국이라는 건가요?"

"예, 그렇습니다. 적어도 지금보다는 더 나은 곳이죠. 세상은 불평과 불만으로 가득해요. 거짓도 넘쳐나고요. 악인이 득세하고 풍성한 삶을 살고,

의인은 고난받고 늘 어려운 길을 갑니다. 천국은 올바른 역사를 방해하는 것이 완전히 철폐되고 극복되는 곳이라 믿습니다. 사람 내면적인 것이든 나쁜 제도이든 말이죠"

"천국은 현실 개혁이나 변혁을 통해 이 땅에서 이룰 수 있다는 건가요?"

"글쎄요, 인간이 아무리 노력한다고 해서 되겠어요? 역사에서 그런 시도는 모두 실패했던 것으로 알고 있습니다. 그래도 도덕적으로나 사회적으로 최소한 노력은 해야죠. 천국에 대한 소망은 이런 노력을 가능하게 하고 또 의미를 더해주는 것 아닌가요? 천국은 우리가 사는 이 땅에서 이루어져야 하는 곳이라 생각합니다. 하나님은 약속을 통해 최소한 방향을 제시하셨다고 생각해요. 역사 어느 순간에 이루어질 날을 기대하는 거죠. 이 땅에서 천국을 실현하기 위해 사회복음주의운동을 통해 우리는 끊임없이 노력해야 한다고 생각합니다."

※ 에피소드 4 영생론

"당신은 왜 천국을 소망하십니까?"

"영원히 살기 위해서죠. 이생에서 사는 것으로 끝나고 싶지 않아요. 비록 항상 느낀 건 아니지만, 세상에서 간간이 느낀 행복을 천국에서 영원히 누리고 싶습니다."

"천국은 행복이 영원히 지속하는 곳이라 믿는 건가요?"

"요한계시록에 나와 있지 않나요? 더는 눈물도 고통도 병도 없는 곳이라고 했지요. 이런 곳에서 영원히 산다는 게 얼마나 행복한 건지 이곳에서 사는 동안 조금이나마 경험해 본 사람이라면 분명히 알 겁니다. 천국에 갈 때까지 할 수 있는 한 이곳에서 천국의 행복을 풍성하게 맛보며 살고 싶습니다."

• 관습적인 천국 소망의 네 가지 이유

첫 번째 에피소드의 내용은 내세론에 해당합니다. 천국은 사후세계이기에 소망한다는 것인데요, 이 경우 믿음은 사후세계의 생명을 보장하는 조건이며 소망의 근거입니다. 미국 근본주의 신앙(fundamentalism)과 존 다비(John Nelson Darby)의 세대주의(dispensationalism)에서 볼 수 있고 그 영향권에 있는 한국 기독교 종말론에서 대세를 이루고 있습니다. 내세 지향적이라서 현실보다 사후세계에 더 큰 의미를 두게 합니다. 이건 기독교 신앙의 대 사회적 책임을 등한시함으로써 기독교 신앙을 게토화할 위험이 있습니다. 한국 기독교가 지금까지도 교회 안팎으로 비판받는 핵심 이유입니다.

둘째는 소위 '보상론' 혹은 '천국상급론'이라 알려진 입장입니다. 천국과 지옥은 이 땅의 삶에 대해 상과 벌을 받는 곳이기에 우리가 천국을 소망하는 이유는, 신앙을 지키기 위해 힘들게 살아온 성도의 수고에 대해 하나님이 보상하실 것을 믿기 때문이라는 겁니다. 예수 그리스도에 대한 믿음은 죄 용서에 대한 확신으로 작용하고, 선한 행위는 상급을 기대할 수 있게 하는 조건입니다. 물론 상급은 모두 똑같지 않고 차등으로 주어진다고 합니다.

보상론/천국상급론은 이 땅에서의 삶을 하나님의 뜻에 맞게 살도록 고무하는 데 크게 이바지합니다. 특히 상급의 차등을 언급함으로써 성화의 차이를 강조합니다. 하나님의 은혜에 따라 구원은 똑같이 받되 성화의 단계에 따라 각자에게 다른 상급이 주어진다는 거죠. 비록 차등이 있고 그것에 따른 기쁨은 달라도 이것들로 인한 고통과 불만은 전혀 느끼지 않는다는 것, 이것이 관건입니다.

보상론/천국상급론은 믿은 후 순종의 삶을 고무하는 데 의미를 두고 있고 또 비록 몇 개의 성경 구절(마 5:12, 마 16:27, 고전 3:8, 빌 3:14, 골2:18 etc.)에 근거를 두고 제기된 것이긴 하나 하나님의 은혜를 강조하는 성경 전체와 일치하지 않습니다. 이걸 염두에 두고 신앙생활을 하면 종교개혁의 원리에서 벗어나 가톨릭의 공로 신앙으로 회귀합니다.

우리의 선한 삶과 순종은 하나님의 은혜에 감사하여 반응하는 것일 뿐 그것으로 구원이나 상급을 요구할 수는 없습니다. 그건 하나님의 은혜에 대한 반응이라 볼 수 없으며 오히려 그분의 주권을 침해하는 일입니다. 굳이 상을 말한다면, 상은 은혜로 얻는 겁니다(히 11:26).

셋째는 천국을 세상에서 새로운 세상, 더 나은 세상으로 건설될 곳으로 보는 겁니다. 중세의 천년 왕국설을 비롯하여 천국을 도덕적으로 완전한 나라로 이해한 19세기 독일 신학자 릿츨(Albrecht Ritschl)에 이르러 절정을 이루고, 라우쉔부쉬(Walter Rauschenbusch)의 사회복음주의운동에서 신학적 기초가 제시되었고, 또 오늘날 몰트만(Jürgen Moltmann)의 "희망의 신학"에 고무되어 전개하는 각종 기독교 사회 운동에서 볼 수 있는 이론입니다.

해방신학과 민중신학은 희망의 신학에 영향을 받아 형성한 대표적인 흐름이죠. 이에 따르면, 천국은 하나님이 약속으로 주신 것인데, 미래에 실현될 이미지를 담고 있는 약속은 현실을 비판적으로 인지하게 하고 또 현실 변화를 위한 방향을 제시합니다. 여기서 믿음은 약속의 현실 가능성에 대한 확신입니다. 가능성을 실현하는 노력에 의미와 당위성을 부여하고, 소망은 이런 노력이 중도에 포기하지 않게 하는 덕목으로 동력에 해당합니다.

그리고 사랑은 실천 원리입니다.

그런데 천국을 사람의 수고와 노력을 통해 이 땅 위에 건설해야 한다는 주장은 사후세계에 대한 소망을 부정하는 것으로 기독교 소망의 본질에 치명적인 결과를 가져옵니다. 특히 살아서 천국의 실현을 보지 못한 채 죽음을 맞이하는 사람에게 더는 소망을 말할 수 없게 해 죽어가는 자와 유족을 위로할 수 없게 합니다. 아니 절망하게 합니다. 이런 결과는 여기서 말하는 소망(인간의 노력을 통해 성취되는 것을 바라는 것)이 하나님이 약속으로 주신 소망(바랄 수 없는 중에 바라며 하나님이 이루어주실 걸 믿는 것)의 의미와 다르기에 발생합니다.

그리고 넷째는 영생론입니다. 첫 번째와 같은 맥락에서 이해할 수 있으나 세상에서 경험한 행복을 영원히 누리며 살고 싶은 마음에서 천국을 소망하는 것이기에 따로 다루었습니다. 행복 경험이 복 받은 자가 이생에서 경험하는 천국의 한 단면임을 인정하긴 해도 그건 단순히 경험 차원의 맛보기일 뿐이며, 주 관심은 사후세계에서 행복을 영원히 누리며 사는 데에 둡니다. 그런데 아이러니하게도 이런 생각이 종종 이 땅에서 행복을 추구하며 사는 이유가 됩니다. 왜냐하면, 그것이 이 땅에서 누리도록 허락되었고 천국에서 지속할 것을 미리 경험하는 것이라 믿기 때문이죠. 맘몬주의와 번영신학[2]은 이런 생각에서 싹틉니다. 한국의 샤머니즘 영성에 기초한 신앙 역시 이런 흐름에 속합니다.

---

2 번영신학은 매우 다양한 이름이 있는데, Prosperity theology, gospel of success, prosperity gospel, the health and wealth gospel 등이다. 세상에서 성공이 하나님의 뜻이라고 믿는다. 신앙의 진정성은 축복 여부에서 알 수 있다고 믿는다.

여기에는 두 가지 문제가 있습니다. 하나는 영생을 지나치게 사후세계로만 여겨 요한복음에서 강조하고 있는 영생의 현재성 곧 새로운 삶으로서 영생의 의미를 소홀히 합니다. 이로써 사회적 참여에 큰 의미를 두지 않습니다. 다른 하나는 이 땅에서 행복 추구를 정당화하는 근거로 천국 소망을 사용한 겁니다. 믿음을 한낱 복을 얻기 위한 수단으로 전락하는 기복주의의 전형이죠.

세상 속 그리스도인의 삶을 말하면서 나그네로서 정체성과 고난의 여정을 말하는 성경에 비추어 볼 때(살후 1:5, 마 5:11-12, 딤후 3:12) 과연 이 땅에서의 행복이 무엇인지 궁금하고, 또 사는 동안 경험하는 행복이 영원하길 바라는 건 종종 세상으로부터의 구원을 의미하는 말로 사용되고 또 세상을 심판하는 이미지로 나타나는 천국에 반하는 건 아닐지 싶습니다.

이상 네 가지는 각각의 주장을 뒷받침하는 성경 구절과 신학 사상을 제시하면서 설교나 교육 현장 특히 장례식에서 자주 듣는 천국 소망의 이유입니다. 공감하는 부분이 없지 않으나, 오늘날 예수 그리스도의 하나님 나라 운동에서 현재성과 미래성을 수용하고, 그리고 교회와 신앙과 신학의 공적 성격(publicity)을 생각하고 있는 사람은 분명 석연치 않은 느낌을 더 많이 받을 겁니다. 천국 소망이 바르지 않아 보이고, 천국에 관한 생각이 바르지 않은 것 같기 때문입니다. 기다림을 핵심으로 하는 기독교 소망의 의미도 일반 사회에서 쓰는 것과 비교할 때 다르지 않습니다. 무엇이 위 네 가지 대답을 천국 소망의 이유로 삼는 걸 주저하게 할까요?

나는 성도들과 나눈 대화를 계기로 천국 소망의 이유나 목적에 관해 성찰하면서 무엇보다 천국과 소망 각 개념은 물론이고 천국 소망에 대한 이해에 문제가 있음을 확인할 수 있었습니다. 문제는, 비록 표현은 달라도 모두가 관습적인 소망의 이유를 '진인사대천명(盡人事待天命)'에 두고 있는 점입니다. 사람으로서 할 도리를 다했기에 이제는 노력의 결과로 결실할 천국 혹은 사후 보상이 주어지는 곳으로서 천국을 소망한다는 거죠. 물론 성경에 이런 점이 전혀 없진 않으나 성경이 말하는 천국을 이것들로 축소 혹은 환원해서는 안 됩니다. 문제는 이런 오해가 하나님의 은혜와 주권을 왜곡하고, 교회를 분열케 하며, 교회의 힘을 빼앗고, 천국 소망이 오히려 사회적 갈등을 유발하는 원인이 된다는 겁니다.

• 천국을 소망해도 되는가?

믿음의 조상들의 삶을 보면 그리스도인의 천국 소망은 당연한 현상이고 심지어 규범적이기까지 합니다. 그리스도인은 천국을 **소망해야 한다**는 말이죠. 그렇게 살도록 부름을 받았기 때문입니다.

그런데 그 나라가 하나님 것일진대(주의 기도 가운데 마지막 부분 '나라와 권능과 영광이 영원히 아버지의 것입니다') 우리는 과연 그 나라를 **소망할 수 있을까요?**

엄밀히 말해서 천국 소망은 믿는 자에게 허락된 것이지 누구에게나 가능한 건 아닙니다. 왜냐하면, 천국 소망은 우리가 비전을 세우고 그것이 이루어지길 노력하면 성취할 수 있는 그런 것이 아니기 때문입니다. 남의 소유는 아무리 소망한다고 해서 주인이 허락하지 않는 한 혹은 강탈하지 않는 한 내 것이 되지 않습니다. 그러므로 '우리가 왜 천국을 소망하는가?' 묻기 전에 먼저 다룰 질문이 있어요. '우리는 천국을 **소망해도 되는가?**'입니다.

성경에 따르면, 하나님의 백성 곧 그리스도인은 소망을 위해 부르심을 받습니다. 아직 믿기 전 상태를 바울은 '소망이 없는 자'(엡 2:12)라 말했습니다. 믿는 자는 소망이 있는 자란 말이죠. 무엇에 대한 소망인가 묻는다면 그리스도를 통해 주어진 하나님의 약속에 대한 것이다, 이렇게 말할 수 있습니다. 말씀으로 분명히 약속하신 것이니 확실해 보입니다.

그러나 하나님의 약속을 바란다는 것이 그렇게 쉬운 일은 아닙니다. 믿음의 조상 아브라함의 소망을 말하면서 바울은 그가 **바랄 수 없는 중에** 바라고 믿었다고 했습니다(Against all hope, Abraham in hope believed, 롬 4:18). 사람들이 바라는 내용과 방식이 전혀 다르다는 겁니다. 사람들에게는 불가능하게 여겨져 누구도 감히 소망하려고 하지 않는 일인 거죠. 실제로 아브라함이 받은 약속은 더는 생산 능력이 없는 여인에게서 나올 후손에 대한 겁니다. 그리스도인 곧 믿는 자는 이런 소망이 주어져 있다는 거죠.

이에 비해 이방인이 소망이 없는 자인 건 약속이 주어져 있지 않기 때문입니다. 그들은 자기 이상을 따라 소망하고 또 성취할 수 있는 것을 소망하며 살 뿐입니다. 그런데 만일 이방인이 예수 그리스도를 믿으면, 나면서 이방인이어서 소망이 없는 자라도 은혜로 말미암아 언약 관계 안으로 받아들여져 아브라함의 영적 후손이 됩니다. 따라서 아브라함과 마찬가지로 바랄 수 없는 것 곧 우리 것이 아니고 또 우리 힘으로 이룰 수 없는 것을 바라고 믿도록 허락됩니다. 실현이 가능한 것을 소망하는 삶에서 사람의 힘으로는 실현 불가능한 것을 소망하는 삶으로 옮기는 것이니 믿음의 길은 험난할 수밖에 없습니다.

믿음 없이 약속은 내 것이 되지 않고, 약속 없이는 소망도 없습니다. 소망이 없이는 참 그리스도인이 될 수 없습니다. 그리스도를 믿는다는 건 예수 그리스도를 통해 주신 약속을 소망하도록 부르심을 받는다는 걸 의미하기 때문입니다. 이 부르심에 근거하여 그리스도인은 하나님의 약속을 소망해도 됩니다.

그리스도인은 예외 없이 이 소망으로 부름을 받습니다. 심지어 바울은 우리가 소망으로 구원을 얻었다고 말합니다(롬 8:24, 참고: 벧전 1:3~5). 바랄 수 없는 중에 소망하며 믿는 것 곧 언약 관계에서 얻은 양자 신분을 끝까지 붙잡는다면, 하나님의 구원을 얻으리라는 뜻이죠. 비록 소망이 구원을 보장하진 않아도, 약속을 믿고 소망하며 끝까지 인내하여 믿음을 지키는 자는 성령께서 구원으로 인도하신다는 의미입니다.

그러므로 관건은 하나님이 소망하도록 허락하신 천국 소망의 의미를 바르게 이해하는 겁니다. 루이스(C. S. Lewis)는 많은 그리스도인이 다음 세상을 더 이상 생각하지 않게 되면서, 기독교는 그 힘을 잃고 말았다고 말했습니다. 사실 오늘날 교회와 성도의 무기력함이 가득한 건 천국 소망이 없기 때문이고, 설령 천국을 소망하더라도 관습에 따른 소망에서 벗어나지 못하기 때문입니다. 그러므로 먼저 천국 소망의 태동기부터 오늘에 이르기까지 천국 소망에서 무엇이 문제였는지 살펴볼 필요가 있습니다. 그 후 그리스도인은 천국을 왜 소망하고 또 반드시 소망해야 하는지 그 합당한 이유에 대해 살펴보도록 하죠.

> "만일 그리스도 안에서 우리가 바라는 것이 이 세상의 삶뿐이면
> 모든 사람 가운데서 우리가 더욱 불쌍한 자이리라"(고전 15:19)

성경적 천국 소망의 의미를 바르게 이해하기

• 유대인의 천국 소망

천국 소망의 태동에서 형성까지

천국을 말하기까지 이스라엘은 긴 역사 과정을 거쳐야 했습니다. 고대
히브리인은 지역신 신앙(local god)과 단일신 신앙(henotheism)[3]을 가졌었거든
요. 천국 신앙은 유일신 신앙(monotheism)이 형성된 후기 유대교에서 비로
소 나타납니다. 왜냐하면, 천국은 하나님의 초월성을 전제하고 또 그것을
표현하는 개념이기 때문입니다. 천국을 말하는 건 이스라엘의 하나님 여호
와께서 온 세상의 왕으로서 다스리실 거라는 믿음에서 비롯합니다(시 10:16,
24:7~10, 44:5, 사 6:5, 33:22, 렘 10:7). 하나님이 하늘에 계신다는 말은 한편으
로는 초월성을 강조하는 말이지만, 다른 한편으로는 하나님이 특정한 지역
에만 머무시지 않고 온 세상 어디에나 계신다는 겁니다.

천국 신앙 형성 과정에서 핵심 질문은 이렇습니다. '의인이 하나님의 언
약에 따른 보상을 전혀 받지 못한 채 죽었을 때 그들의 미래에 대해 하나님
은 무엇을 하시겠는가?' 보상을 기대하는 마음에서 제기된 이 질문을 계기
로 유대인은 주변 고대국가의 사상에 영향을 받아 새로운 기대를 품게 되
었습니다. 의로운 자에 대한 하나님의 약속은 영원하여 하나님은 그들을
사후에도 돌보실 것이라는 겁니다.

---

3 지역신 신앙이란 여호와는 자기 백성이 사는 지역을 보호하는 신임을 믿는 것이며, 단일신 신앙이란
   설령 다른 신의 존재는 부정하지 않아도 나는 오직 여호와만을 참 하나님으로 믿는다는 고백이다. 대
   표적인 건 십계명의 첫 번째 계명과 여호수아의 고백(수 24:14~15)에서 엿볼 수 있다.

의인이 죽을지라도 마음에 두는 자가 없고 진실한 이들이 거두어 감을 당할지라도 깨닫는 자가 없도다 의인들은 악한 자들 앞에서 불리어 가도다 그들은 평안에 들어갔나니 바른길로 가는 자들은 그들의 침상에서 편히 쉬리라. (사 57:1~2)

비록 고대 주변 국가 사상에 영향을 받았으나 그들의 기대는 기본적으로 출애굽 사건과 포로 귀환 사건에서 근거를 찾을 수 있습니다. 신학적으로 말한다면, 그들의 기대는 출애굽 약속과 포로 귀환 약속을 지키신 하나님의 신실함을 근거로 삼은 결과입니다. 여기에 더해 유일신 신앙이 형성된 후에는 여호와가 악을 근절할 것이며 온 세상을 다스리실 것이고 모든 민족이 여호와를 참 하나님으로 믿을 것에 대한 기대가 생겼습니다. 대략 BC 3세기 후 묵시 문헌에서 발견되는 신앙에 따르면 '천국'은 하나님이 의인과 함께 계시면서 그들을 돌보시는 곳입니다. 천국은 하늘과 땅을 창조하신 하나님이 통치하는 곳이며 또한 죽은 의인이 가는 곳입니다. 바로 이런 신앙에서 천국은 오직 의인만이 갈 수 있다는 생각이 나옵니다. 그러므로 천국에 가기 위해서는, 설령 살아있는 동안 보상을 받지 못해도, 율법 행위에서 온전한 의인이 되어야 했습니다. 신약에 등장하는 바리새인들이 율법 준수를 그토록 강조한 이유입니다.

유대인의 천국 소망은 역사 경험에서 발견한 신앙과 오직 여호와만을 하나님으로 섬기는 신앙 그리고 종말 이후 세계에 대한 묵시 신앙에 근거하여 형성하였습니다. 그들이 천국을 소망하는 이유는 그것이 약속에 따른 보상이고 또한 율법 행위를 통해 입증된 의로 말미암아 사후세계에서 주어지는 보상에 대한 기대와 욕망 때문이었습니다. 이런 소망의 이유에 기초한 신앙을 두고 나는 앞에서 인과응보 사상에 기초한 '진인사대천명' 신앙으로 규정한 겁니다.

그러나 예수님은 이런 천국 신앙 및 소망을 수정하기를 원하셨습니다. 따지고 보면 구약 성경 내용에 부합하는 소망과 신앙인 것 같은데요, 예수님은 이걸 왜 수정하려고 하셨을까요? 왜냐하면, 이것은 자기 의를 주장하기 때문입니다. 자기 의는 하나님의 주권을 부정합니다. 그래서 천국을 선포하시면서 무엇보다 먼저 회개할 걸 촉구하신 겁니다(막 1:15).

그렇다면 예수님의 천국 복음과 관련해서 유대인은 무엇을 회개했어야 했나요? 예수님을 찾아와 천국 혹은 영생에 관해 물어온 세 사람과의 대화에서 단서를 찾을 수 있지 않을까 싶습니다. 세 사람은 니고데모와 율법 교사와 부자입니다.

유대인의 천국 신앙 및 소망에 대한 예수님의 비판

하나님 나라 백성의 자격: 첫째, 예수님이 하나님이 함께 계신 분이고 또 하나님에게서 오신 분임을 인정하고 찾아온 니고데모는 하나님 나라에 들어갈 자격에 관한 가르침을 듣게 됩니다(요 3:2~3). 하나님의 나라는 오직 물과 성령으로 거듭난 사람만이 들어갈 수 있다는 거죠(요 3:5). 이는 하나님이 하시는 일이며 오직 예수 그리스도를 믿는 자에게만 일어날 수 있다는 뜻입니다(요 3:16). 이 사실은 율법 행위에서 온전한 의인만이 천국에 갈 수 있다고 믿고 있던 니고데모에게는 큰 충격입니다. 예수님에 대한 믿음이 아직 인정받지 못하던 때 그것을 천국에 들어가는 조건으로 삼는 건 전통을 송두리째 뒤집는 이단 사설에 해당했습니다. 이처럼 진리를 거짓으로 여긴 것, 그러니까 그들이 회개해야 할 건 예수를 그리스도요 주로 믿지 않은 것이었습니다(행 2:36, 38).

율법의 요구와 복음의 요구: 둘째, 율법 교사는 무엇을 해야 영생을 얻을 수 있는지 물었습니다(눅 10:25). 누가는 이를 보고 그가 예수님을 시험하기 위해서 질문한 것이라고 했습니다. 예수님은 그가 원하는 대답을 주셨는데, 하나님 사랑과 이웃 사랑의 계명을 지키라는 것이었습니다. 이에 율법 교사는 자기 의를 내세울 생각으로 '내 이웃'이 누구인지 물었습니다. 그의 질문의 의도에는 당시 유대인이 이웃 사랑 계명을 지켜온 관습이 엿보입니다. 유대인은 이웃의 범위를 나를 중심에 놓고 가족-〉 친척-〉 이웃-〉 종교로 확장했고, 그것을 의무로 지키며 실천해 왔거든요. 유대교 밖의 사람들은 이방인으로 여겨 이웃에 포함하지도 않았습니다. 다시 말해서 이방인은 이웃 사랑의 대상이 아니어도 되었습니다.

율법 교사는 적어도 유대인 관습에 따라 이웃 사랑을 실천하는 일에서 최선을 다했음을 보이려 했고 이를 통해 자기 의를 인정해 주기를 원했습니다(눅 10:29). 다시 말해서 영생을 얻을 조건을 물었지만, 실상은 자기는 이미 모든 조건을 충족했음을 알리고, 예수님을 통해 거듭 확인받음으로써 천국에 대한 그의 이해가 자기들과 비교해서 특별하지 않다는 증거로 삼으려 했습니다. 이것을 두고 누가는 예수님을 시험하려 했다고 표현한 것입니다.

그러나 예수님은 선한 사마리아 사람의 비유를 통해 유대인의 '이웃' 개념을 수정하셨습니다. 나를 중심에 놓고 생각한 이웃 개념을 바꾸어 도움이 필요한 사람을 중심에 놓고 그에게 실질적으로 도움을 주는 사람이 이웃이라 선언하신 거죠(눅 10:36).

관점의 전환이 없이는 실천할 수 없음을 폭로하는 이 비유를 통해 예수님은 유대인의 이웃 사랑을 뒤집었고, 이로써 율법의 행위는 그것이 아무리 온전하다 해도 예수님이 선포하는 천국에는 합당하지 않음을 밝혔습니다. 자기들의 천국 이해로 예수님의 천국 이해를 견주려는 태도, 그러니까 예수님의 천국을 원한다면 그는 먼저 이런 태도를 회개해야 했습니다.

누구를 신뢰하는가?: 이건 세 번째 부유한 사람에게서 더욱 분명하게 나타났습니다. 그 역시 예수님을 찾아와 무엇을 해야 영생을 얻을 수 있는지 질문하였습니다(막 10:17~22). 예수님은 계명을 지키라고 말씀하셨고, 온전하길 원한다면 가진 재산을 모두 팔아 가난한 자에게 나누어 주라. 그리하면 하늘에서 보화가 네게 있을 것이다. 그리고 와서 나를 따르라 말씀하셨습니다. 재물이 많은 사람은 슬픈 기색을 띠고 근심하며 떠났다고 했습니다. 영생을 얻기를 갈망하며 살았고 예수님을 찾아와 그 방법을 물을 정도로 열정은 있었으나 이건 다만 그가 현재 누리는 물질적 만족이 영원히 지속하기를 원해서 한 행동이었을 뿐입니다. 그 결과 정작 예수님이 제시한 영생을 얻는 방법은 받아들일 수 없었습니다. 재물을 모두 팔고 나를 따르라는 말씀은, 천국 소망의 관건은 누구를 신뢰하느냐에 달려 있음을 밝히신 건데요, 부자는 자기가 재물을 신뢰하고 있음이 밝혀졌을 때 회개할 생각을 하지 않고 근심할 뿐이었습니다.

이상의 세 가지 이유로 예수님의 천국 복음을 들은 유대인은 회개해야 했습니다. 먼저 예수님에 대한 불신앙을 회개해야 했고, 둘째, 온전한 율법 행위를 통해 천국에 갈 수 있다고 믿고 자기 의를 인정받으려 하면서 예수님이 선포하시는 천국을 받아들이지 않는 태도를 회개해야 했습니다. 그리고 셋째, 예수님의 존재와 사역과 더불어 땅에 임재해 있는 천국의 가치를 바르게 인지하지 못하게 하는 물질을 신뢰하는 태도를 회개해야 했습니다.

이와 관련해서 관건은 무엇보다 먼저 예수님이 선포하시고 또 자기 인격과 사역을 통해 보이신 천국을 아는 것입니다. 성경이 천국에 대해 말하는 주제들과 비유들은 천국이 어떤 곳인지 이에 관한 구체적인 이미지를 보여줍니다. 천국을 말하는 성경의 주제들과 비유들을 매개로 예수님이 선포하신 천국에 대해 살펴보도록 하겠습니다.

• 땅에 현존하는 하나님 나라를 말하는 주제들

성경에는 땅에 현존하는 하나님 나라를 말하는 여러 주제가 있습니다. 특히 창조-타락-구속-완성이라는 기독교 세계관 혹은 구속사적 관점으로 전개되고 예수 그리스도의 나라를 말하는 데서 정점을 이룹니다(요 18장과 골 1:13, 요한계시록). 이 주제들을 통해 땅에 현존하는 하나님 나라의 성격에 대해 살펴볼 수 있습니다.

창조

창조 기사는 전능하신 하나님 여호와께서 유일하신 분이고 세상을 성실하게 다스리시는 분이라 선포합니다. 무엇보다 혼돈의 상태가 하나님이 말씀하신 대로 바뀌어 '세상'이 되었다는 말씀의 맥락에서 볼 때 창조는 하나님 나라가 땅에서 어떻게 시작했는지를 보여줍니다. 하나님은 말씀으로 세상을 창조하시고 하늘에서 다스리고 돌보시며 또한 땅에서도 사람과 함께 거주하시면서 다스리고 돌보십니다. 여호와 신앙에서 관건은 오직 여호와

만이 참 하나님이심을 인정하고 여호와의 말씀에 순종하는 겁니다.

이와 더불어 창조신앙은 새로운 창조를 기대하게 합니다. 혼돈의 세계에서 어떻게 새로운 질서를 회복할 것인가? 창조 기사를 이 질문에 대한 대답으로 읽는다면, 창조는 어떤 현실이든 그것이 하나님의 말씀대로 될 때 그때 비로소 하나님이 보시기에 좋은 세상이라는 걸 고백합니다. 이런 점에서 새 하늘과 새 땅에 대한 비전(사 65:17~25)은 이미 창조신앙에 내포되어 있습니다. 장차 그곳이 어떤 곳으로 나타나든 분명한 건 여호와가 참 하나님으로 인정될 것이며 또한 말씀대로 될 것이라는 기대와 소망도 포함합니다. 이렇듯 성경은 세상이 하나님의 말씀대로 되었음을 말하면서 장차 하나님의 말씀대로 될 새로운 천국이 땅에서 이루어져 새 하늘과 새 땅으로 변화할 것을 말합니다. 요한계시록에 따르면 새 하늘과 새 땅은 우리가 사는 이 땅으로 임합니다.

세상을 창조하신 하나님은 당신의 형상에 따라 인간을 만드시고 당신이 땅에서 하실 일을 인간에게 위임하셨습니다.

> 하나님이 그들에게 복을 주시며 하나님이 그들에게 이르시되 생육하고 번성하여 땅에 충만하라, 땅을 정복하라, 바다의 물고기와 하늘의 새와 땅에 움직이는 모든 생물을 다스리라 하시니라. (창 1:28)

위임(empowerment)은 명령의 형태로 나타나고 있지만, 실상은 하나님의 은혜입니다. 세상을 관리하는 일이며, 또한 하나님의 뜻에 적극적으로 참여하라는 지시입니다. 하나님은 명령과 함께 복 곧 하나님의 능력을 주셨습니다. 복은 하나님의 명령을 이행할 수 있도록 하나님이 인간에게 주신 능력입니다. 인간에게 위임된 후 하나님의 통치는 인간이 서로 돕고(피조 원리,

창 2:20) 서로 사랑하고(예수님의 새 계명을 통해 계시하였고, 요 13:34~35) 서로 세우는(바울이 제시하는 공동체의 원리, 빌 2:3) 삶을 통해 드러납니다(다음을 참고: 최성수, 『하나님 나라를 경험하는 길』, 서울: 동연, 2023). 다시 말해서 성도의 세 가지 삶의 방식은 하나님 통치의 현재성을 교회 안팎에 보이는 방식일 뿐 하나님 나라를 실현하거나 확장하는 건 아닙니다.

타락

하나님이 인간에게 통치를 위임하시면서 기대하신 건 세상을 관리하는 청지기 직입니다. 인간은 창조 세계의 관리를 위임받았으나 하나님의 말씀대로 살지 않았는데요, 사탄의 유혹을 받아 넘어졌습니다. 성경에서 유혹은 하나님 나라와 다른 나라의 존재와 갈등 국면을 환기합니다. 왜냐하면, 유혹은 욕망을 매개로 해서 하나님 나라에 속한 사람이 다른 나라의 세계관에 따라 살도록 설득받는 사건이기 때문이죠. 타락은 신실하신 하나님의 다스림과 돌봄을 현실의 삶에서 인정하고 감사함으로 받아들이지 않은 결과이고, 또한 관리하는 청지기가 아니라 직접 다스리려 하다가 자기 욕망에 걸려 넘어진 결과라고 보는 게 옳습니다. 타락 후 인간은 욕망에 따라 사는 걸 당연하게 여깁니다. 창세기 저자는 그 욕망을 다음과 같이 표현했습니다.

> 여자가 그 나무를 본즉 먹음직도 하고 보암직도 하고 지혜롭게 할 만큼 탐스럽기도 한 나무인지라… (창 3:6)

이 말을 통해 드러난 욕망이 무엇을 의미하는지는 예수님이 받으신 세 가지 시험에서 드러납니다.

이 시험은 다음과 같이 해석할 수 있습니다. 첫째, 먹는 것으로 인해 유혹받고 넘어졌다는 건 인간은 생존을 위한 본능, 현실의 절박한 문제 앞에서 넘어질 수밖에 없다는 것입니다. 무엇보다 살고자 하는 욕망은 사탄의 먹잇감입니다. 이에 반해 의 곧 하나님과 올바른 관계를 지키기 위해 기꺼이 죽고자 할 때 사탄은 무력해집니다. 사탄은 굶주린 예수님에게 돌을 떡으로 바꾸라, 절박한 현실 문제를 해결해라, 하나님의 아들로서 이런 기적이라면 당연히 행해야 하지 않느냐, 요구하고 질문했습니다. 이에 예수님은 신 8:3을 인용하면서 사람이 떡으로만 사는 것이 아니라 하나님의 입으로 나오는 말씀으로 살 것이라 말씀하셨습니다.

둘째, 사탄은 예수님에게 세상의 영광을 모두 보여주면서 자기에게 절을 하면 다 주겠다고 했습니다. 세상에서 누리는 영광을 보이고 이걸 누리게 하겠다는 건 인간이 인정받으려는 욕구를 채워주겠다는 겁니다. 이것 역시 사탄의 먹잇감입니다. 하와는 사탄이 보여주는 것을 자기 것으로 삼아 자기를 나타내려 했습니다. 결국, 사탄의 유혹에 넘어졌습니다.

그리고 셋째, 성경에 따르면, 지혜는 하나님을 경외할 때 선물로 주어지는 것입니다. 지혜는 하나님과의 관계에서 인간에게 무엇이 올바른 것인지 판단하는 능력입니다. 이걸 자기 힘으로 얻으려 하는 건 교만입니다. 예수님이 받으신 시험을 보십시오. 마귀가 높은 곳에서 뛰어내리면 하나님이 천사를 통해 보호하실 것이라는 말을 들었을 때, 예수님은 하나님을 시험하지 말라 하셨습니다. 하나님과의 관계는 하나님이 주도하여 이루어지는 것임을 아셨기 때문입니다. 하나님과의 관계는 사람의 행동 여하에 따라 형성되는 게 아닙니다. 하와가 지혜를 탐한 건 하나님이 주도하시는 관계가 아니라 자기가 주도하는 관계에 대한 욕망 곧 지배 욕구의 표현입니다.

이처럼 인간의 세 가지 본질적 욕망과 그 욕망을 자극하는 사탄의 욕망이 만났을 때 인간은 사탄의 권세에 압도되었습니다. 그 결과 하나님의 말씀대로 행하기보다는 따먹지 말라는 선악과를 따먹었습니다. 피조물인 인간이 창조주인 하나님처럼 되려 했으니, 하나님이 좋아하실 리 없습니다. 달리 말해서 선악과를 따먹지 말라는 말씀은, 창조주 앞에서 피조물로 머물러 있으라, 하나님 앞에서 인간으로 머물러 있으라는 하나님의 뜻을 계시합니다. 인간과 인간의 관계에서는 판단하기보다 서로 도우며 살라는 뜻("돕는 배필")을 함축한다고 생각할 수 있습니다. 비록 인간이 하나님의 형상을 따라 만들어졌더라도, 하나님처럼 되려 하거나 하나님이 하시는 일을 인간이 하려거나 인간이 인간을 판단하며 사는 건 하나님이 원하시지 않는 일입니다. 인간학적 한계는 하나님이 되려는 것과 인간이 인간 위에 군림하려는 걸 처음부터 포기하라는 하나님의 요구에서 밝히 드러납니다.

창세기와 복음서에 나오는 두 유혹 사건은 하나님의 다스림과 돌봄을 위임받은 자에게 일어난 것인데, 후자가 전자의 의미를 계시하면서 서로 쌍을 이루고 있습니다. 전자는 타락의 역사에서 시작에 해당하고 후자는 구원 사역에서 시작을 여는 사건이라는 점에서 하나님의 부름을 받는 누구에게나 일어날 수 있고 또 이걸 어떻게 극복해야 함을 지시합니다. 경고와 교훈을 위한 이야기인 거죠.

한편, 하나님이 따 먹지 말라 하신 선악을 알게 하는 나무는 지혜의 나무로 불리고 있으나 모든 지식을 알게 하는 나무란 뜻으로도 이해됩니다. 지혜는 판단의 능력이고, 모든 지식을 안다는 건 전지의 능력을 의미합니다.

그러니까, 관리를 위임받은 인간이 하나님의 명령을 어기고 선악과를 따먹었다는 건, 하나님의 은혜 안에 머물며 그 은혜로 만족하고 그 은혜에 감사하면서 반응하는 삶을 살기보다 전지의 능력을 얻어 자기가 직접 세상을 판단하며(성경에서 '판단한다'는 '다스린다'는 의미로 사용) 살겠다는 의지를 실행한 겁니다.

성경은 이걸 두고 사탄의 입을 빌려 하나님처럼 되려 했다, 이렇게 해석했습니다(창 3:5). 하나님을 경쟁 상대로 삼도록 했다는 겁니다. 타락은 하나님에게 통치를 위임받은 자로서가 아니라 자기가 하나님이 되어 세상을 다스리겠다는 의지가 실행된 상태입니다. 경쟁은 미움으로 이어지고, 심하면 폭력을 실행합니다. 하나님처럼 되려고 하는 건 하나님을 경쟁 상대로 삼겠다는 것이고 또 하나님을 미워하는 일입니다. 그런데 시편 기자의 말을 빌린다면, 하나님은 웃음으로써 인간의 타락을 당신의 통치 계획으로 받아들이십니다.

하늘에 계신 이가 웃으심이여 주께서 그들을 비웃으시리로다. (시 2:4)

타락 후 역사

하나님 나라는 창조와 더불어 땅에서 시작했으나 선악과를 대하는 하와, 그리고 아벨에 대한 가인의 태도에서 볼 수 있듯이, 사탄은 인간의 욕망(특히 감정 기반의 욕망인 생존욕구, 인정욕구, 지배욕구)을 타고 침투합니다. 타락 후에도 하나님의 통치는 계속 진행되었으나 인간은 자기 욕망을 따라 살았기에 하나님의 다스림과 돌봄은 사탄의 권세에 의해 방해받고, 공격받고, 왜곡되었습니다. 결국, 욕망에 이끌려 사는 인간 통치로 대체되었습니다. 그 결과는 욕망의 극대화로 사회적 불의가 커지고 무엇보다 다른 사람에 해를 끼

치는 일이 발생한 겁니다(암 5:11~12).

성경의 저자들은 이스라엘의 흥망성쇠에 대한 역사 기록을 통해 무엇이 하나님 백성의 눈을 어둡게 하고 마음을 완악하게 만들었는지 이에 관해 기술했습니다. 욕망에 따른 삶은 하나님과 언약 관계에 있는 이스라엘 백성에게 심각한 영향을 미쳤습니다. 사사들과 왕과 제사장과 선지자들을 통한 여호와의 다스림과 돌봄을 거부하고 각종 우상에게 돌아서게 했고, 인간의 통치 의지를 격동시켜 하나님의 통치를 대체하려고 했습니다. 하나님을 미워하는 마음을 심어놓은 거죠.

다시 말해서 하나님 나라 백성으로서 이스라엘은 하나님의 다스림과 돌봄을 세상에 나타내 보이는 삶을 거절했고 심지어 마치 하나님이 없는 듯이 살았습니다. 비록 하나님의 말씀대로 살았던 소수가 있었고 후에 "남은 자"(레 26:36, 사 10:20~21)와 "그루터기"(사 6:13) 역할을 했으나, 대체로는 하나님의 말씀과 무관하게 살았습니다. 사사기와 역사서 기록에서 볼 수 있듯이 이스라엘은 하나님의 말씀대로 사는 일에서 부침이 컸습니다. 결국, 바빌론에 의해 나라는 망하고, 성전은 파괴되고, 유대인 중 상당수가 바빌론 포로로 끌려갔고 끝내 고국으로 돌아오지 못했습니다. 하나님의 통치를 거부한 결과가 어떠한지를 직접 겪어야 했습니다.

후기 유대교 묵시 사상과 하나님 나라 운동들[4]

바빌론의 침입, 나라의 멸망, 성전 파괴, 그리고 포로기와 디아스포라를

---

4 다음 세 종의 책 내용에서 많은 부분을 참고하였다. Eduard Lohse, *Umwelt des Neuen Testaments*, NTD Ergänzungsreihe 1(Göttingen: Vandenhoeck/Ruprecht, 1989), 특히 I. Teil(7~144); 김세윤, "예수의 하나님 나라 복음", 김세윤/김회권/정현구, 『하나님 나라 복음: 신구약을 관통하는 하나님의 다스림』 (서울: 새물결플러스, 2013), 217~272: Mathias Henze, *Mind the Gap*, 신철호 옮김, 『마인드 더 갭』(경주: 마온하우스, 2023).

경험한 이스라엘 백성은 어떻게든 여호와 신앙을 변호해야 했습니다. 오늘날 신정론(theodicy)이라 불리는 생각들이 전개되었는데, 이건 크게 네 방향에서 이루어졌습니다. 첫째, 여호와가 세상을 창조하셨다는 고백입니다. 이로써 여호와께서 모든 신들의 신이며, 만왕의 왕임을 밝혔습니다. 둘째, 비록 그때까지는 사후세계에 대한 구체적인 그림을 갖고 있지 않았으나 산 자의 하나님은 죽은 자의 세계인 스올(히브리어로 죽은 자들이 가는 곳)도 다스리신다고 생각하였습니다. 셋째, 의인으로서 죽은 자들을 기리면서 죽은 후에도 그들을 돌보시는 하나님을 소망하였습니다. 그리고 넷째는 선지자의 환상과 꿈을 통한 묵시(apocalypsis) 문헌의 등장입니다. 묵시의 핵심은 초월자의 역사 개입에 관한 내용입니다. 약속대로 70년이 지나 귀환을 경험했으나 여전히 강대국에 의해 지배받는 이스라엘 백성들 가운데 계신 초월자 여호와께서 세상에 개입하시어 마침내 이스라엘을 회복하고, 원수들을 멸망시키고, 또 이스라엘로 온 세상을 다스리게 하실 것에 대한 신앙을 표현한 거죠. 이건 오직 창조신앙을 전제할 때만 가능한 것으로 종말론적인 성격을 가졌습니다. 묵시 사상은 한편으로는 민족주의적 시온주의로 전개되었고, 다른 한편으로는 특히 후기 유대교와 신구약 중간기를 거치면서 하나님 나라 운동으로 나타났습니다.

그런데 극히 부정적인 상황에서 하나님을 변호했던 노력이 아이러니하게 나중에 예수님의 하나님 나라에 관한 선포를 방해하고 핍박했습니다. 예컨대, 민족주의적 시온주의는 폭력을 불사하여 예수님의 평화 운동에 큰 지장을 주었고(이건 팔레스타인 지역에서 지금까지도 진행 중입니다), 신구약 중간기에 형성된 하나님 나라 운동은 예수님의 하나님 나라 운동을 거부하게 했습니다. 예수님의 하나님 나라 선포가 심판의 나라로 나타난 건 바로 이런 이유 때문입니다.

당시 하나님 나라 운동에는 크게 세 흐름이 있었는데 이것들은 예수님과 그분의 사역을 방해하고 핍박하였고, 또한 예수님이 회개하라고 촉구할 정도로 비판받았습니다.

- 바리새파: 하나는 율법을 지킴으로써 하나님 나라에 들어갈 수 있다고 생각해 율법을 철저히 지킬 걸 주장한 흐름입니다. 이런 흐름의 대표자는 바리새파입니다. 율법 준수를 강조하였고 상대적으로 율법을 지키며 살지 못하는 사람들을 혹독하게 비난하였죠. 성경에 나타나는 그들의 모습은 대부분 위선적 행위로 비난받았으나, 대체로 영생을 얻는 법, 하나님 나라에 들어가는 법, 율법을 온전히 지키는 법 등에 큰 관심을 보였습니다. 왜냐하면, 그건 바리새인들에게 핵심 관심사였기 때문입니다.

- 에세네파: 다른 하나는 도덕적 종교적 성결 운동입니다. 세상과 구별된 삶을 통해 하나님 나라에 들어갈 수 있다고 믿었습니다. 이런 흐름을 대표하는 건 성전 전통을 거부하고 속세를 떠나 광야에 터전을 잡고 성경 연구에 전념한 에세네파에 속한 쿰란 공동체입니다.

- 열혈당: 마지막 하나는 독립운동 같은 정치적 투쟁을 통해 주권을 회복함으로써 하나님 나라를 이룰 수 있다고 믿었습니다. 민족주의적 시온주의와 맥을 같이하는 이들에게 하나님 나라는 인간에 의해 건설되는 것이고 확장하는 겁니다. 성경에서 열혈당원 혹은 젤롯당으로 언급된 이들이 이런 흐름을 대표합니다. AD 70년에 유대 전쟁을 일으켜 로마에 대항했으나 잔혹하게 진압되었고, 예루살렘 성전은 완전히 파괴되었습니다. 제사장 전통

에 굳게 서서 성전을 중심으로 살면서 현실적이고 타협적인 태도를 보인 사두개파 역시 젤롯당과 마찬가지로 반외세 운동을 벌였고 이를 통해 국가 통치를 실행하려 했습니다.

이상의 세 갈래 하나님 나라 운동의 공통점은 인간의 노력으로 혹은 철저한 도덕적 성결을 통해 하나님 나라에 들어갈 수 있다고 믿거나 주권을 되찾으려는 투쟁을 통해 하나님 나라를 실현할 수 있다고 믿은 겁니다. 그러나 예수님이 그리스도시고 세상을 다스릴 주님이심을 믿지 않았습니다.

이들과 비교할 때 다음에 설명할 예수님의 하나님 나라 운동은 달랐습니다. 무엇보다 중요한 건 예수 그리스도는 죄의 현상은 물론이고 그 뿌리인 악의 권세까지도 물리쳤고 또한 자기 인격과 사역과 순종의 삶을 통해 **하나님 나라의 현실을 직접 보이신 겁니다.** 이와 더불어 하나님 나라를 약속의 형태로 주심으로써 그것이 미래에 실현될 것임을 알리시는 일도 간과하지 않았습니다. 그렇다면 예수님의 하나님 나라 운동에서 특징은 무엇인가요?

예수님의 하나님 나라 운동

예수님의 하나님 나라는 하나님의 뜻에 따라 은혜로 임합니다. 예수님이 선포하신 해방과 자유를 듣고 받아들이는 자는 하나님 나라의 현실을 경험하거나 기대합니다. 이로써 타락 후 심히 왜곡된 천국 소망과 믿음은 수정되고 회복됩니다.

– 하나님 아들의 나라: 무엇보다 예수님의 하나님 나라 운동의 특징은 하나님 아들의 나라인 것에 있습니다(고전 15:28, 골 1:3). 전권을 위임받은(마 28:18) 세상의 구원자 그리스도가 세상의 왕이신 주(主)가 되어 다스리는 나라입니다. 희년 믿음의 구체화이며(마 11:5, 눅 7:22) 예수님을 주와 그리스도로 믿는 자에게 임하는 나라입니다. 나라가 온전히 회복한 후 아들은 그 나라를 아버지께 다시 바칠 것입니다(고전 15:24~25).

천국과 관련해서 예수 그리스도를 믿는다는 건 하나님의 사랑과 은혜를 통한 예수 그리스도의 통치를 받아들인다는 걸 의미합니다. 앞서 언급했듯이, 예수님이 천국 복음을 선포하면서 먼저 회개할 걸 촉구한 사실을 간과해선 안 됩니다. 회개와 천국을 연결한 건 잘못된 하나님 나라 운동에서 벗어나야 예수님의 하나님 나라를 받아들일 수 있다는 뜻이죠.

– 땅에서도 이루어지는 나라: 둘째, 하나님 아들의 나라는 땅에서도 이루어집니다. 주의 기도에도 나와 있듯이, 예수님은 하나님 나라가 하늘에서 온전히 이루어진 것같이 땅에서도 이루어지길 원하십니다. 하늘에서 이루어졌다는 건 악의 권세가 완전히 무너졌음을 뜻합니다. 그 나라는 예수님이 땅에 계실 때부터 회복했고(사 35:5~6에 대한 예수님의 해석 마 11: 2~5) 예수님을 그리스도로 또한 주님으로 믿는 자는 누구든 지금 그 나라의 백성으로 살 수 있습니다. 그러나 그 나라의 온전한 모습은 예수 그리스도가 다시 오실 때 나타날 것입니다.

장차 임할 아들의 나라로서 땅의 회복은 단순히 생태학적 복원의 의미를 넘어 영광 가운데 하나님이 임하시어 당신의 거처로 삼으시는 곳으로 변화할 것을 의미합니다. 그러므로 땅은 지금 하나님의 다스림과 돌봄이 실천되는 곳이며 또한 장차 온전히 이루어질 곳입니다. 내세 중심적 신앙에서 핵심이라 여겨진 새로 창조된 새 예루살렘(세상)은 하늘에서부터 땅으로 내려올 겁니다(계 21:2, 10). 땅은 하나님 아들의 나라가 임할 때 모습을 드러내는 곳이죠.

- 구원의 정의와 평화의 나라: 셋째, 하나님 아들의 나라는 더는 심판적 정의가 아니라 구원의 정의와 평화가 지배하는 곳입니다. 그리스도를 통해 계시한 은혜와 사랑으로 다스려지는 곳이며 성령의 인도에 따라 살 때 주어지는 의와 평화와 희락이 영원한 나라입니다(롬 14:17, cf. 사 52:7). 곧 은혜로 하나님과의 관계가 회복되며(의), 약속이 성취되고(평화), 삼위일체 하나님의 사귐 안으로 초대되어 기쁨(희락)을 영원히 누리는 곳입니다.

하나님은 은혜와 율법을 통해 다스리십니다. 은혜로 구원하고 율법을 통해 하나님의 백성을 거룩하게 지키십니다. 그런데 이스라엘 백성은 율법 준수를 하나님의 백성이 되는 조건으로 삼았습니다. 은혜를 통한 선택과 다스림을 간과하고 율법을 자기 정체성으로 삼았습니다.

그들이 은혜를 통한 다스림을 굳이 외면한 데에는 이유가 있었습니다. 왜냐하면, 이 일을 위해선 온전히 하나님을 신뢰해야 했는데, 하나님의 뜻에 자기를 전폭적으로 내맡겨야 가능한 일이었기 때문입니다. 타락의 역사는 하나님을 신뢰하며 살기보다 자기 소견에 옳은 대로 행하는 삶의 반복입니다(삿 17:6). 이것을 극복하기 위해선 십자가 사건에서 분명해졌듯이 인간의 욕망은 사라지고 오직 하나님의 뜻만 나타나야 합니다. 그러나 이건 인간의 기본욕구(생존욕구, 인정욕구, 지배욕구)가 허락하지 않는 일이죠. 이에 비해 율법 통치는 자기 수고와 노력에 대한 대가를 기대할 수 있는 겁니다. 자기만족은 물론이고 대인관계에서 기본욕구를 충족할 기회를 얻을 수 있습니다.

그렇다고 율법을 지킴으로써만 하나님의 백성이 되는 건 아니었습니다. 율법을 지키는 건 은혜로 얻은 하나님 백성의 자격을 갖고 약속의 땅에서 오래 살기 위한 길입니다. 하나님의 언약은 은혜로 주어진 것이고 이 언약을 기반으로 하나님은 이스라엘 백성과 관계를 맺으셨습니다. 바울은 이방인의 사도로서 예수 그리스도의 나라를 말함으로써 이 사실을 명시적으로 보이셨습니다. 더는 율법이 아니라 믿음 안에서 성령을 따라 사는 자가 하나님의 백성이며 이런 자에게 그 나라는 은혜로 임하여 지금 그리고 장차 현실이 됩니다.

- 지금 이곳에서 누리는 영생의 삶: 그리고 넷째, 예수님을 주와 그리스도로 믿고 성령을 따르는 자들은 비록 부분적이긴 하나 세상에서 이미 혹은 선취적으로(in anticipation) 영생의 삶을 사는 곳입니다. 예수님은 승리자로서 하나님 나라의 현실을 나타내 보이십니다. 복음서에 나오는 산상수훈(마 5~7장), 혼인 잔치(요 2장), 죄 용서(마 18장), 세상과 구별된 윤리(마 20:1~6) 등은 이 땅에서 천국의 모습을 보입니다. 앞에서 그리스도의 나라는 땅에서도 이루어지는 나라라고 말했습니다. 영생은 구원이며 또한 이곳에서 누리도록 허락된 하나님의 생명입니다. 거룩하신 하나님 앞에서도 죽지 않고 보존되는 생명(eternal life)을 의미합니다. 부활하여 하나님 안에서 지속할 생명입니다. 그리스도 안에 있는 자는 승리자로서 새로운 생명(new life)을 삽니다. 그런데 비록 지금은 그리스도 안에서 성령의 인도함을 받으며 새로운 생명을 누리며 살아도 온전한 형태의 영생을 살지 못하지만, 그래서 우리가 누구인지 우리 자신도 알 수 없지만(요일 3:2), 마지막 날에는 그것이

온전한 모습으로 임하여 나타날 겁니다.

네 가지 특징으로 설명된 예수님의 하나님 나라 운동은 블룸하르트 (Johannes Blumhardt)의 말을 빌린다면 "승리자(Jesus ist der Sieger)"의 모습이라 말할 수 있을 것입니다.

• 천국 비유들

'비유'(παραβολη)의 사전적 의미는 교훈을 깨닫게 하려고 일상생활에서 익숙한 사물과 현상과 관념을 끌어대어 설명하는 방법입니다. 예수님은 당시의 천국 이해와 다른 천국을 설명하기 위해 비유를 사용하여 설명하셨습니다.[5] 그런데도 제자들이 이해하지 못한 건 기존의 천국에 관한 생각에 매여 있었기 때문입니다. 오늘날도 마찬가지입니다. 관습적인 천국 소망으로 말미암아 오히려 성경적 천국 소망이 교회 밖으로 쫓겨나고 있습니다. 관건은 비유를 통해 당시 천국 이해를 넘어서는 것이었죠.

씨뿌리는 자의 비유는 보통 씨 비유로 이해됩니다(마 13:1~9, 18~23). 이 비유에서 핵심은 씨뿌리는 자인 예수님과 씨인 말씀의 관계입니다. 천국은 예수님이 뿌린 말씀을 어떻게 받아들이느냐에 따라 성장하기도 하고 고사하기도 한다는 거죠. 이 비유가 말하고자 하는 건 우리에게 임한 천국의 결실은 예수 그리스도를 믿고 그분이 선포한 천국 복음을 진심으로 받아들일

---

5 마태복음 13장에는 7개의 비유가 소개되었다. 씨뿌리는 비유, 가라지 비유, 겨자씨 비유, 누룩 비유, 감춰진 보화 비유, 진주 비유, 그물 비유 등이다. 누가복음에는 잃은 양(눅 15:3~7)과 잃은 동전(눅 15:8~10) 그리고 잃은 아들(눅 15:11~32)을 통해 천국을 비유하고 있다.

때 나타난다는 겁니다.

가라지 비유(마 13:24~30, 36~43)에서 핵심은 예수님의 천국 복음으로 형성된 공동체입니다. 비록 공동체는 사탄의 공격으로 침해받고 또 이 땅에서 악한 자와 더불어 거할 수밖에 없어도, 하나님은 자기 백성을 보호하신다는 겁니다. 마지막 날 천국은 하나님의 보호와 심판의 모습으로 나타날 것입니다.

겨자씨 비유(마 13:31~32)에서 밭으로 비유된 천국은 씨로 비유된 복음을 성장하게 한다는 겁니다. 공동체가 예수 그리스도의 복음으로 사는 한 천국은 놀랍게 성장하여 세상의 모든 백성이 그 안에 거하게 될 것입니다. 복음의 외적 성장의 원리를 말합니다.

이에 비해 **누룩 비유**(마 13:33)는 복음의 내적 성장 원리를 말하는데요, 천국은 복음을 받아들인 사람들의 내면에 큰 변화를 일으킵니다.

밭에 감춰진 보화 비유(마 13:44)는 천국의 가치에 관한 것입니다. 가치를 알아보는 자는 세상의 것을 모두 팔아 그것을 얻으려 한다는 겁니다. 부자가 영생을 갈망하였으나 결국 영생의 가치를 몰라 돌아간 이야기와 대조적입니다. 제자들을 포함해서 사도 바울은 부활의 주님을 만난 후 모든 걸 버렸다고 했습니다. 예수 그리스도에게서 천국의 가치를 알아보았기 때문입니다. 이것이 누가복음 15장에는 세 가지 잃었던 것을 다시 발견하는 기쁨으로 표현되었습니다.

진주 장사 비유(마 13:45~46) 역시 감춰진 보화 비유와 같은 맥락인데, 특히 진주는 진리를 상징합니다(마 7:6). 하나님 나라의 진리에 대한 가치를 인정하는 사람이 보이는 태도입니다.

그물 비유(마 13:47~50)는 가라지 비유와 마찬가지로 천국이 심판의 모습으로 나타날 것을 말합니다. 의인과 악인을 구별할 것인데, 의인은 천국으로 인도하고, 악인은 심판을 피하지 못할 것입니다.

이 모든 비유의 핵심은 천국은 숨겨져 있다는 것이며(밭에 감춰진 보화, 진주 비유), 그래서 발견되는 것으로 발견하는 자에게 큰 기쁨을 주고(잃은 양, 잃은 동전, 잃은 아들), 복음을 통해 성장한다는 것이고(씨 비유), 개인과 세상을 변혁하는 능력이 있고(겨자씨 비유, 누룩 비유), 심판의 모습으로 나타날 것(가라지 비유, 그물 비유)이라는 겁니다.

• 천국을 소망한다는 것은 무엇을 의미하는가?

지금까지 나는 관습적인 천국 소망의 한계를 벗어나기 위해 땅에 현존하는 천국을 말하는 여러 주제에 대해 살펴보았습니다. 이제는 '왜 천국을 소망하는가?' 이 질문에 대답하기 위한 전 단계로서 천국을 소망한다는 건 무엇을 의미하는지 살펴보도록 하겠습니다.

천국을 소망한다는 건 사실 인간으로서는 불가능한 일입니다. 적어도 관습적으로 이해하는 소망이 그 나라를 실현하기 위한 노력을 수반하는 비전 혹은 꿈으로 이해되는 한에서 그렇습니다. 이런 소망으로 천국을 바라는 건 처음부터 좌절할 수밖에 없습니다. 왜냐하면, 그 나라는 하나님 것이기 때문이죠. 소망을 품고 그것을 성취하려고 노력한다고 해서 될 일이 아닙니다. 그런데 하나님은 예수 그리스도를 믿는 자에게 천국 소망을 허락해 주셨습니다. 이 믿음과 함께 주어진 약속에 따라 우리는 천국을 소망할 수 있습니다.

그런데 소망이 실망으로 바뀔 가능성은 없을까요? 우리 사회에서 회자하는 말 가운데 '희망 고문'이 있듯이, 성취 가능성이 없으면서도 무지개를 좇는 것 같은 희망은 분명히 있습니다. 파블로프의 개 신세를 면치 못하는 그런 것입니다. 전혀 예상치 않은 때에 기대에 반하는 일이 일어날 수 있다는 겁니다. 게다가 바울은 그리스도인의 소망은 바랄 수 없는 중에 바라는 것이라 말하고 있습니다. 그렇다면 도대체 무엇에 근거해서 우리는 주 안에서 품은 소망이 성취할 것임을 확신할 수 있나요?

성경에는 소망과 관련해서 천국에 대해 잘못된 태도를 보인 사람들에 관한 몇 개의 이야기가 있습니다. 반대 사례들을 매개로 해서 천국을 소망한다는 것이 무엇을 의미하는지 살펴보겠습니다.

부활을 소망하는 것

고린도 교회의 성도 가운데 일부는 부활을 믿지 않는 사람이 있었습니다(고전 15:12). 정신에 비해 몸을 하찮게 여긴 헬라 사상에 경도한 사람들은 몸의 부활을 바라는 건 어리석은 것이라 여겼습니다. 부활을 믿지 않으니 당연히 다가올 천국을 소망할 수 없었습니다. 바울은 이들을 겨냥해 고린도전서 15장에서 부활 소망을 선포합니다. 바울은, 만일 부활이 없다면 자기가 가장 불행한 자로 여겼을 정도로 부활 신앙에 사활을 걸었습니다(고전 15:19).

천국을 소망하는 일에서 관건은 죽은 후에도 하나님이 그들을 다스리시고 돌보신다는 걸 입증하는 일입니다. 이건 죽음을 경험할 수 없는 인간에게 불가능한 일입니다. 임사 체험자의 증언이 있지만, 그것을 천국 소망의 근거로 삼을 수는 없는 일입니다. 이것을 기대할 수 있게 하는 근거는 오직 죽은 자의 부활뿐입니다. 그러므로 바울에게 천국을 소망한다는 건 예수 그리스도의 부활을 근거로 죽은 자의 부활을 소망하는 겁니다. 부활을 소망할 수 있다면 천국을 소망할 수 있습니다. 천국은 부활 생명이 하나님의 다스림과 돌봄을 받는 곳이기 때문입니다.

이걸 소망할 수 있는 건 예수 그리스도가 잠자는 자들의 첫 열매(고전 15:20)로 부활하셨기 때문입니다. 종말에 일어날 일이 역사 가운데(사후의 일이 지금) 일어난 건데요, 이는 하나님의 약속이 반드시 이루어진다는 것에 대한 "보증"(고후 1:22, 5:5)입니다. 천국을 소망한다는 건 부활 후 성도의 다음 세상을-비록 그 방법은 알지 못하지만-하나님이 다스리고 돌보신다는 걸 신뢰하는 겁니다.

우리 가운데 작은 자를 돌보며 사는 것

부자와 나사로 비유(눅 16:19~31)에서 부자는 지옥으로 가고 나사로는 아브라함의 품에 안겨 있습니다. 그들이 무엇을 잘못했고 무엇을 잘했는지 이에 관한 정보는 하나도 없습니다. 문맥을 통해 알 수 있는 건 부자가 부를 누리며 살면서도 가난한 나사로를 전혀 돌보지 않은 겁니다.

하나님이 주시는 복과 은혜의 우선적인 목적은 하나님의 다스림과 돌봄을 실행하는 일에 사용하도록 주신 겁니다. 이를 두고 바울은 예수 그리스도를 믿고 또 고난의 삶을 살게 하려고 주신 것이라고 했습니다(빌 1:29). 부자가 지옥에 던져진 이유는, 그가 자기에게 주어진 부를 오직 자기를 위해서만 사용할 뿐 하나님의 돌봄을 나타내 보이는 일에는 전혀 사용하지 않았기 때문입니다. 이런 태도는 돈을 좋아한 바리새인에게서 볼 수 있었던 것으로(눅 16:14) 흔히 이 땅에서 누리는 행복을 선택된 자에게 주신 은혜이며 천국 행복을 미리 맛보는 것이라 여기면서 가난한 자들을 돌보지 않는 사람들에게서 볼 수 있는 전형입니다. 다음 세상인 천국을 소망하지 않았거나 왜곡된 소망의 결과입니다.

마태복음 25장의 양과 염소의 비유(31~46)도 마찬가지로 이해할 수 있습니다. 이 비유는 주의 재림을 기다리며 사는 삶이 어떠해야 하는지 깨우치기 위한 비유입니다. 어떤 삶을 살든 만일 일상에서 작은 자를 돌보지 않는다면, 그리고 이 일 때문에 주의 심판을 받는 것으로 표현되었다면, 그건 재림을 기다리는 삶 곧 천국을 소망하는 삶이 아니라는 거죠.

예수님은 사회에서 가장 약한 자인 어린아이를 사람들 앞에서 세우고 천국 백성의 모형으로 삼으셨습니다. 이렇듯 천국을 소망한다는 건 일상에서 우리에게 있는 작은 자들을 돌보며 사는 것입니다. 이 일을 통해 하나님의 다스림과 돌보심이 현실로 나타납니다. 보상을 기대해서가 아니라 하나님의 돌보시는 은혜에 반응하는 일입니다.

기다리는 동안 빛으로 사는 것

마태복음 25:1~13에서 신랑이 오길 기다리는 동안 피곤하여 잠이 든 건 열 처녀 모두에게 일어난 일입니다. 그러나 다섯 처녀는 신랑이 올 때까지 등불이 꺼지지 않을 정도로 충분한 기름을 준비하지 않았습니다. 결국, 혼인 잔치에 참여하지 못했습니다. 이에 예수님은 "깨어 있으라" 말씀하셨습니다. 잠을 자지 말라는 게 아니라 재림을 확신하고 어둠을 밝히는 빛의 삶을 끝까지 살 수 있어야 한다는 거죠. 천국을 소망하는 건 재림을 고대하면서 어둠 가운데서 주의 빛으로 사는 일상이 멈추지 않도록 하는 겁니다

(롬 14:8~14, 약 5:8, 벧전 4:7, 벧후 3:10~14).

성실한 삶

달란트 비유에서(마 25:14~30) 한 달란트 받은 자는 각종 씨의 비유가 말하고 있듯이 천국이 자라고 성장한다는 원리를 깨닫지 못했습니다. 복음이 제대로 실천되면 천국은 스스로 성장하며 결실합니다. 이걸 기대하면서 받은 은혜 안에서 복음으로 일상의 삶을 성실하게 사는 것, 이것이 현재에서 천국을 살아가는 것이며 천국을 소망한다는 겁니다. 복음을 따라 성실하게 일상을 살며 순종할 때 하나님이 은혜로 받아주실 걸 기대할 수 있다는 뜻이죠.

하나님을 철저히 신뢰하는 것

예수님을 찾아와 영생 얻는 길을 물은 부자는 예수님이 제시한 영생의 길 앞에서 돌아섰습니다. 가진 재물이 많았기 때문입니다. 예수님의 하나님 나라 운동에는 관심이 있지만, 정작 그 나라에 들어가길 거부한 겁니다. 영생을 갈망하는 태도를 통해 자기 경건을 나타내 보이거나 종교적 욕구를 해결하려는 사람에게 볼 수 있어요. 머리로 수긍하고 마음으로 공감은 해도 정작 몸으로 실천하지 않는 신앙의 전형입니다. 천국을 갈망하기는 하나 천국을 소망하는 것으로 볼 수 없는 태도입니다. 하나님을 신뢰하면서 예수님처럼 살기보다 재물을 신뢰하는 데 더 큰 비중을 두었습니다. 천국을 소망한다는 건 예수님을 따르는 일이긴 하나 무엇보다 재물이나 권력이나 명예가 아니라 하나님을 신뢰하는 겁니다.

인간 나라에 대한 저항

하나님의 약속인 하나님 나라를 소망한다는 건 바랄 수 없는 것을 바라는 겁니다. 이는 현실에서 욕망에 사로잡힌 인간이 통치하는 나라에 안주하지 않고 저항하는 것으로 나타납니다. 재물과 권력과 명예를 신으로 삼는 자기 욕망에 저항하는 거죠. 설령 저항으로 인해 치명적인 손해를 보고 심지어 죽음을 경험할 수 있어도 부활 약속을 소망하며 저항을 포기하지 않는 겁니다. 바울은 이를 두고 욕망에 이끌려 사는 것이 아니라 성령을 따라 사는 삶이라 말합니다.

현실에서 하나님의 다스림과 돌봄을 받아들이는 것

천국을 소망한다는 건 현실의 삶에서 하나님의 다스림과 돌봄을 받아들인다는 겁니다. 예수 그리스도의 은혜로 만족하며 그 은혜 안에서 베푸신 것들에 감사하며 사는 것인데, 바울은 "오직 성령 안에 있는 의와 평강과 희락"(롬 14:17)이라고 했습니다. 이건 현실에서 구체적으로 약속에 따른 천국 소망과 이로 말미암은 고난의 삶으로 나타납니다.

> 그리스도를 위하여 너희에게 은혜를 주신 것은 다만 그를 믿을 뿐 아니라 또한 그를 위하여 고난도 받게 하려 하심이라. (빌 1:29)

하나님의 다스림과 돌봄을 받아들인다는 건 내가 원하는 것은 물론이고 내가 원하지 않는 것이라도 하나님의 뜻이 이루어지기 위해 순종하는 것을 의미합니다. 내가 무엇을 갈망하는지 바로 알 때 그건 내 삶의 샘이 되고 내 삶을 이끄는 힘이 되며 나를 바꿀 전환점이 됩니다. 다시 말해서 천국이 임하길 소망할 때 인내 가운데 순종할 수 있습니다. 이것이 구체적으로 드러나야 할 곳은 교회입니다. 왜냐하면, 하나님은 그리스도를 믿고 성령을 따라 사는 사람을 통해 세상을 통치하시고, 교회는 믿고 예배하는 자들의 모임이기 때문입니다.

그런데 정작 교회 현실은 하나님의 통치와 거리가 먼 모습일 수 있습니다. 이런 현실에서 하나님의 다스림과 돌봄을 받아들이는 건 회개하는 겁니다. 회개는 계산된 행위가 아닙니다. 하나님의 약속을 소망하면서 하나님의 다스림과 돌봄을 진심으로 받아들이는 신앙 행위입니다. 내가 신뢰하던 모든 걸 내려놓고 하나님을 신뢰하고, 미래를 하나님에게 맡기고 오히려 하나님 안에서 자기를 새롭게 발견하길 기대하는 겁니다(요일 3:2). 이는 하나님을 전적으로 신뢰하고 하나님의 통치를 나타내기 위해 지금 무엇을 해야 하고 무엇을 내려놓아야 하는지를 분별할 수 있을 때 가능합니다. 이런 의미에서 회개는 지금 이곳에서 미래를 사는 방식이며, 지금 이곳에서 천국을 소망한다는 건 하나님의 다스림과 돌봄을 받아들이며-이건 고난의 삶으로 나타난다-성령을 따라 사는 겁니다. 간단히 말해서 하나님을 철저히 신뢰하는 삶입니다.

예수 그리스도의 다시 오심을 기대하는 것

예수님은 하나님 아버지에게서 전권을 위임받은 주님이시며 그리스도이십니다. 율법보다 더 좋은 언약에 대한 "보증"(히 7:22)입니다. 그는 세상의 구원자로서 또한 왕으로서 세상을 다스리실 겁니다.[6] "우리의 소망"(딤

---

6 왕으로서 세상을 다스리는 예수 그리스도에 대한 신앙과 관련해서 다음을 참고: James K. A. Smith, *Awaiting the King*, 박세혁 옮김, 『왕을 기다리며』(서울: IVP, 2019).

전 1:1)이요 "영광의 소망"(골 1:27)입니다. 이미 지상 사역에서 인격과 사역을 통해 계시한 천국은 장차 약속하신 대로 다시 오실 때(파루시아, 고전 15:23, 살후 2:1, 8~9) 온전한 모습으로 나타날 겁니다. 재림과 더불어 도래할 나라에선 더는 무엇으로도 하나님의 다스림과 돌봄을 방해하지 못합니다. 악이 제거되고, 모두가 여호와를 참 하나님으로 인정할 것이기에 천국 복음을 더는 거부하지도 못합니다. 천국은 장차 아들의 나라로 임할 것이기에 천국을 소망한다는 건 예수 그리스도의 다시 오심을 기대하는 겁니다. 이 기대를 표현하기 위해 초대 교회 성도는 "마라나타(주여, 오시옵소서)!"를 외쳤습니다(고전 16:22, 계 22:20).

• 우리는 왜 천국을 소망하는가?

우리는 그리스도인으로서 무엇을 소망하나요? 소망하도록 허락된 건 하나님의 약속이고 하나님(시 62:5, 71:5, 롬 15:13)이며 성령의 오심과 예수 그리스도(골 1:7)와 그의 재림(고전 16:22, 계 22:20) 그리고 그의 영원한 나라입니다. 하나님은 예수 그리스도를 믿는 자에게 약속하시고 또 그분의 부활을 통해 약속의 성취를 소망해도 된다는 확신을 주십니다(히 10:23).

성경의 증언에 따른 하나님의 약속은 그리스도의 재림(요 14:2~3, 행 1:11, 계 1:7), 성령(눅 24:49, 요 16:7), 죄 용서(요일 1:9), 진리(요 8:31~32, 16:12~13), 사랑(요 14:21), 자유(요 8:31~32), 평화(사 26:3), 기쁨(요 16:22~24), 부활(요 5:28~29), 영생(요일 2:25, 딛 1:2), 구원(벧전 1:5), 우리와 함께 계심(마 28:20) 등이고, 이 모든 것들의 총 개념에 해당하는 것은 하나님 나라(계 3:21)입니다.

이 약속들이 반드시 이루어질 것을 믿는 이유는 무엇인가요? 이 질문과 관련해서 끝으로 우리는 **왜** 천국을 소망하는지 그 이유와 목적에 관해 살펴보도록 하겠습니다.

먼저 신학적 근거를 말한다면 하나님이 약속의 보증으로 예수님을 죽은 자 가운데서 일으켜 주셨기 때문입니다. 종말에 일어날 부활이 예수님에게서 앞서 일어난 건 하나님의 약속이 반드시 지켜질 것을 보증합니다(벧전 1:3~4). 그러니까 우리가 소망할 수 있는 근거는 하나님의 약속이며, 약속을 신뢰할 수 있는 이유는 하나님이 예수님의 부활을 통해 당신의 신실함을 입증하셨기 때문입니다. 이에 관해서는 이어지는 글에서 구체적으로 살펴보겠습니다.

천국은 하나님에게 속한 것이기에

천국을 소망하는 이유는 천국은 하나님 것으로 인간에 의해 절대 세워지지 않기 때문입니다. 인간의 수고와 노력은 은혜에 감사하며 반응하는 일입니다. 순종을 통해 하나님 나라를 지시하며 증언할 수는 있으나 이루려 하는 건 무모한 짓입니다. 이건 순종을 빌미로 인간의 나라를 건설하려는 시도입니다. 주께서 기도를 가르치실 때 "아버지의 나라가 오게 하시며" 기도하라고 했습니다. 하나님이 이루시길 기도하라는 뜻이죠. 천국은 하나님의 것이지만 우리에게 약속으로 주어졌기에 우리는 천국을 소망합니다.

천국은 그리스도인의 본향이기에

천국은 그리스도인의 본향입니다(히 11:14~16). 그리스도인에게 세상에서의 삶은 전부가 아닙니다. 나그네라고 했습니다(벧전 1:17, 2:11). 천국에 속한 사람인 거죠. 본향을 향해 가는 삶은 고난의 삶이고 인내가 없이는 버티기 쉽지 않습니다. 고난의 삶으로 부름을 받은 그리스도인에게 하나님은 그 나라가 도래할 것과 그 나라를 기업으로 받을 것을 약속하셨습니다. 이를 위해 예수님은 부활의 첫 열매가 되셨으며, 자기를 통해 계시한 하나님을 믿는 사람도 부활할 것을 약속하셨습니다. 부활은 우리가 죽어서도 새 생명으로 하나님의 다스림과 돌봄을 받을 것이라는 증거입니다. 우리가 천국을 소망할 수 있고 또 소망하는 이유는 이 땅에서 나그네에 불과한 우리에게 천국은 본향 곧 마땅히 돌아가야 할 곳이기 때문입니다.

우리가 여기에는 영구한 도성이 없으므로 장차 올 것을 찾나니. (골 1:12~14)

하나님은 신실하신 분이시기에

하나님은 약속을 반드시 지키시는 분입니다. 주의 재림(파루시아)은 거듭 지연되어 지금까지도 온전한 모습으로 발견되지 않고 있습니다. 여기에 더해 하나님 나라에 대한 세상의 저항은 더욱 거세지고 있습니다. 설상가상으로 교회는 타락하여 세상의 빛이 되지 못하고 오히려 세상의 근심거리가 되었고 교회 안팎에서 쏟아지는 비판의 대상이 되고 있습니다. 교회가 무엇을 말하든 귀를 기울여 들을 사람이 없다는 뜻이죠. 하물며 천국의 소망을 전하고 실천한들 무슨 의미가 있겠습니까?

교회가 비판받는 시대에서 천국은 기억이나 상상이나 비현실적인 꿈의 내용일 뿐입니다. 근본주의자의 비합리적 세계관이라 비난받고 있습니다. 그나마 복음의 의미와 가치를 지키려는 사람은 천국을 세상의 발전과 변화를 위한 방향을 지시하는 이념과 아이콘으로 삼습니다. 세상을 하나님의 약속에 따라 변화하려는 시도에 동력을 주고자 합니다. 마치 19세기로 회귀한 것 같은 느낌을 받습니다.

그러나 천국 소망은 절대 실망으로 끝나지 않습니다. 왜냐하면, 하나님은 신실하시기 때문이며 당신의 약속을 반드시 지키신다는 걸 예수님의 부활을 통해 보이셨기 때문입니다. 천국은 바랄 수 없는 중에 바라야 할 것을 대표하는 개념입니다. 이런 이유로 우리는 예수 그리스도 안에서 이루어진 의와 평화와 희락을 기대하며 살되, 마치 천국을 모두 얻은 것처럼 자족하지 않고, 나그네로서 정체성을 갖고 서로 사랑하고 서로 도우며 서로 세우는 삶을 순종함으로써 천국을 나타내 보이면서 하나님의 때에 도래하기를 소망합니다. 하나님은 신실하신 분이기에 그리스도인은 천국을 선취하여 살도록 허락받고 또 온전하게 임할 천국을 소망하도록 부름을 받습니다. 이런 이유로 히브리서 기자(11장)와 바울(롬 8:24)은 소망을 믿음으로 해석합니다.

소망의 이유를 묻는 자들에게 대답할 것을 준비하기 위해

우리가 천국을 소망하는 이유는 소망의 이유를 묻는 자에게 대답할 것을 준비하기 위해서입니다. 베드로서 기자는 베드로전서 3:15에서 소망의 이유를 묻는 자에게 대답할 것을 항상 준비하라 말했죠. 이건 그리스도인이 소망의 이유를 자랑삼아 말하기 전에 먼저 그리스도인의 소망을 지켜본 사람들이 그 이유를 물어오게 하라는 겁니다. 그리스도인의 삶이 소망에 근거하고 있고 그 삶이 세상 사람들에 의해 강한 인상을 줄 때 질문은 자연스레 제기됩니다.

공익에 해당하는 일이지만 손해를 볼 걸 염려해 모두 마다할 때 그리스도인이라는 이유로 그것을 행할 때, 천국 소망으로 말미암아 박해받고 심지어 죽기까지 하는 상황에서도 믿음을 지킬 때, 약속이 더디 이루어져 모두가 포기하는 상황에서도 하나님의 약속을 믿고 끝까지 인내할 때 등입니다. 사람들은 그리스도인이 남들이 행하지 않는 걸 천국 소망 때문에 하고 혹은 남들은 모두 행하는 걸 천국 소망 때문에 하지 않는 걸 보면서 무엇 때문에 그리고 무엇을 위해 행하고, 무엇 때문에 행하지 않는지 궁금해할 것입니다.

이런 식으로 소망의 이유를 묻게 하고, 또 질문이 있을 때 대답할 것을 항상 준비하라는 겁니다. 왜냐하면, 소망의 이유라는 게 사실 예수 그리스도이고 또한 복음이기 때문입니다. 그러나 만일 천국을 소망하지 않고 산다면, 도대체 누가 천국 복음에 관해 궁금해할 것이며, 혹시라도 소망의 이유에 관해 물어올 때 어떻게 설명할까요?

하나님과의 영원한 교제를 위해

천국을 소망하는 이유는 지금 누리는 행복이 영원히 지속하길 바라기 때문이 아닙니다. 이건 많은 그리스도인에게 관습처럼 굳어진 태도로 그리스도인의 삶에 심각한 부정적인 결과를 초래하는 오해입니다. 이웃을 돌아보지 않는 자기중심적이고 기복적인 신앙과 그리고 세상을 공적 책임 의식을 갖고 돌보지 않는 교회 중심적 신앙이 그 결과입니다. 행복을 은혜로 여기는 건 옳은 일이지만, 그건 누리기 위한 것이 아니라 다른 사람의 행복을 위해 사용되도록 주어진 겁니다.

오히려 우리에게 있는 행복은 예수 그리스도를 믿음으로써 성령을 통해 그리스도와 연합하여 누리는 삼위일체 하나님과의 교제에서 비롯합니다. 천국에서 그것이 어떠한 모습일지는 누구도 상상할 수 없지만, 천국을 소망한다면 이 교제를 영원히 지속하기 위함입니다. 하나님은 예배와 성만찬을 통해 우리를 이 교제로 초대하십니다.

고난을 견디기 위해

스데반 집사는 초대 교회의 최초 순교자로 알려져 있습니다. 예수 그리스도를 증언하다가 유대인들에 의해 죽임을 당했기 때문입니다. 돌을 맞으며 죽어가는 순간에 그는 하늘이 열리고 예수 그리스도가 하나님 우편에 서신 것을 보았습니다(행 7:56). 이건 단순히 환상을 표현한 것이 아니라 스데반의 천국 소망이 현실로 나타났음을 표현한 겁니다. 이처럼 초대 교회 순교자들은 강렬한 천국 소망에 힘입어 원형극장에서 벌어진 그 참혹한 박해에도 굴하지 않고 끝까지 믿음을 지킬 수 있었습니다. 고통의 강도가 커질수록 천국 소망의 빛은 더욱 강렬해집니다. 그리스도인이 고통을 그치기만을 바라는 건 옳지 않아요. 오히려 고통을 견딜 수 있기를 바라야 합니다. 우리가 천국을 소망하는 이유는 이 땅에서의 고난에 굴하지 않기 위함입니다.

> 우리가 잠시 받는 환난의 경한 것이 지극히 크고 영원한 영광의 중한 것을 우리에게 이루게 함이니 우리가 주목하는 것은 보이는 것이 아니요 보이지 않는 것이니 보이는 것은 잠깐이요 보이지 않는 것은 영원함이라. (고후 4:17~18)

이런 점에서 오늘날 기독교가 힘을 잃은 건 천국을 소망하지 않기 때문이라는 루이스의 말은 옳습니다. 『천국을 향한 기다림』(서울: 비아토르, 2022)에서 기다림을 상실한 오늘날 기독교 실상이 자기중독으로 나타나고 있음을 지적한 래리 크랩(Larry Crabb)도 틀리지 않았습니다.

천국을 소망하는 이유는 한편으로는 고난이 올 때 견디기 위함이지만 다른 한편으로는 폭력적인 박해에 보복하지 않기 위함입니다. 천국 소망에 의지하지 않으면 폭력적인 박해에 대해 보복적 폭력을 사용할 가능성이 있습니다. 기독교가 로마의 공인을 얻은 후 타 종교를 박해한 건 단적인 모습입니다. 로마가톨릭의 박해를 받은 개신교가 개신교 지역 내에서 가톨릭 교인들을 박해한 것도 마찬가지입니다. 천국 소망은 고난을 이기게 할 뿐 아니라 폭력적 박해에 대한 보복을 포기하게 합니다. 비록 고난을 받았어도 박해로 인해 천국 소망이 더욱 빛났기 때문입니다.

하나님이 기다리시기에

끝으로 우리가 천국을 소망하는 이유는 하나님이 기다리고 계시기 때문입니다. 하나님은 잃어버린 아들이 돌아오길 고대하는 아버지의 마음으로 기다리시고(눅 15:11~32), 하루가 천년 같고 천년이 하루 같은 시간을 보내시면서 당신의 피조물이 모두 구원받기까지 기다리십니다(벧후 3:8~9). 그리고 아버지와 함께 예수님은 우리와 연합하여 만찬을 갖기까지 기다리십니다(마 26:29). 하나님이 기다리신다는 사실은 우리가 힘들고 어려운 삶의 환경에서도 천국 곧 하나님의 다스림과 돌봄을 기다려야 할 이유입니다.

> 그러나 **여호와께서 기다리시나니** 이는 너희에게 은혜를 베풀려 하심이요 일어나시리니 이는 너희를 긍휼히 여기려 하심이라 대저 여호와는 정의의 하나님이심이라 그를 **기다리는 자마다 복이 있도다.** (사 30:18)

> 주여 이제 내가 무엇을 바라리요
> 나의 소망은 주께 있나이다. (시 39:7)

천국 소망을 실천하는 세 가지 신앙 행위

그리스도인은 천국이 온전히 임하길 소망합니다. 그렇게 하도록 허락받았고 이를 위해 부르심을 받았습니다. 그래서 소망해야 합니다. 나는 이것을 부활 신앙에 근거하여 신실하신 하나님을 말하면서 '우리는 왜 천국을 소망하는가?', 이 질문에 일곱 가지로 대답하였습니다.

한편, 하나님의 약속에 반응하는 것이 소망이라면, 천국 소망이 가장 잘 드러나는 계기는 성만찬이 포함한 예배입니다. 왜냐하면, 현존할 뿐 아니라 장차 도래하는 하나님 나라에 적합하게 반응하는 신앙 행위가 예배이기 때문입니다. 안식일 모임과 달리 기독교 예배는 예수 그리스도의 부활을 축하하며 모여 성만찬을 갖습니다. 그러니까 교회에서 갖는 성만찬과 예배는 약속으로 받은 천국을 나타내고, 그리고 일상에서 서로 돕고 서로 사랑하고 서로 세우는 삶을 통해 예배는 약속이 성취할 천국의 현실을 지시하며 증언합니다.

• 예배는 이 후에 마땅히 일어날 일이다

요한계시록 4~5장에서 요한은 하늘로 이끌려 올라가 "이 후에 마땅히 일어날 일들"(계 4:1)을 보게 됩니다. 그건 종말에 일어날 일이며 주의 영광이 충만한 하늘의 예배입니다. 우리가 바라고 또 기다려야 할 것이 바로 예배라는 말이죠. 이 예배는 우리가 누구를, 무엇을 소망하며 살아야 하는지, 또 어떻게 소망해야 하는지 구체화합니다. 천상 예배 모습은 우리가 성령을 통해 하나님과 예수 그리스도를 소망해야 할 걸 보여줍니다.

이 땅의 삶이 다하는 날 이후에, 모든 수고와 노력 이후에, 모든 기쁨과 슬픔과 고통 이후에, 새 생명의 기쁨을 얻은 이후에, 모든 의미 있는 것들을 상실한 이후에, 모든 만남 이후에, 모든 사건 이후, 모든 성과 이후에 마땅히 일어날 일이 예배입니다.

앞에 있는 것을 기다리는 삶으로서의 예배는 하나님이 경배받기에 합당하신 분임을 인정하고 하나님의 나라가 비록 감추어져 있으나 이 땅에 존재하고 있음을 보이는 일입니다. 교회는 이걸 예배를 통해 자기를 부르신 이의 뜻에 순종하면서 드러냅니다. 특히 '주의 날'(계 1:10) 혹은 '주간의 첫 날'(행 20:7)로 불리는 때 예배하면서 창조와 부활을 기념하고 재림과 새 창조를 기대합니다. 예배는 예수 그리스도의 죽음을 말함으로써 세상의 심판과 멸망을 선포하며, 그분의 부활을 말하고 우리의 부활을 소망함으로써 하나님의 최후 승리의 영광을 찬양합니다. 종말론적 사건이 예배 안에 집약되어 있습니다.

장자끄 폰 알멘은 『구원의 축제』(서울: 아침영성지도연구원, 2010)에서 말하기를 "예배 안에서 세상은 이미 자신의 종말에 직면해 있다. 곧 그 자신을 포기하고 도망쳐 나오도록 부름을 받은 것이다."(99)라고 했습니다. 이 일이 교회에서는 예전을 통해 실천됩니다. 일상에서는 빛과 소금으로 사는 것으로 또 말씀에 순종하고 성령의 인도를 따르는 선한 삶으로 실천되는데, 교회 예배와 비교해서 이걸 일상의 예배라 합니다(두 예배의 유기적 상관관계에 대해선 다음을 참고하십시오: 최성수, 『온전한 예배』, 한국학술정보, 2021).

예배는 하나님에 대한 반응을 의식화한 예전을 통한 교회 예배와 그리고 예전의 의미를 일상의 삶으로 구현한 일상 예배로 구성됩니다. 둘 가운데 하나를 배제한 예배는 천국 소망의 관점에서 온전한 예배가 아닙니다. 하늘에서와 같이 땅에도 임한 하나님 나라는 예배가 온전해질 때 곧 예전을 통해 예배하고 빛과 소금의 역할을 하는 선한 삶과 공적 사역을 통해 예배할 때 그 모습이 더더욱 선명하게 드러납니다. 하나님 나라의 모형인 교회는 온전한 예배를 통해 "실현"됩니다. 주 안에서 이 후에 일어날 일에 대한 반응으로 예배하는 건 천국 소망을 실천하는 일입니다. 우리가 왜 천국을 소망하는지는 예배에서 찾을 수 있습니다. 그리스도인의 일상은 단순한 삶이 아니라 하나님의 구원 행위를 드러내는 예전적 삶입니다.

• 성만찬은 천국의 현실을 보여준다

성만찬의 의의는 행위를 수행하는 데 있지 않고 그것을 통해 하나님 나라가 선포된다는 데에 있습니다. 성만찬을 위해 그리스도인은 모였고, 성만찬을 가지면서 예배하였습니다. 하나님 나라의 현실을 성만찬에서 경험한 거죠. 예전의 기초는 성만찬을 집례하는 과정에서 세워졌습니다. 모임의 목적이고 모이는 자의 예배를 이끈 성만찬은 한편으로는 천국 소망의 현실을 보이고 다른 한편으로는 천국 소망을 일깨우는 매체입니다. 성만찬에 참여하면서 그리스도인은 그리스도를 기념하고 그의 죽음을 선포합니다(고전 11:25~26). 종말론적 사건이 성만찬에 집약되어 있습니다. 관건은 그리스도께서 무엇을 위해 죽었는가? 하는 것인데요, 그건 하나님의 통치인 심판이 자기에게 일어나게 하고 또 하나님의 통치인 죄 용서가 자기를 통해 일어나게 하기 위함이었습니다. 결국, 자기희생을 통해 천국이 우리에게 임하게 하기 위함입니다. 설교가 하나님 나라의 능력이 온전히 나타나지 않았다는 사실로 인해 필요한 것이라면, 성만찬은 그 결과인 하나님 나라의 현존을 앞서 경험하도록 허락된 시간입니다. 그러니 우리가 성만찬에 참여한다는 건 물질을 매개로 우리에게 임하는 천국을 받아들이고 하나님과의 연합에 들어간다는 겁니다. 연합을 위한 기다림을 가장 분명하게 볼 수 있는 건 마태복음 26:29입니다(참고: 출 24:11, 사 25:6~8).

> 그러나 너희에게 이르노니 내가 포도나무에서 난 것을 이제부터 내 아버지의 나라에서 새것으로 너희와 함께 마시는 날까지 마시지 아니하리라.

우리가 성만찬에 참여하면서 빵과 포도주를 먹고 마실 때, 우리는 영으로 임재하신 부활하신 그리스도와 함께 먹고 마십니다. 예수님과의 만찬이 더더욱 분명해지는 건 마지막 때입니다. 요한계시록 19:1~10은 마지막 때에 있을 어린 양의 혼인 잔치에 관한 기록입니다.

이처럼 성경은 성만찬을 말하면서 우리가 지금 이곳에서 어떻게 하나님 나라 안에 있게 되는지 그리고 무엇을 기대하며 살 것인지 이에 관해 선포합니다. 성만찬은 믿음으로 성령을 통해 그리스도와 연합할 때 물질을 통해서도 우리가 하나님과의 연합에 들어가 그와 교제할 수 있다는 걸 환기합니다. 그러므로 성찬의 기본 정서는 감사와 기쁨과 소망입니다. 우리가 성만찬에 참여하는 건 물질을 매개로 하나님 나라가 우리 가운데 현존하기 때문이고, 또 우리가 그곳으로 초대되었기에 가능한 일입니다.

- • 서로 돕고 서로 사랑하고 서로 세우는 일은
  천국을 세상에 보이는 삶이며
  천국을 소망하는 삶으로
  초대하는 일이다

인간에게 당신의 통치를 위임하신 후 하나님은 필요한 사람을 선택하여 부르시고 사명과 함께 보내시면서 다스림을 실행하십니다. 예수님은 제자로 부르시고 가르치시고 파송하셨습니다. 승천 후 이 일은 성령이 함께 하시는 가운데 제자 삼는 일을 통해 이루어집니다. 우리는 그리스도인으로 선택되고 하나님 백성에게 합당한 삶으로 부름을 받으며 그리고 복음을 전하도록 파송을 받습니다. 여기서 관건은 천국을 소망하면서 하나님의 다스림을 받는 사람으로 사는 겁니다.

사실 하나님의 형상 곧 하나님을 닮은 존재로 만들어졌다는 건 인간이 하나님을 나타내며 살라는 하나님의 부르심입니다. 하나님의 다스림을 받으면서 하나님이 세상을 다스리시는 분임을 나타내고, 하나님의 속성을 나타내고, 하나님이 행하시는 일들을 나타내라는 거죠. 또한, 하나님의 형상으로 지음을 받은 다른 사람에게서 하나님을 인지하며 살라는 뜻도 있습니다. 그러니까 우리가 하나님의 형상으로 지음을 받았다는 건 우리가 서로에게 하나님을 나타내고 또 서로에게서 하나님을 인지하며 살라는 부르심을 표현한 겁니다.

그러나 세상에는 이걸 인정하고 받아들이는 사람이 있고 그렇지 않은 사람이 있습니다. 이를 구체적으로 보이시기 위해 하나님은 많은 민족 가운데 이스라엘을 특별히 불러내어서 자기 백성으로 삼으시고 그들에게 당신을 알게 하시고 그들을 세상으로 보내시어 여호와 하나님이 세상을 다스리시는 분임을 전하게 하셨습니다. 마찬가지로 그리스도인은 다른 사람에 앞서 먼저 예수 그리스도를 믿고 예배하도록 부름을 받은 자이고, 예수 그리스도의 복음으로 살도록 해서 복음의 능력으로 그리스도의 형상이 된 자로서 그리스도의 인격과 사역을 세상 가운데 나타내기 위해 곧 그리스도의 나라를 전하기 위해 보냄을 받은 자입니다. 이 일은 하나님의 다스림과 돌봄에 반응하는 온전한 예배(예배에로의 부르심. 축도를 통한 파송과 일상)를 통해 구체화합니다. 우리가 은혜로 선택된 것이나 부름을 받고 보냄을 받은 자로서 서로 사랑하고 서로 도우며 서로 세우며 사는 건 천국 소망을 구체적으로 보이는 일에 적극적으로 참여하는 것입니다.

죽음, 온전한 생명을 위한 부르심

사망아 너의 승리가 어디 있느냐 사망아 네가 쏘는 것이 어디 있느냐
사망이 쏘는 것은 죄요 죄의 권능은 율법이라
우리 주 예수 그리스도로 말미암아 우리에게 승리를 주시는 하나님께 감사하노니
그러므로 내 사랑하는 형제들아 견실하며 흔들리지 말고
항상 주의 일에 더욱 힘쓰는 자들이 되라 이는 너희 수고가 주 안에서 헛되지 않은
줄 앎이라.
(고전 15:55~57)

이제 마지막 에필로그에 이르렀습니다. 글을 마무리하면서 그리고 이 글
이후에 계속될 죽음에 관한 연구를 전망하면서 지금까지 내용을 개괄적으로
정리하고 또 죽음이 온전한 생명을 위한 부르심임을 다시 한번 되새겨 보았
으면 합니다.

죽음이 단순한 것 같아도 관련한 문제들을 함께 고려하면 쉽게 이해할 일
도 아님을 새삼 깨닫습니다. 나 역시 처음에는 죽음을 이해하고 그것이 다양
한 상황에서 분산하는 의미들을 집광기에 모으면 되겠지 생각했습니다. 그
런데 죽음에 관해 공부하면 할수록 죽음-질문(death question)에 대답하는 일이
쉽지 않음을 깨닫습니다. 그래도 나름 죽음-질문에 대답하려 노력했는데요,

독자 여러분들이 죽음을 이해하고 죽음과 관련한 문제에 대처할 생각의 근육을 단련하는 데에 도움이 되었길 기대합니다. 내가 깨달은 바는 살면서 죽음을 생각하는 건-기독교에선 종말론적 삶이라고 합니다-햇빛보다 더 밝은 빛에 자신을 노출하는 일이라는 겁니다. 그건 굴곡진 삶에서 혹은 어둠 속을 걷는 삶에서 빛을 보는 일입니다.

소크라테스는 온전한 인식을 위해 죽음을 기꺼이 받아들였습니다. 그는 영혼과 육체의 분리를 죽음이라 보았지만, 의미론적으로 볼 때 죽음은 온전한 인식을 위한 통과의례인 셈입니다. 비록 그가 여호와 하나님을 몰랐지만, 철학적 사유로 죽음이 지식의 온전함을 얻기 위한 길임을 깨달았으니, 세례 요한처럼 그는 죽음과 온전한 생명의 관계를 위한 길을 예비한 사람이었다고 생각합니다. 그는 평생 온전한 인식을 위해 살았기에 죽음의 위협에도 아랑곳하지 않고 청년들과 대화를 통해 진리의 출산을 도왔습니다. 죽음을 맞는 순간에도 죽음을 거부할 이유가 전혀 없었고 제자들과 이별해야 하는 슬픔을 충분히 이길 수 있었습니다. 피할 수 있는 죽음을 기꺼이 의연하게 맞이한 그는 자기 사상의 옳음을 증언해 오늘날까지도 많은 사람을 감동케 합니다. 죽음의 목적을 확신함으로써 죽음을 두려워하지 않을 이유를 몸소 보여준 대표적인 사례입니다. 그러나 죽음의 두려움에서 벗어나긴 했어도 소크라테스는 죽음을 극복하지 못했습니다.

의료과학 기술의 발달로 생명 연장의 꿈은 현실이 되었습니다. 노화의 비밀이 밝혀졌으니 이제 관건은 노화를 막거나 지연할 기술을 개발하는 겁니다. 실제로 노화를 늦추는 기술에 힘입어 건강하게 노년을 보내는 재력가들이 적지 않습니다. 여기에 더해 의료과학 기술과 노화 예방 기술(antiaging technology) 그리고 특히 인공지능 기반의 기술 개발은 인간의 기능을 향상할 뿐만 아니라 인간을 대체하는 포스트휴먼(post-human) 시대의 도래를 가속화하고 있습니다. 과학의 힘을 맹신하는 사람은 이로써 죽음을 극복하고 또 죽음을 새롭게 정의할 수 있을 것처럼 말합니다만, 그렇다고 해서 죽음을 극복할 수 있는 건 아닙니다. 절대 그럴 수 없고 설령 노화의 진행을 늦출 수 있어도 그건 인류의 미래를 위해 결단코 바람직하지 않습니다.

철학과 과학과 종교는 죽음의 의미를 밝히고, 생명을 의미 있게 살고, 또 수명을 연장하는 데 공헌은 하였지만, 죽음은 극복하지 못합니다. 그 이유는 인간은 원래(by definition) 죽음을 피할 수 없는 존재이기 때문입니다. 성경은 이 사실을 인간의 죄와 관련해서 말했습니다. 인간은 흙에서부터 왔으니 다시 흙으로 되돌아가는 것이 마땅합니다. 모든 인간이 죽는다는 건 모든 인간이 죄인이라는 뜻입니다. 또한, 이 사실을 성경은 예수님의 십자가 죽음을 통해 선포하고 있습니다. 예수님의 죽음은 모든 사람이 죄인임을 고발하며 또한 모든 사람은 죄 용서가 필요하다는 걸 계시합니다.

예수님은 세상의 구원을 위한 하나님의 뜻을 따라 이 죽음을 받아들이셨습니다. 바울이 죽음을 원수로 표현했다(고전 15:26)는 점을 고려하면 예수님은 우리의 구원을 위해 원수를 자기 안으로 받아들이신 셈입니다. 분명 두려워할 것이긴 해도 그것을 순종으로 받아들였을 때 하나님은 부활을 허락하셨습니다. 정확하게 말하면 예수님은 하나님의 뜻에 순종함으로 죽음을 받아들이셨고, 하나님은 그를 부활시킴으로써 죽음의 권세를 이기게 하셨습니다. 예수님의 죽음은 세상의 구원, 온전한 생명, 그리고 영생을 위한 부르심에 순종한 결과입니다. 자기를 위한 것이 아니라 우리를 위한 것이라는 점에서 '대속' 개념을 사용합니다. 소크라테스의 경우처럼 죽음의 목적은 분명했지만,

그렇다고 예수님이 죽음의 두려움에서 벗어난 건 아니었습니다. 소크라테스에게는 없었던 고통을 심하게 겪으셨기 때문인데요, 겉으로 보기에는 전혀 의연해 보이지 않는 태도 곧 죽음에 대한 두려움을 표현했음도 불구하고 예수님은 하나님의 뜻이 온전히 이루어지는 게 자기 생명을 보존하는 것보다 더 중요함을 죽음을 통해 보이셨습니다. 그리고 하나님은 약속하신 대로 부활을 통해 죽음의 권세를 이기게 하셨습니다. 그리고 이 모든 사실을 진리로 믿는 그리스도인이 부활 약속이 이루어질 것에 대한 소망으로 죽음의 두려움을 이기게 하십니다.

예수님은 만찬을 베푸시면서 이 죽음을 우리가 기념하기를 원하셨습니다. 기독교 예배는 성만찬을 위해 모인 것에서 유래합니다. 성만찬은 그의 죽음을 단지 기억하는 차원을 넘어 기념하는 신앙 행위입니다. 기념한다는 건 과거의 일을 기억하는 건 물론이고 사건을 재현하면서 그것의 의미를 오늘날의 상황에서 구현하는 일입니다. 그러니까 그리스도인은 성만찬에 참여함으로써 곧 예배에서 주께서 받아들이신 죽음을 기념하는데요, 이건 예수님의 죽음이 우리의 죄와 죄 용서를 위한 죽음인 것을 인정하면서 또한 우리가 온전한 생명을 얻기 위한 것이라는 의미를 내면화합니다.

이로 말미암아 믿음을 통해 성령 안에서 그리스도와 연합한 그리스도인의 죽음은 적어도 예수 그리스도의 죽음을 반영하도록 부름을 받습니다. 우리는 죽음을, 설령 아무 두려움 없이 받아들이지는 못해도, 우리에게 생명을 주시고 영생을 약속하신 하나님의 생명 섭리가 옳음을 죽음을 긍정적으로 의식하며 살고 또 수용함으로써 증언합니다.

비록 그리스도인이라도 육체 가운데 살 때는 죄인의 모습에서 벗어날 수 없습니다. 세속과 거룩함의 중간 상태에 머물 수밖에 없고 온전하지 못한 생명으로 살 수밖에 없습니다. 그러나 죽음으로써 그리스도인은 영화스러운 몸으로 변화를 받아 영원히 하나님과 더불어 거하는 복을 풍성하게 누릴 겁니다.

이처럼 죽음이 그리스도와 연합한 자에게는 하나님의 생명 섭리에 따른 결과라고 할 때 죽음은 무엇보다 적합하게 말해져야 합니다. 죽음을 함부로 말하는 건, 이유가 어떠하든지, 하나님의 주권을 인정하지 않는 겁니다. 그러므로 기독교 죽음 교육은 삶을 풍성하게 또 의미 있게 살고 또한 죽음을 적합하게 말하도록 돕는 것이어야 합니다.

이 글에서 나는 믿지 않는 자에게 죽음은 죄의 삯으로서 하나님의 심판이지만, 그리스도인의 죽음은 온전한 생명을 위한 하나님의 부르심이라는 걸 말하고 싶었습니다. 삶의 첫 장을 여신 하나님이 그 이야기를 새롭게 전환하시는 것, 그것이 죽음이라는 거죠. 끝없이 이어지는 이야기의 한 부분으로 사는 게 그리스도인에게 주어진 특권입니다. 삶으로 부르시어 먼저 우리를 그리스도인이 되게 하신 하나님은 우리가 사는 동안 생명을 풍성하게 누리고 또 그 생명을 전하는 자로 살도록 세상으로 보내셨다가 결국엔 우리가 온전한 생명을 누리도록 부활 생명으로 부르십니다.

완전히 새로운 이야기로 전환하기 전까지 죽음은 인간에게 피할 수 없는 한계로 주어진 것이기에 더불어 살 방법을 찾아야 합니다. 이것이 지혜입니다. 무엇보다 이 땅에서 하나님 나라 백성으로서 사는 동안 부활 생명을 앞서 맛보며 사는 건 부름을 받고 사는 그리스도인에게 꼭 필요한 과정이기에 더욱 그렇습니다. 그리스도인의 삶은 햇빛보다 더 밝은 빛을 보는 겁니다. 휘황찬란한 조명등이 가득한 곳에서 참 빛을 보는 겁니다. 어둠 가운데 빛을 바라

보는 것입니다. 세상에서 하나님 나라를 경험하는 겁니다. 기독교에서 죽음은 이야기의 끝이 아니라 삶을 각성케 하고 또한 삶의 이야기를 더욱 생동감 있게 전개하는 장치입니다.

그리스도인이 두려움 없이 죽음을 받아들이는 건 하나님의 다스림을 인정하고 수용하는 겁니다. 그리스도인의 죽음은 감춰진 정체성이 드러나는 때이고(요일 3:2), 하나님의 영광으로 들어가는 때이며, 무엇보다 생명의 온전함(살전 5:23)이 이루어지는 때입니다. 따라서 죽음 앞에서 그리스도인은 생명이 온전해지기를 소망하는데요, 이미 예수 그리스도의 부활을 통해 신실하심을 입증하신 하나님이 우리에게 주신 약속임을 생각할 때, 우리는 이 소망이 반드시 성취할 걸 확신할 수 있습니다. 이 소망과 확신에 근거하여 죽음은 온전한 생명을 위한 하나님의 부르심이라 말할 수 있습니다. 온전한 생명을 위해 부름을 받은 우리는 생명에 대한 하나님의 약속과 예수 그리스도의 부활에 근거하여 죽음과 함께 약속된 영생의 나라 천국을 소망할 수 있습니다. 그리스도인이 죽음(하나님의 심판)을 생각하며 사는 건 햇빛보다 더 밝은 빛을 보며 사는 겁니다. 이 빛은 죽음을 이기신 예수 그리스도입니다. 그리스도인이 죽음을 생각하며 살면서 실제 죽음에 앞서 죽음의 맛을 본다면 죽음 후 삶이 이 세상에 속한 것이 아님을 깨달을 겁니다.

혀끝으로 죽음을 맛보니 이 세상 것이 아닌 것 같은 느낌이 든다.
(모차르트가 죽기 전 했던 마지막 말)

초판인쇄 2024년 3월 29일
초판발행 2024년 3월 29일

지은이 최성수
펴낸이 채종준
펴낸곳 한국학술정보(주)
주 소 경기도 파주시 회동길 230(문발동)
전 화 031-908-3181(대표)
팩 스 031-908-3189
홈페이지 http://ebook.kstudy.com
E-mail 출판사업부 publish@kstudy.com
등 록 제일산-115호(2000. 6. 19)

ISBN   979-11-7217-211-4 03230